A la mémoire de ma femme.

DU MÊME AUTEUR

Les personnages féminins dans les romans français de Tristan au XII° siècle — Étude des influences contemporaines. Éditions Ophrys, Gap (Hautes-Alpes).

Prolégomènes à une édition d'Yvain. — Éditions Ophrys, Gap (Hautes-Alpes).

Pages épiques du Moyen Age français — Textes, traductions nouvelles, documents — Le cycle du Roi, Tome I. S.E.D.E.S., Paris.

© C.D.U. - SEDES, 1970

Pierre JONIN
Professeur à la Faculté des Lettres
et Sciences Humaines
d'Aix-en-Provence

PAGES ÉPIQUES DU MOYEN AGE FRANÇAIS

Textes - Traductions nouvelles - Documents

LE CYCLE DU ROI
Tome II

SOCIÉTÉ D'ÉDITION D'ENSEIGNEMENT SUPÉRIEUR
5, Place de la Sorbonne
PARIS Vᵉ
1970

« Ainsi, corps puissants animés par des âmes courageuses (...), les héros des chansons de geste sont des personnalités et non des ombres. »

(Pierre-Henri SIMON : Le Domaine héroïque des lettres françaises, A. Colin, 1963, pp. 31-32).

PRÉFACE

En 1964 paraissait le recueil « Pages épiques du Moyen Age français », tome I. Voici le tome II qui n'a pas d'autres ambitions que son frère aîné. Le premier volume mettait en lumière des passages peu connus de nos vieux poèmes (Chanson de Roland mise à part) et tâchait de les libérer de leur réputation de fresques uniquement guerrières, sanglantes et monotones. A la fin des extraits de chacune des épopées citées, se trouvaient réunis des textes empruntés à des écrivains du Moyen Age occidental ou oriental. Ces textes étaient destinés à montrer ce que devenaient, sous d'autres plumes, les thèmes traités par des jongleurs français de la même époque. Le second tome de nos Pages Épiques reprend la même présentation et répond au même dessein. Il offre des passages de six autres chansons de geste : Guy de Bourgogne, Huon de Bordeaux, La Chanson de Godin, Gaydon, Berte aus grans piés, Galiens li Restorés. On y trouvera également des analyses et des extraits qui portent sur dix-sept thèmes nouveaux. Peut-être cet ensemble contribuera-t-il à nous faire prendre de la notion d'épopée une conscience plus juste. Sans doute y découvrira-t-on un univers épique assez neuf qui ajoute aux preux traditionnels les héros crottés et les fils insolents dans Guy de Bourgogne ou encore Guirré l'évêque sordide et Gautier le mari cocasse dans Gaydon. Ne peut-on pas penser que ce monde bigarré qui recherche la beauté sans exclure la laideur et qui montre les types sans oublier les cas, offre à la littérature médiévale une de ses meilleures passerelles vers la postérité ?

GUY DE BOURGOGNE

GUY DE BOURGOGNE

L'anonyme du début du XIII° siècle (vers 1210) auteur de cette épopée de 4304 vers a choisi pour héros Guy de Bourgogne. Celui-ci ne doit pas être confondu avec le personnage du même nom qui dans Fierabras provoque l'amour de la belle Floripas. Ils n'ont de commun que le nom et la chance de devenir un jour rois d'Espagne.

Celui qui devait donner son titre à notre épopée a une génération de moins que le héros de Fierabras et rentre moins nettement dans la pure tradition du cycle du roi. Pourtant la chanson de Guy de Bourgogne paraît au départ vouloir suivre le sillon de la chanson de Roland. Celle-ci disait sur un ton solennel la durée des luttes de Charlemagne en Espagne :

« Carles li reis, nostre emperere magnes,
Set anz tuz pleins ad estet en Espaigne. » (1)

La chanson de Guy de Bourgogne reprend sur le même ton :

« XXVII anz tous plains acomplis et passez
Fu li rois en Espaigne, o lui son grand barné. » v. 4-5.

On pourrait voir dans ce deuxième chiffre une exagération de surenchère née du désir d'imiter, en en renforçant les éléments, une épopée qu'on admire. Mais à l'examen on se rend compte que l'admiration n'est pas le mobile directeur de l'auteur de Guy de Bourgogne. Son œuvre apparaît même assez souvent comme une révision satirique des données du Roland.
Charlemagne en particulier n'est plus le grand empereur qui, si l'on excepte quelques critiques, incarne la majesté,

---

(1) J. Bédier, La Chanson de Roland - Paris - 1937 - v. 1 et 2.

la dignité et la force. Le souverain dans Guy de Bourgogne est bien loin de son ancien piédestal. Naguère cavalier fringant, il a maintenant les genoux si enflés qu'il a peine à monter à cheval. Lui qui imposait le respect se voit constamment bafoué. Deux de ses vieux compagnons le traitent tour à tour de vantard et d'incapable. Son neveu Roland ironise cruellement à son sujet et lui propose de se faire appeler roi de Luiserne, ville qu'il ne peut conquérir. Plus tard il subit les sarcasmes du jeune Bertrand : à son retour à Paris, dit-il, l'empereur pourrait bien recevoir une volée de bois vert, administrée par toutes les dames du royaume qu'il a privées si longtemps de leurs maris. De même les vieux, les nobles barons de Charles traversent des heures difficiles dans Guy de Bourgogne. Quand ils montent leurs destriers devenus rosses étiques, ils font piètre figure avec leurs cheveux et leurs barbes en friche, leurs jambes malades et leurs pieds nus sans chausses ni houseaux. Au moral, ils ne sont guère plus brillants. Découragés à force de piétiner devant des villes imprenables, ils ne croient plus en leur mission ni en leur étoile. L'arrivée de France de jeunes gens imberbes venus pour leur faire la leçon et réussir là où ils ont échoué ajoute à leur humiliation.

Naime lui-même, Naime la sagesse faite homme, le conseiller unanimement apprécié et respecté, ne trouve pas grâce devant la nouvelle génération. Il reste pétrifié quand il entend un jouvenceau l'appeler « vieux radoteur ».

Et pourtant l'auteur de Guy de Bourgogne n'est ni un révolutionnaire ni un iconoclaste. Il a seulement voulu faire circuler une sève nouvelle dans le cadre d'une tradition vieillissante. Pour cela en face des pères, usés par leur renommée même, il dresse la génération des fils encore inconnus mais impatients d'agir et de vaincre. Leur jeunesse audacieuse, entreprenante et railleuse, reste pourtant sentimentale et sait s'arrêter au seuil de l'impiété ou du sacrilège. Elle donne sa marque à l'œuvre et Guy de Bourgogne demeure parmi nos chansons de geste une des plus riches de fantaisie.

I. - LES BARONS FRANÇAIS N'ONT PLUS ENVIE DE SE BATTRE.

Après vingt sept ans de luttes sans trêve en Espagne, Charlemagne croit qu'il s'est rendu maître de tout le pays à l'exception de la ville de Cordoue. Il décide de faire un suprême effort pour s'en emparer et demande à ses barons de faire leurs préparatifs d'attaque. Jusqu'alors ils ont toujours suivi leur empereur avec une ardeur et un dévouement que stimulait aussi leur amour de la bataille. Mais maintenant, après une si longue pratique de la guerre, il ne leur est plus possible de l'aimer encore.

12. « Baron, dist l'emperere, or oés mon pensé :
    « Conquis avons les terres en viron et en lé,
    « Or ne sai mès chastel, bourc, vile ne cité,
15. « Où nos n'aions par force mise crestienté,
    « Ne mès Cordes la riche, que tient rois Desramé.
    « Or la tient l'aumacor, qui tant a de fierté,
    « Et a moult grant empire là dedens aüné ;
    « Or et argent et pailes i a à grant planté,
20. « Et maint destrier corant et maint faucon mué.
    « Baron, c'or i alons par sainte charité,
    « Que, se Diex nos avoit cel avoir destiné,
    « Riches en porroit estre no povre parenté.
    « Baron, dist l'emperes, fetes pes, si m'oiez :
25. « En ces estranges terres sont nos cors travilliez,
    « Dont je vous ai à tort sevrés de vos moillierz ;
    « Pou en avés enfans, et je mains chevaliers.
    « Gardés demain à l'aube soiés apareilliez,
    « Et si faites trosser les murs et les somierz :
30. « Je m'en irai à Cordres ; teus est mes desirierz.
    — En non Dieu, emperes, dist li danois Ogierz,
    « Vos nos avez sovent penez et travilliez ;
    « Il a XXVII anz acomplis tous antierz
    « Que venis en Espaigne o tot mains chevaliers ;
35. « Puis ne jui. IIII. nuis sans mon hauberc doublier,
    « Très par mileu des mailles m'an est li peus glaciez.
    « On dit que Karlemaines conquiert tous les reniez ;
    « Non fait, par saint Denis vaillant. IIII. deniers,
    « Ains les conquiert Rollans et li cuens Oliviers,
40. « Et Naimes à la barbe, et je qui sui Ogiers.
    « Quant vos estes soef en vostre lit couchiez,
    « Et mangiez les gastiaus, les poons, les ploviers,
    « Lors menaciez Espaigne la terre à essillier ;
    « Mais vos n'en ferrés ja en escu chevalier.
45. « Damedieu me confonde, qui tout a à jugier,
    « Se g'estoie là fors, montés sor mon destrier,
    « Et fuisse de mes armes mult bien aparilliez,
    « Se je ne vos prenoie par mon cors prisonier.

12. « Barons, dit l'empereur, sachez donc mes projets : nous avons conquis les pays de tous côtés et maintenant je ne connais pas de château, de bourg, de ville ou de cité où
15. nous n'ayons imposé la religion chrétienne, sauf dans la puissante Cordoue que gouverne le roi Déramé. L'émir qui est si cruel la possède et il y a entassé des richesses considérables. Il y a de l'or, de l'argent, de la soie à
20. profusion et quantité de chevaux rapides et de faucons qui ont mué. Barons, allons-y donc, au nom de la sainte charité, pour que, si Dieu nous a réservé ces biens, ceux de nos parents qui sont dépourvus puissent s'en enrichir.
Barons, continue l'empereur, restez calmes et écoutez-moi.
25. Dans ces pays étrangers, nous sommes très éprouvés, et moi, j'ai eu le tort de vous séparer de vos femmes, si bien que vous, vous avez peu d'enfants et moi, moins de chevaliers. Ayez soin d'être prêts demain dès l'aube et faites aussi charger mulets et bêtes de somme. Je marcherai sur
35. Cordoue, telle est mon intention.
— Empereur, au nom de Dieu, lui réplique Ogier le Danois, vous nous avez bien souvent imposé peines et tourments. Il y a vingt-sept ans révolus que tu es arrivé en Espagne, avec d'innombrables chevaliers. Depuis, je ne me suis pas
35. couché quatre nuits sans ma cotte doublée, si bien qu'au milieu des mailles, j'en ai la peau glacée.
On dit que Charlemagne conquiert tous les royaumes. Non vraiment, par Saint-Denis, il n'en prend pas pour quatre deniers. Ceux qui les conquièrent, ce sont Roland et le
40. comte Olivier, Naime le barbu et moi-même Ogier. Mais vous, quand vous êtes douillettement étendu sur votre lit, à manger des gâteaux, des paons et des pluviers, alors vous menacez l'Espagne, pays à anéantir. Mais vous ne frappez jamais sur un bouclier de chevalier. Que le
45. Seigneur Dieu qui doit tout juger me confonde, si, au cas où je serais là dehors, monté sur mon cheval de bataille et bien muni de toutes mes armes, je ne faisais de vous mon prisonnier.

— Par saint Denis, dist Karles, vos dites voir, Ogier ;
50. « Contre vostre proesce ne me voil afichier.
   « Je sui vostre droit sires, si faites grant pechié
   « Quant vos an tel maniere si me contraliez.
   « Baron, dist l'empereres, une rien vos voil dire
   « Dont je sui en mon cuer coreciés et plains d'ire :
55. « Je voi ici Ogier qui à me contralie ;
   « Mar le pensa li dus, par ma barbe florie,
   « La merci Damedieu, le fils sainte Marie,
   « Il a XXVII. anz qu'en Espaigne venismes ;
   « Puis ne jui. IIII. nuis sans ma broigne treslie.
60. « Rompus est mes bliaus et ma broigne sartie :
   « Certes, plus sui velus que n'est chevrel ne biche.
   « Je me vanterai ja, si ferai violonie :
   « Dès Huiscent sor la mer de ci que à Saint Gile,
   « Dès le mont de Mongiu deci que en Galice,
65. « Ne par deçà vers Rome, si com li mons tornie,
   « N'a cité ne chastel, ne bourc ne manantie
   « Que je n'aie par force et par vertu conquise.
   « Primes conquis Bordele par ma chevalerie,
   « Et si fis à Pamers estorer une vile ;
70. « Pris le Groing et l'Estoile et Quarion ausinques.
   « De toutes ices terres ai je la seignorie ;
   « Que s'i reclameroit de la moie partie,
   « Enorez i seroit, là me faudroit il mie. »
   Après parla Richars, li dus de Normandie,
75. Qui de Fescamp fist faire la plus mestre abéie ;
   Encore i gist en fiertre en une tor antie.
   Il fu mult sages hon, si dist il grand folie,
   Orgoil et grant outrage et mult laide estotie :
   « Vos dites, emperere, la terre avés conquise,
80. « Dès Huiscent sor la mer de ci que à Saint Gile
   « N'a il chastel ne vile que vos n'aiés conquise,
   « Estorges et Navare, Panpelune la riche ;
   « Dès le mont Saint Michiel de ci que en Galice,
   « Ne par deçà vers Rome, si com li mons tornie,
85. « N'a cité ne chastel, recet ne manantie

— Par Saint-Denis, reprend Charlemagne, vous dites vrai,
50. et je ne veux pas nier votre valeur. Mais je suis votre
seigneur légitime et vous faites grand péché en me cherchant
ainsi querelle. Barons, continue l'empereur, je veux vous
dire une chose qui me remplit le cœur de courroux et de
55. colère. Je vois ici Ogier qui s'oppose à moi. Par ma barbe
blanche, le duc a eu là une pensée condamnable. Par la
grâce de Dieu, fils de Sainte Marie, il y a vingt-sept ans que
nous sommes venus en Espagne. Depuis je ne me suis pas
couché quatre nuits sans porter ma cotte à triple fil. Ma
60. tunique est déchirée et ma cotte rompue. A coup sûr me
voilà plus velu que chevreuil ou biche.

Je vais me vanter et j'agirai mal. Mais depuis Wissant sur
mer jusqu'à Saint-Gilles, depuis le mont de Mongiu jusqu'en
65. Galice, pas plus que du côté de Rome, il n'y a dans
tout le cercle du monde, cité, château, bourg ni demeure
que je n'aie conquis de vive force. Tout d'abord j'ai conquis
Bordeaux par ma prouesse et j'ai fait élever une ville à
70. Pamiers. J'ai pris Lagrono, Estalla et Carrion aussi. De
toutes ces terres je suis le maître et si quelqu'un venait
à s'y réclamer de moi il y serait honoré infailliblement. »
Après lui parla Richard, le duc de Normandie, qui fit cons-
75. truire la plus grande abbaye de Fécamp. Maintenant encore
il y repose en une châsse dans une vieille tour. C'était un
homme très sensé et pourtant il dit de folles paroles pleines
d'orgueil, de démesure et d'audace injurieuse : « Vous prétendez, empereur, que vous avez conquis le pays depuis
80. Wissant sur mer jusqu'à Saint-Gilles, qu'il n'y a pas de
château ni de ville que vous n'ayez pris, Astorge et la
Navarre, la puissante Pampelune, du mont Saint-Michel
jusqu'en Galice et que du côté de Rome, dans tout le cercle
85. du monde il n'y a ville ni château, manoir ni demeure que

« Que n'aiés pris par force et par vertu conquise :
« Ensi le dites vos ; mès nos del disons mie.
« Je sais teus. v. citez, se Diex me benéie,
« Qui s'i reclameroit de vostre seignorie,
90. « Il en perdroit la teste, là ne faudroit il mie.
— Richars, dist l'emperere, merveilles avés dites ;
« Espoir vos les savez, mais je ne les sai mie :
« Et car les me nomez, se Diex vos benéie. »
Et Richars li respont : « Non ferai, biax dous sire ;
95. « Que François ont congié d'aler de vo servisse.
« Se je les vo nomoie, ce seroit vilonie.
— Richars, dist l'emperere, par ma barbe florie,
« Ne par la foi que doi au fil sainte Marie,
« Se vos des .v. citez noveles ne me dites,
100. « M'amistés et la vostre ert tote departie,
« Et vos taudrai la teste à m'espée forbie. »
Et Richars li respont : « Ains les nomerai, sire.
« Savez vos Montorgueil et Montesclair la riche ?
« Et savez vos Luiserne, qui sor mer est bastie ?
105. « Oïstes ainc parler de la tour d'Augorie,
« La cité de Carsaude, qui tant est bele et riche ?
« Certes ces .v. cités n'avez encore mie.
« Qui s'i reclameroit de vostre seignorie,
« Il en perdroit la teste, là ne faudroit il mie ».
110. Quant l'entent l'emperere, à poi n'enrage d'ire.
Il en a apelé .I. chevalier, Elye :
« Va moi, fai tost venir Floriant de Nubie :
« C'est .I. mien latiniers que Jhesu benéie,
« Que por Dieu a receu créance et batestire ;
115. « Cil me saura mult bien les noveles en dire. »
On li a amené, et Karles li escrie :
« Floriant, dist li rois, se Diex vos benéie,
« Sauriez vos Luiserne qui sor mer est bastie ?
— Oïl, dist Floriant, se Diex me benéie
120. « En trestoute la terre n'a riviere petite
« Que n'aie à mon faucon ane ou sorceille prise.
— Par Dieu, dist l'emperere, por ce le vos voil dire,

vous n'ayez enlevés de vive force. Voilà ce que vous dites, vous, mais nous, nous ne le disons pas.

Je connais cinq villes fameuses, Dieu me bénisse, où celui
90. qui viendrait se réclamer de votre protection perdrait la tête infailliblement.

. — Richard, répond l'empereur, vous avez dit des choses bien étonnantes. Ces villes, j'espère que vous les connaissez, mais moi je ne les connais pas. Nommez-les-moi donc et que Dieu vous bénisse. » Mais Richard lui réplique : « Je n'en
95. ferai rien, cher seigneur, car les Français ont bien la permission de quitter votre service et, si je vous les nommais, ce serait mal agir. — Richard, reprend l'empereur, par ma barbe blanche et par la fidélité que je dois au fils de Sainte Marie, si vous ne me parlez pas de ces vinq villes,
100. ce sera le déchirement de notre amitié et de plus je vous ferai sauter la tête de mon épée luisante.

. — Eh bien, je vous les nommerai, seigneur. Connaissez-vous Montorgueil et la puissante Monteclair ? Ne connaissez-vous pas non plus, Luiserne qui surplombe la mer ? Mais
105. plutôt avez-vous entendu parler de la forteresse d'Augorie et de la ville de Carsaude qui est si belle et si puissante ? A coup sûr, ces cinq villes vous ne les possédez encore pas. Celui qui s'y réclamerait de votre protection y perdrait la
110. tête infailliblement. » En entendant ces paroles, l'empereur est près d'enrager de colère. Après quoi il a interpellé un chevalier du nom d'Elie : « Va et fais-moi vite venir Floriant de Nubie.

C'est un de mes interprètes, que Jésus le bénisse, qui par amour pour Dieu a reçu la foi et le baptême. Celui-là saura
115. fort bien me renseigner à ce sujet. » On le lui amène et Charles s'exclame devant lui : « Floriant, dit le roi, que Dieu vous bénisse. Connaîtriez-vous Luiserne dont les habitations surplombent la mer ? — Mais oui, répond Floriant, et que Dieu me bénisse. Dans la terre entière il n'est pas de
120. terrain de chasse à gibier d'eau, aussi petit soit-il, où mon faucon n'ait pris cane ou sarcelle. — Par Dieu, répond l'empereur, c'est pour cela que je veux vous parler.

« Savez vos Montorgueil et Montesclair la riche ?
  « Oïstes onc parler de la tour d'Augorie ?
125. « La cité de Carsaude, qui tant est bele et riche ? »
  Et Floriant respont : « Oïl certes, biaus sire ;
  « Mès sachiez en son cuer pensa mult grant folie
  « Qui de ces .v. citez noveles vos a dites,
  « Et orgoil et outrage et mult grant lecherie.
130. « Rois, lessiez les ester, vos nes penriez mie ;
  « Onques Jhesu n'i fu reclamez en sa vie.
  — Par ma barbe, dist Karles, c'au menton me balie,
  « Je i seroie ainçois tous les jours de ma vie
  « Que de ces .v. citez n'aie la seignorie.
135. — Rois, lessiez les ester, vos nes panriez mie. »
  Quant François l'entendirent, touz li sans lor fremie ;
  Tuit maudient Richart, le duc de Normendie.

Avez-vous entendu parler de la forteresse d'Angorie, de la
125. ville de Carsaude qui est si belle et si puissante ? » Floriant lui répond alors : « Mais certainement, bon seigneur. Sachez pourtant qu'il eut en lui-même une pensée bien coupable celui qui vous a renseigné sur ces cinq villes, pensée
130. d'orgueil, de démesure et d'extrême perfidie. Roi, laissez-les tranquilles, vous ne les prendriez pas. Jamais on n'y invoque Jésus. » Mais Charles lui répond : « Par la barbe qui me tremble au menton, je resterais là tous les jours de ma vie plutôt que de renoncer à la maîtrise de ces villes.
135. . — Roi, laissez-les tranquilles, vous ne les prendriez pas. » Le sang de tous les Français frémit quand ils l'entendent et tous maudissent Richard, le duc de Normandie.

II. - LES FILS DES CHEVALIERS DE L'EMPEREUR VEULENT SE DONNER UN ROI.

Devant l'opposition sourde ou déclarée de ses plus grands vassaux, Charlemagne aurait peut-être hésité à s'obstiner dans sa conquête. Mais une nuit Dieu lui envoie un ange qui le réconforte et lui ordonne de marcher sur Luiserne. L'empereur décide alors de se diriger vers la place forte ennemie et ses hommes le suivent sans enthousiasme. Ils pensent à leurs femmes et à leurs enfants. Charlemagne, qui devine leur nostalgie, permet de repartir à ceux qui le désirent, mais en précisant que ceux-là et leurs descendants tomberont dans le servage. Malgré cette menace, plus de quatre mille hommes abandonnent l'armée. Pendant qu'en Espagne les pères s'attendrissent à la pensée de leur famille absente, à Paris, les fils se réunissent et se concertent. Peuvent-ils rester plus longtemps sans pères et sans chef ?

191. Et li enfant de France se furent aüné,
     .L. et .IIII^m. à Paris la cité,
     En la greve de Saine venu et aüné.
     Bertrant, li fils Naimon, a premerains parlé.
195. « Seignor, ce dist Bertrant, or oez mon pansé :
     « Karles est an Espaigne, o lui son grant barné ;
     « Il a XXVII. anz acomplis et passez
     « Qu'il anmena les peres qui nos ont angendrez.
     « Or nos ont tant nos meres et couchiés et levez,
200. « Merci Dieu, que nos somes chevalier adoubé.
     « Car faisons roi en France, se vos le commandez,
     « A qui nos clamerons et du bien et du mel,
     « Et de qui nos tandrons totes nos heritez ;
     « Se nos nos mellions, ce seroit grans viltez ».
205. Et cil li respondirent : « Si com vos commandez. »
     « Seignor, ce dist Bertrant, il nos convient jurer
     « Celui que nouz voldrons faire roi coroné
     « Que se il le desdit, le chief aura copé. »
     Et cil li respondirent : « Ce fait à créanter. »
210. .L. et .IIII^m. qui tuit furent sené.
     « De qui ferons nos roi ? » dient li bacheler.
     A une part se traient li .VII. des plus aisnez,
     De tous les plus haus homes, du miels anparantez.
     « Seignor, ce dist Bertrant, or avons nos juré ;
215. « Foi que doi saint Denis, j'en dirai mon pansé :
     « Vés Sanson de Borgoigne, qui gentils est et ber,
     « S'a la serour Karlon, le fort roi coroné,
     « Et si en a li dus .I. vallet angendré ;
     « N'a pas encor .I. an que il fut adobé :
220. « Car fesons celui roi, se vos le commandez.
     « Se revient l'emperere ariere en son rené
     « Et il trueve celui que l'aions coroné,
     « Il ne l'ocira mie, de son linage est né.
     « Et se il ne revient, si aura l'erité ;
225. « Car nos ne volons mie Karlon deseriter. »
     Et li enfant respondent : « Bien l'avez commandé. »
     A icele parole ont l'enfant apelé.

« Sire Guis de Borgoigne, dist Bertrant, çà venez ;
« Nos vos volons de France la corone doner.
230. — Seignor, ce dist li enfes, ce soit de la part Dé.
« Bailliez moi la corone, je ne l'os refuser ;
« Ainçois voil estre rois que la teste couper,
« Et si vos pri à tous, fetes moi féautez.
« Seignor, ce dist li enfes, or m'avés coroné,
235. « Si ai chascun de vos acompli tous ses grez ;
« Or voil que refaciés la moie volanté,
« Et qui le desdira s'aura le chief coupé.
« Or s'en revoist chascuns arriere en son regné
« Et si face .I. biau char maintenant atorner,
240. « Mult bel, sor .IIII. roes, por aler plus soef,
« Et s'i face sa mere et sa serour antrer
« Et tout le plus viel home qu'il a en son rené.
« Quant li jone seront as ruistes cous doner,
« Et li vieil demorront por bons consaus doner.
245. « S'irons après les peres qui nos ont engendrez,
« C'onques ne les véimes an trestous nos aez,
« Si prendrons bon conseil, se Diex l'a destiné ;
« Que, par cele corone dont m'avés queroné,
« Qu'en mon chief m'avez mis, trestot estre mon gré,
250. « Ne par la foi que doi au cors méisme Dé,
« Je ne tandrai an France ne chastel ne cité,
« Ne n'i aurai de rente .I. denier monéé ;
« Car, se revenoit Karles ariere en son rené,
« Et il me trovoit ci que fuisse queroné,
255. « Il me todroit la teste, jel sai de verité. »
Quant li anfant l'entendent, es les vos esfréés ;
Lors maudit chascuns l'eure que il fu queronez.
Or quidoient en France dormir et reposer ;
Mais il les convendra chevaucher et errer.
260. Li enfant s'an retornent chascuns en lor païs.
Chascuns a fait .I. char gironé, tailléis,
Chascuns i mist sa mere, sa seror autresis,
Et si i met vitaille à .X. ans accomplis.
A feste saint Jehan revindrent à Paris,

265. En la greve de Saine se sont ensamble mis.
Les dames de la terre s'escrient à haus cris :
« Sire Guis de Borgoigne, por amor Dieu, mercis.
« Karles li emperere nos toli nos maris ;
« Tu feras grant pechié se tu nos tous nos fis. »
270. Quant li enfes l'entent, à poi n'enrage vis.
Il an jure la crois, par ire, où Diex fut mis,
Qu'il n'i a une seule qui tant soit de haut pris,
« Se (elle) estoit sereur Karlon de Saint Denis,
« Ou se c'estoit bele Aude, qui tant a cler le vis,
275. « Ou ele estoit ma mere, que je dout mult et pris,
« Se g(e) en oi huimès la parole tantir,
« Que je ne li féisse touz les membres tolir. »
Quant les dames l'entendent, n'i ot ne geu ne ris ;
Totes prient ensamble à Dieu qui ne manti
280. Que lour enfans garisse et lor riches maris.
Au matin par son l'aube, quant li solaus apert,
Lors s'est li enfes Guis et vestus et parez.
Ses chars fist afaiter et bien encortiner
Et l'un encoste l'autre charoier et errer.
285. Bertrant le fils Naimon a premiers apelé :
« Je vos commant, biaus sire, que bien soient gardé,
« Et si pansez des dames et faites enorer.
— Sire, ce dist Bertrans, si com vos commandez.
« Je ne vos os desdire : rois estes coronez. »
290. Tot aval la grant ost a fait li rois crier
Se li plus povres hon qui an tote l'ost ert
Barguignoit .I. avoir qu'il vosist acheter,
Que ja mar fust si riches, si hardis ne osez
Que nus i méist offre, ains s'an fust cis tornez ;
295. Et se il le faisoit, le chief éust coupé.
Encore a fait li enfes autre ban recrier
Que il n'i ait en l'ost ne tolu ne amblé ;
Mès vitaille le suie assez et à planté,
Et face la danrée .III. denier acheter.
300. Et qui miels ne porra à fin argent peser,

Li rois est riches hon qui lor donra assez,
Tant com il ait denier, que il n'i ait lasté ;
Mar despandra du sien .I. denier monéé.
Lors s'en va l'ost de France, ne se sont aresté.

III. - CHARLEMAGNE DÉGUISÉ VA FAIRE L'ESPION A LUISERNE.

L'armée des jeunes chevaliers (accompagnés de leurs mères qui suivent dans des chars) parvient jusqu'aux frontières de l'Espagne où elle rencontre un pèlerin qui revenait de Saint-Jacques-de-Compostelle. Il renseigne Gui et les siens sur les terribles souffrances endurées par leurs pères. Ils sont à la veille de la famine car leurs convois de vivres sont interceptés par les Sarrasins de la cité de Carsaude où règne Escorfaut. Le jeune roi décide alors de marcher sur cette ville. Les Français battent les Sarrasins sortis à leur rencontre et, à la suite des fuyards, pénètrent dans Carsaude qu'ils enlèvent de vive force. Gui rassemble une immense quantité de vivres qu'il envoie à l'empereur dans un convoi escorté de dix mille chevaliers. Mais il refuse aux chefs et aux membres du convoi l'autorisation de se faire connaître de leurs pères. Malgré leur dépit, les jeunes gens observent la consigne en remettant les vivres. Réconforté, Charlemagne demande aux messagers de prier Gui de venir à son aide. En attendant, il va tenter de s'emparer par la ruse de Luiserne, qu'il n'a pu conquérir par la force.

1277. L'emperere de France an retorna arier,
Devant lui regarda, si choisi .I. paumier,
Qui ot espié et paume et chapel en son chief.
1280. L'emperere de France le prist à araisnier :
« Car me prestés vos dras, qui ne sont pas antier,
« Et si vestez les miens, qui sont riche et mult chier.
— Volontiers, à non Dieu », ce li dist li paumiers.
Entre lui et le roi sont andui despoillié.
1285. Karles vesti la guige, mist le chapel el chief,
Les housiaus a liez desi au col du pié,
L'escherpe cordowane a à son col lacié ;
Il a pris le bordon grant et gros et antier.
Karles se regarda, si vit blanchir ses piés ;
1290. En sa main tint li rois .I. quenivet d'acier,
En plus de .XXX. leus en fait le sanc glacier,
Après les a boutés en .I. tas de fumier ;
Mult par furent hideus quant les en a sachiez.
Il en a apelé le bon Danois Ogier.
1295. « Amis, ce dist li rois, mult me puis merviller :
« Il ont fait roi en France de Guion le guerrier,
« A moi n'à mon pooir ne pristrent onc congié ;
« Certes, c'est une chose dont me puet anuier.
« Par icel saint apostre que quierent penancier,
1300. « Ne voil que l'an me tiegne à coart n'à lanier,
« Que je encor ne puisse monter sor mon destrier
« Et porter mon escu, ferir dou branc d'acier.
« Je m'an irai léans la cité espier,
« Savoir où li mur sont plus legier à percier.
1305. « Ja Damedieu ne place qu'en puisse repairier
« S'aie éu paor de la teste tranchier ;
« Qui la novele an voist à Guion le guerrier,
« Qu'il me crieme et redoute de la teste tranchier.
— Sire, ce dist Ogiers, bien fait à otroier.
1310. « Jhesu de sainte gloire vos en doinst repairier.
— Ogier, dist l'amperere, à moi en entandez :
« Je m'an irai léans espier la cité ;
« Quant vos sarois por voir que g'i serai antré,
« Ogier, prenés mes armes et mon escu portez,
1315. « Tost et isnelement sor mon cheval montez,
« Que bien le reconnoissent Sarasin et Escler.
« Assailliez à la porte et Naimes li barbez,

L'empereur de France revenant sur ses pas regarde devant
lui et voit un pèlerin porteur d'un bâton ferré, de palmes et
1280. avec un chapeau sur la tête. L'empereur de France se met
à l'interpeller : « Prêtez-moi donc vos vêtements qui ne sont
plus intacts et prenez les miens qui sont beaux et de grand
prix. — Volontiers, au nom de Dieu, » répond le pèlerin. Le
1285. roi et lui se sont déshabillés tous les deux. Charles attache
la courroie du bâton, se coiffe du chapeau, lie les jambières
jusqu'à la cheville et se noue au cou l'écharpe de Cordoue.
Il prend le bâton, gros, grand et massif. Puis Charlemagne
1290. se regarde et voit la blancheur de ses pieds. Du petit cou-
teau d'acier qu'il tient à la main il a fait couler le sang en
plus de trente endroits, puis il les a enfoncés dans un tas de
fumier. Ils étaient vraiment affreux quand il les a retirés.
1295. Après quoi il s'est adressé à Ogier le bon Danois : « Ami,
lui dit-il, j'ai bien de quoi m'étonner. En France ils ont fait
un roi du jeune Guy le guerrier, sans jamais en demander
la permission ni à moi ni aux miens. C'est là quelque chose
qui peut bien me tourmenter. Par le saint apôtre qu'invo-
1300. quent les pénitents, je ne veux pas qu'on me prenne pour
un peureux ni un lâche, incapable désormais de monter sur
mon cheval, de porter mon bouclier et de frapper de mon
épée d'acier.
Je m'en irai là-bas espionner dans la ville pour reconnaître
l'endroit où il est le plus facile de faire une trouée dans les
1305. murailles. Plaise à Dieu que jamais je ne puisse en revenir
si j'ai eu peur qu'on me tranche la tête. Puisse la nouvelle
en parvenir au jeune Guy le guerrier pour qu'il me redoute
et craigne d'avoir la tête tranchée. — Seigneur, dit Ogier,
1310. voilà bien une chose à faire. Que le saint et glorieux Jésus
vous permette d'en revenir.

. — Ogier, dit l'empereur, prêtez bien attention à mes pa-
roles. Je m'en vais là-bas faire l'espion dans la ville. Quand
vous saurez sûrement que j'y serai entré, Ogier, prenez
1315. mes armes, portez mon bouclier et très vite montez sur mon
cheval pour que le reconnaissent bien sarrasins et slaves.
Montez à l'assaut de la porte avec Naime le barbu, accom-

« S'aiez en vo compaigne .IIIm. ferarmez. »
Et cil li respondirent : « Si com vous commandez. »
1320. A icele parole, s'an est Karles tornez,
De ci que à Luiserne ne s'est asséurés,
A la porte bauvere qui siet desus la mer ;
Venus est au guichet où il devoit passer.
Or escoutez dou roi com s'est desfigurez :
1325. Le col vers les espaulles commença à trembler,
Et ot la bouche torte contremont vers le nez.
Venus est au guichet, ainc ne li fu véez.
Or escoutés dou roi com s'est desfigurez :
Il traîne sa hanche comme s'il fust quassez ;
1330. Contremont vers la tor commença à errer.
.I. vens ataint le roi qui l'a desfiguré,
Qui li a le chapel de la teste gité ;
Lors li parut la face et la bouche et le nez.
Es .IIIc. chevaliers fervestus et armez,
1335. Qui gardoient la porte de la riche cité.
Boydans de la porte a premerains parlé :
Ce fu .I. latiniers qui en France ot esté ;
Bien connut Karlemaine, le fort roi coroné.
« Seignor, dist Boydans, entandez mon pensé :
1340. « Véistes onques mais Karlon au poil mellé ?
« Vés le là où il vient espier la cité.
« Il va à Aquilant nostre seignor parler ;
« Ja le suirons après sans plus de demorer,
« Si li todrons la teste, sans plus de l'arester :
1345. « Einsi nos porrons bien dou siege delivrer. »
Quant Karlemaines ot cele gent si parler,
Ne fu pas de merveille s'il an fu esfraez ;
Damedieu le voir pere an prist à apeler :
« Glorieus sire pere, par la vostre bonté,
1350. « Ensi comme Longis vous feri ou costé,
« Ensi comme c'est voirs, si me puissiez sauver,
« Qu'encor puisse véoir Guion le bacheler,
« Et le secors de France que tant puis desirer. »
Contremont vers le ciel an prist à regarder,
1355. Vit entr'ovrir le ciel jusc'à la maïsté,
Et une crois saintisme qui gete grant clarté ;
De toutes pars la tienent .IIII. angres ampené.
Paor ot l'emperere, si s'est jus acliné.
Saint Gabriel li angres s'est à lui devalé ;
1360. Il li dit en l'oreille coiement, à celé :
« Empereres de France, envers moi entendez :
« N'aies mie paor, tu es à sauveté,
« Que cil te conduira qui t'a ci amené. »

pagnés de trois mille hommes bardés de fer. » Ils lui répon-
1320. dirent : « Tout à vos ordres. » A ces mots, Charles s'est éloi-
gné et ne s'est pas arrêté jusqu'à Luiserne, sous l'arche de
la porte qui surplombe la mer. Il arrive à la poterne par où
il devait passer. Ecoutez bien comment le roi a changé son
1325. aspect. Son cou sur ses épaules est agité de tremblements
et sa bouche tordue remonte vers le nez. Il parvient à la
poterne sans qu'on la lui interdise.
Ecoutez bien comment le roi a changé son aspect. Il traîne
1330. la hanche comme un infirme et commence à monter vers
la tour. Mais un coup de vent l'atteint qui détruit son
déguisement en lui faisant voler le chapeau de la tête et
en lui découvrant le visage, la bouche et le nez.
Mais voici trois cents chevaliers armés et couverts de fer qui
1335. gardaient la porte de la puissante cité. De la porte, Boïdant
parle le premier. C'était un interprète qui avait séjourné
en France. Il reconnut bien Charlemagne le puissant roi
couronné. « Seigneur, dit-il, sachez ce que je pense. N'avez-
1340. vous jamais vu Charles à la barbe grise ? Voyez-le là qui
vient espionner dans la ville. Il va parler à Aquilant notre
Seigneur. Mais nous le suivrons sans plus tarder et nous lui
1345. ferons sauter la tête sans hésiter. Ainsi pourrons-nous nous
libérer de ce siège. » Quand Charlemagne entend les
paroles de ces gens, il en est effrayé et ce n'est pas surpre-
nant. Il se met à implorer le Seigneur Dieu, notre vrai père.
1350. « Glorieux Seigneur et père, aussi vrai que Longin vous
frappa au flanc, dans votre bonté puissiez-vous me sauver
pour que je puisse encore voir le jeune Guy et les secours
venus de la France que j'aime tant. »
1355. Il se met à lever ses regards au ciel et le voit qui s'en-
trouve jusqu'à Dieu en même temps qu'une croix très sainte
projette une vive clarté. Quatre anges ailés la soutiennent
de tous les côtés. L'empereur prend peur et s'incline jusqu'à
1360. terre. Mais l'ange Gabriel est descendu à lui et lui dit à
l'oreille, doucement, en secret : « Empereur de France,
écoute-moi bien. N'aie pas peur, te voilà sauvé car il te
guidera celui qui t'a amené jusqu'ici ». A ces mots l'empe-

L'emperes l'entent, si est resvigoré ;
1365. Vers le ciel anclina, errant s'an est tornez.
Jusc'au maistre palais ne s'est asséurez,
Et trova Aquilant desous .I. pin ramé,
Entor lui .XXX. rois richement coroné ;
Por doute de Karlon l'ont léans anserré.
1370. Atant es le viellart o le guernon mellé.
Sour le bordon de fraisne s'est li rois acostez,
Et salue Aquilant com ja oïr porrés,
En langage grejois, que tous les latins set :
« Mahomet vos saut, sire, vos et vostre barné ! »
1375. Aquilant le regarde, si li a demandé
D'ont il vient et où va, de quel terre il est né.
« Sire, dist l'emperere, je dirai verité :
« Je sui nez de Palerne, l'admirable cité,
« Et si revien de Mecque où je ai converssé.
1380. « Je i portai m'offrande le premier jor d'esté ;
« Mès Karlemaine a si les chemins ancombrez
« Paumier ne mesagier n'i ose trespasser
« Qu'il ne perde la teste ains qu'il soit outre alez ;
« Et c'est mult grant merveille quant j'en sui eschapé.
1385. « L'autrier fui à vo pere, le fort roi Macabré ;
« Il vos mande par moi salus et amistés,
« Et vos prie et commande, je mar li celerez,
« Gardés bien ceste vile et vostre honor prenez.
« Ainçois que la quinzaine et li mois soit passez,
1390. « Vos envoiera il .C^m. Turs armez,
« Dont serois vers le duc garantis et tansez ;
« Par force ert li rois de son siege getez
« Mahomet vos destruie où vos créance avez,
« Se vos le poez prendre, se vos ne le pandez.
1395. — Paumiers, dist Aquilans, teus noveles portez
« Dont vos serois anqui manans et asasez. »
Li Sarasin qui virent le roi de France antrer
Li sivirent après sans plus de demorer.
Ains que Boïdans l'ait de riens araisoné,
1400. Le saisi par la barbe dont li peus est mellez,
Envers lui le sacha, roidement l'a tiré ;
Puis li a dit : « Dans viels, anvers moi entendez,
« Que je vos ai mult bien quenu et avisé ;
« De tout autre martin vos convenra parler. »
1405. Quant l'entend l'emperere, si refu esfraés.
De mult très riche engin se prist à porpanser,
S'il li laisse plus mot de la bouche parler,

PLANCHE I

LA LASSITUDE DES GUERRIERS
Le sommeil des Chevaliers (Bibli. Nat.)

PLANCHE II

UN GÉANT

Détail du chaudron de Gundestrup - Art celtique Ier siècle avant J. C.

1365. reur est réconforté. Il s'incline du côté du ciel et repart aussitôt. Jusqu'au palais du roi il ne s'est pas arrêté. Il trouve Aquilant au pied d'un pin touffu et entouré de trente rois aux couronnes précieuses. Par crainte de Charlemagne,
1370. ils l'ont caché en ce lieu. Mais voici le vieillard à la barbe grise. Appuyé sur son bâton de frêne, le roi en parlant grec, car il connaît toutes les langues, salue Aquilant comme vous allez l'entendre : « Que Mahomet vous pro-
1375. tège, seigneur, vous et vos barons. » Aquilant le regarde et lui demande d'où il vient, où il se rend et dans quel pays il est né. « Seigneur, répond l'empereur, je vous dirai la vérité. Je suis né à Palerme, cette ville merveilleuse, et je
1380. reviens de la Mecque où j'ai séjourné. J'y ai porté mon offrande le premier jour de l'été. Mais Charlemagne garde tellement les routes que pèlerins ni messagers n'osent les emprunter de peur d'y perdre la tête avant d'aller plus
1385. loin. Et c'est un bien grand miracle que j'aie pu m'échapper. J'étais l'autre jour chez votre père, le puissant roi Macabré. Il vous envoie par mon intermédiaire ses salutations et ses amitiés, mais aussi il vous prie et vous demande, ne le lui refusez pas, de bien veiller sur cette ville et de maintenir votre fief. Avant la fin de la quinzaine ou du mois
1390. il vous enverra une armée de cent mille Turcs qui vous défendront et vous protègeront contre le duc. De force le roi sera repoussé. Que Mahomet, en qui vous croyez, vous supprime, si, alors que vous pouvez vous emparer de Char-
1395. lemagne, vous ne le pendez. — Pèlerin, répond Aquilant, vous m'apportez des nouvelles qui vous vaudront aujourd'hui richesse et opulence. » Mais les Sarrasins qui avaient vu entrer le roi de France le suivirent sans plus tarder. Boi-
1400. dant, avant de lui avoir dit quoi que ce soit, le saisit par sa barbe aux poils gris. Il le tire à lui et le secoue violemment. Puis il lui adresse la parole : « Seigneur vieillard, écoutez-moi, moi qui vous ai fort bien reconnu et remarqué. Il vous
1405. faudra parler sur un autre ton ». Quand l'empereur l'entend, il est à nouveau plein d'effroi, mais il se met à faire un excellent calcul : s'il lui laisse dire un seul mot de plus,

Il li en puet mult bien à grant meschiés torner.
Il haucha le poing destre qu'il ot gros et quarré,
1410. Parmi le chaaignon li a tel coup doné
Qu'il li froisse et esmie le maistre os moelé,
Les .II. eus de la teste li a fait jus voler ;
Très devant Aquilant l'a jus mort craventé.
Et Aquilant s'escrie : « Ce paumier me prenés ;
1415. « Orandroit ert pandus sans point de demorer.
— Par Mahomet, mon Dieu, fait li rois Salatrés,
« Plus vos a il mesfait que li paumiers assés.
« Vos dites grant merveille et si antreprenez,
« Qu'il le prist par la barbe, sans point d'aresoner.
1420. « S'il li éust mesfait, bien li fust amandé ;
« Vos l'en féissiés droit volantiers et de gré.
« La venjance en a prise, et sans lui desfier ;
« S'il l'en est meschéu, n'en fait mie à blasmer.
« Se li paumiers a droit, si l'en laissiez aler. »

cela risque de tourner fort mal pour lui. Il lève donc son
1410. poing droit qui est gros et massif et lui en assène un tel coup au milieu de la nuque qu'il lui brise, lui fracasse la colonne vertébrale et lui fait jaillir les deux yeux de la tête. Il l'abat raide mort juste aux pieds d'Aquilant. Mais celui-ci
1415. s'écrie : « Saisissez-moi ce pèlerin. Il sera pendu sur-le-champ et sans retard. — Par Mahomet, mon Dieu, intervient le roi Salatré, Boidant a beaucoup plus mal agi envers vous que ce pèlerin. Vous dites et faites une chose bien étonnante,
1420. car Boidant l'a saisi par la barbe sans explication. Si le pèlerin lui avait fait du mal, il en aurait été dédommagé. Vous lui auriez accordé réparation volontiers et de bon gré. Mais Boidant a pris sa vengeance et de plus sans lui lancer de défi. Si cela a mal tourné pour lui, il n'y a pas là matière à reproche. Puisque le pèlerin a raison, laissez-le donc partir. »

IV. - LA FIN D'UN GÉANT.

Au cours de sa visite en pèlerin, Charlemagne a dû reconnaître l'impossibilité de prendre Luiserne. Pendant ce temps, Gui, encouragé par son premier succès devant Carsaude, se renseigne sur les villes sarrasines devant lesquelles Charlemagne est resté impuissant. On lui cite en particulier Montorgueil, possession du roi Huidelon. Bertrand, fils de Naime, lui propose le plan suivant : Gui se dirigera vers Montorgueil avec une dizaine de jeunes chevaliers en disant qu'ils sont les messagers de Charlemagne chargés de négocier pour lui avec Huidelon. Mais à peine introduits dans la place, ils oublieront la manière diplomatique. Gui accepte le plan et le met à exécution. En cours de route, le petit groupe de Français rencontre une importante troupe de Sarrasins commandés par Maucabré. Gui lui assure qu'il va faire de la part de Charlemagne des propositions avantageuses à Huidelon. Maucabré le croit et conduit les Français à la porte de la ville en leur faisant éviter les passages périlleux. Mais il reste un ultime danger et non le moindre : le géant qui garde l'entrée principale.

    Or chevauce li rois, et il et ses barnez,
1765. Droit vers la tor, les vers hiaumes gemez.
    Sarasins et Persans les ont mult esgardez,
    Et dist li uns à l'autre : « Por Mahomet, véés :
    « Icist sont de Karlon parti et desevré ;
    « Li rois n'est gaires loing de cest nostre regné.
1770. « Hui perdra Huidelon par ceus ceste cité ;
    « Ja ne l'an demorra .I. denier monéé. »
    Et li enfant chevauchent, les frains abandonez.
    Jusc'à la maistre porte n'i ot regne tiré,
    Et virent .I. jaiant lés le guichet ester.
1775. Portiers ert Huidelon, mult fet à redouter ;
    De si fait pautonier n'orrés jamais parler.
    Il ot les sorcils grans et s'ot le poil levé,
    Et si avoit les dens de la bouche getés,
    Les oreilles mossues et les eus enfossés ;
1780. Et ot la jambe plate et le talon crevé.
    Diex li doinst male honte qui en crois fu penez.
    Et dist Guis de Borgoigne : « Sire compains, véés,
    « Véistes onques mais nul plus biau baceler ?
    « Cis portiers Huidelon fait mult à redoter ;
1785. « Il a maint gentil home murtri et estranglé. »
    Et dist li cuens Bertrans : « Se gel puis encontrer,
    « Je li quit .I. tel cop de m'espée doner
    « Jamès ne li devra huis de porte garder. »
    A icele parole commença à errer.
1790. Quant li jaians les voit, s'est sor ses piez levez.
    Qui li oïst les dens ensamble marteler,
    .I. martel sor l'anglume ne féist noise tel.
    Et saisi .I. baston qui fu gros et quarrez,
    En plus de .XXX. lius estoit d'acier bandez,
1795. Et en son ce baston si pendoient les clés.
    En trestot Montorgueil n'ot si fort bacheler

1765. Alors le roi Gui, à cheval avec ses barons, se dirige droit
vers la tour. Ils sont couverts de leurs casques brillants,
sertis de pierres précieuses. Sarrasins et Persans les regardent avec attention, l'un disant à l'autre : « Au nom de
Mahomet, voyez : ce sont là des hommes de Charlemagne
qui se sont séparés de lui. Leur roi se rapproche de notre
1770. royaume. Aujourd'hui par la faute de ces gens, Huidelon
perdra sa ville. Bientôt il ne lui en restera pas la valeur
d'un denier. » Mais les jeunes gens chevauchent à bride
abattue et jusqu'à la porte principale ils ne tirent pas sur
les rênes. Ils voient alors un géant debout près de la
1775. poterne. C'est le portier d'Huidelon et il est redoutable.
C'est un vaurien qui n'a pas son pareil au monde : d'énormes sourcils, des cheveux hérissés, des dents qui sortent de
la bouche, des oreilles velues, des yeux enfoncés dans les
1780. orbites, des jambes plates et des talons percés. Que Dieu qui
fut crucifié le confonde. Guy de Bourgogne dit alors : « Mes
amis, regardez. N'avez-vous jamais vu plus beau jeune
1785. homme ? Ce portier d'Huidelon est redoutable. Il a mis à
mal et étranglé quantité de seigneurs. »

Le comte Bertrand dit alors : « Si jamais je peux l'attaquer,
je pense lui donner un tel coup d'épée que plus jamais il
n'aura de porte à garder. » A ces mots il se met à avancer.
1790. Mais lorsque le géant les voit, il se redresse. A entendre
ses dents s'entrechoquer, on aurait dit un bruit plus grand
que celui du marteau sur l'enclume. Alors il saisit un gros et
solide épieu. En plus de trente points il était renforcé
1795. d'acier et tout au bout pendaient les clefs de la porte.
Dans toute la ville de Montorgueil il n'y avait pas de jeune

       Qui portast le baston .I. arpent mesuré
       Que tuit ne l'en ploiassent li flanc et li costé ;
       Autresi le paumoie com fust .I. rain pelé.
1800. Atant es les enfans, qui l'ont haut salué ;
       Tel salu li ont dit dont il ne lor sot gré :
       « Diex te saut, ce dist Guis, si com j'ai devisé.
       « Est léans Huidelons ? porrons à lui parler ? »
       Quant li jaians l'entent, si a le chief crollé,
1805. Et dist : « Mar i entrastes, cher sera comperé. »
       Il hauche le baston qu'il tint, gros et quarré,
       Qu'il en quida Bertrant parmi le chief doner ;
       Sor l'oreille feri le destrier pomelé,
       Desous le duc Bertran a le cheval tué.
1810. Voit le Guis de Borgoigne, le sens quida derver.
       Il a traite l'espée, dont li brans fu letrez,
       Et broche le cheval, cele part est alés.
       Li jaians estoit lons, si n'estoit pas armés ;
       Et li enfes le fiert par si ruiste fierté
1815. Par desus les espaules li a le chief copé
       Que le bu et les jambes fait voler ou fossé,
       Et la teste a ensamble à .I. perron hurté.
       Et dist le cuens Bertrans : « Çà me randés les clés,
       « Que je serai portiers por la porte garder.
1820. « Il le m'est eschéu ; mon cheval m'a tué.
       — Seignor, dist l'enfes Guis, envers moi entandés :
       « Vos demorrés vos .V. por la porte garder,
       « Et nos .V. en iron à Huidelon parler. »
       Et cil ont respondu : « Si com vous commandés. »
1825. **Cil Sires les conduie qui en crois fu penés,**
       Que, ainçois qu'il soit vespres ne solaus esconsez,
       N'i vodroit li mieudre estre por l'or de .X. cités.

homme, aussi robuste soit-il, capable de porter ce bâton sur
la distance d'un arpent sans ployer le flanc. Mais lui le bran-
dissait aussi facilement qu'une branche sans écorce. Alors
1800. arrivent les jeunes gens qui le saluent d'une voix forte.
Mais c'est là un salut dont il ne leur est pas reconnaissant.
« Dieu te protège, dit Guy, comme je le pense. Huidelon
est-il dans la ville et pourrons-nous lui parler ? » Quand le
1805. géant l'entend, il hoche la tête et répond : « Vous êtes
entrés pour votre malheur et vous le payerez cher. »
Il lève son gros et solide bâton dont il pense frapper Ber-
trand sur la tête, mais c'est son cheval pommelé qu'il atteint
sur l'oreille et Bertrand a sa monture tuée sous lui.
1810. Guy de Bourgogne le voit et croit en perdre la raison. Il
tire son épée à lame gravée, éperonne son cheval et se
dirige de ce côté. Le géant était grand mais n'était pas
1815. armé et Guy le frappe avec une telle violence qu'il lui
coupe la tête, fait voler dans le fossé le tronc et les jambes
tandis qu'en même temps la tête bute sur un bloc de pierre
à l'entrée. Alors le comte Bertrand s'écrie : « Allons, donnez-
1820. moi les clefs car je serai le gardien de la porte ; cela me
revient puisqu'il a tué mon cheval. — Seigneurs, reprend le
jeune Guy, écoutez-moi bien : vous cinq, restez là pour
garder la porte et nous cinq irons parler à Huidelon. »
1825. Ils lui répondent : « Tout à vos ordres ». Que le Seigneur
qui souffrit sur la croix les conduise, car avant le soir et
le coucher du soleil le plus brave ne voudrait pas être là,
même si on lui donnait l'or de dix cités.

V. - LES FILS VONT AU-DEVANT DE LEURS PÈRES MAIS NE PEUVENT S'EN FAIRE RECONNAITRE.

La disparition du portier a livré l'entrée de Montorgueil
aux dix Français que conduit Gui. Ils se querellent, se
battent, puis s'entendent avec Huidelon. Pendant ce temps,

dans le camp de Charlemagne, l'inquiétude grandit. L'empereur, en quittant les premiers messagers du jeune roi, leur avait dit : « Saluez de ma part votre roi, le bon guerrier, et dites-lui, au nom de Dieu, de venir me secourir, car, avec l'aide de Dieu le glorieux, j'en ai grand besoin. » (v. 1469-71). Depuis lors le besoin s'est fait nécessité et Charlemagne anxieux envoie douze mille chevaliers avec Naime à leur tête pour prier Gui de venir à leur secours. Bientôt la troupe de Naime est en vue du camp de Gui de Bourgogne. En voyant les hommes de Charlemagne s'approcher, tous les jeunes chevaliers sont impatients de sauter au cou de leur père.

« Sire Guis de Borgoigne, frans chevaliers gentis,
« Lai nos aler nos peres besier et conjoïr.
2850. Quant l'enfes Guis l'entent, si jura saint Denis :
« N'i a .I. seul de vous qui tant soit de haut pris,
« S'il se fait à son pere connoistre ne véir,
« Que ne li face ancui le chief du bu tolir. »
Quant li enfant l'entendent, es les vos esfréis ;
2855. Lors maudient tuit l'eure que Guis si longes vit.
« Seignor, dist Huidelon, entendés envers mi :
« Dont sont cil chevalier dont vos menés tel cri ?
— Biaus sire, il sont de France, de cest nostre païs ;
« Or ne vous poist il mie se les alons véir ? »
2860. Et Huidelon respont : « Par mon chief, non fait il. »
A iceste parole se sont as chevaus pris,
Encontre les vieux homes sont à la voie mis.
L'enfes Guis de Borgoigne les a à raison mis :
« Seignor baron, dist il, bien puissiés vous venir ! »
2865. Et dus Naimes respont, qui ot le poil flori :
« Seignor, Damediex puisse les vos cors benéir !
« Li quels est rois de France ? bien le poons véir ?
— Par mon chief, ce dist Guis, il vous sera bien dit.

— SEIGNOR, ce dist dus Naimes, envers moi entandez :
2870. « Li quels est rois de France ? gardés nel me celés.
— Par mon chief, ce dist Guis, bien vos sera mostrés ;
« Vous vanrois avec nous là dedens, en son tré. »
Et ci li respondirent : « Si com vous commandez. »
A icele parole se sont acheminez.
2875. L'enfes Guis de Borgoigne s'an est avant alés,

41

Et Bertrans et Berart, Torpins et Gilemers.
Lors s'est li enfes Guis gentement conréés :
.I. mantel sebelin a à son col geté,
.I. chapel de bonet li ont el chief posé ;
2880. Sor .I. faudestuef monte, qui d'or fu esmeré,
.I. bastoncel a pris en sa main par fierté.
Atant es les barons qui descendent el tré,
Trestuit communalment en sont dedens antré,
Puis se sont tuit assis belement par les trés.
2885. Mais Naimes de Baiviere est sor ses piés levés,
Son mantel laist chaoir, qu'il avoit afublé,
Le chapel de bonet a de son chief osté.
Sa barbe li baloie jusc'au neu del baudré,
Par deseur les oreilles ot les guernons tornez ;
2890. Mult resamble bien prince qui terre ait à garder.
Où que il voit Guion, si l'a haut salué :
« Cil Damediex de gloire qui meint en Trinité,
« Il saut le roi de France et son riche barné ! »
Et Guion li respont : « Diex vos croisse bonté ! »
2895. Quant l'entent li dus Naimes, s'a tendrement ploré ;
Bel et cortoisement a l'enfant apelé :
« Sire, ce dist dus Naimes, por Dieu de majesté,
« Levés vos en de ci, venés à moi parler.
— Sire, ce dist li enfes, volentiers et de gré. »
2900. A icele parole issirent fors del tré.
Ains n'i ot chevalier de si haut parenté
Qui léans avoc aus i fust onc apelés.
« Sire, ce dist dus Naimes, or ne vos soit celé,
« Je vos conjur de Deu, le roi de majesté,
2905. « Et de la sainte crois en coi il fut penés,
« Te pri ge et requier que me dies vertez.
— Par saint Denis, dist Guis, bien m'avés conjuré ;
« Mais, par cel(e) corone dont il m'ont queroné,
« Que à Paris me mistrent el chief estre mon gré,
2910. « Se vos me dites chose dont me doie peser,
« Je vos ferai la teste fors du bu desevrer.
— Par mon chief, ce dist Naimes, dont nos covient garder.
— Voire, ce dist li anfes, se vous tant vos amés.
— Biaus sire, ce dist Naimes, por ce l'ai demandé ;
2915. « Ne ce premerain char, qui si est acesmés,
« A ces .IIII. crois d'or, qui gietent grant clarté,
« A cele enseigne lée, à ce dragon fermé,
« Qui est il ? ce me dites, por Dieu de majesté. »
Et li anfes respont : « J'en dirai verité :
2920. « C'est Gile la duchoise, au gent cors onoré,
« Qui suer est Karlemaine, le fort roi keroné,

« Et fame Ganelon, le compaignon Hardré,
« Et est mere Rollant, le chevalier membré.
« Por ce l'ai mis devant, je vos di par verté.
2925. — Si m'aït Diex, dist Naimes, que preus estes et ber,
« Qui est en l'autre char, gardés ne me celés,
« Qui n'est mie mains riches ne noaus acesmés ?
— Par mon chief, ce dist Guis, ja ne vos ert celé,
« Ce est li chars ma mere, qui tant a de bonté ;
2930. « Por ce l'ai mis après que rois sui coronés.
— Si m'aït Diex, dist Naimes, gentils est(es) et ber ;
« Qui est donques li peres dont fustes engendré ?
« Comment ! (dist l'enfes Guis), dans viellars radotés,
« Par saint Denis de France, se plus me demandés,
2935. « Je vos ferai la teste fors du bu desevrer.
— Sire, dist li dus Naimes, et je le lais ester. »
A icele parole sont revenu el tref,
Et li baron de France sont encontre levé.

VI. - LA GUERRE SAINTE.

A l'annonce de la mort de son portier, Huidelon, le roi de Montorgueil, a éclaté en menaces auxquelles répondent aussitôt les menaces de Bertrand, fils de Naime. Le ton monte de plus en plus et une mêlée générale s'engage qui laisse les Français maîtres du palais d'Huidelon. Ils sont vainqueurs, mais condamnés à mourir de faim, car le palais ne contient que fort peu de vivres et la foule des guerriers sarrasins n'a plus qu'à attendre patiemment que leurs ennemis dépérissent. Bertrand, pour éviter cette issue, imagine d'accuser Huidelon de trahison puisque, dit-il, il a attaqué des messagers. Le roi païen, avec un sens de l'honneur qui exclut le sens pratique, relève l'accusation. Il se battra avec un de ses fils contre deux chevaliers français et les vaincus se remettront ainsi que leurs armées au pouvoir des vainqueurs. Le sort est favorable aux Français et Huidelon s'incline malgré son fils Dragolant qui voudrait aller au secours de son frère. Huidelon s'en remet aux hommes de Guy pour juger sa conduite. A cette occasion les Français montrent comment ils pratiquent la guerre sainte.

2970. « Seignor, dist Huidelon, envers moi entandés :
« Por ce que je li oi et plevi et juré
« Que il n'i auroit mal dont le puisse garder,
« Sui je venus à vos jugement demander ;
« Que, se j'ai envers eus com traïtres erré,
2975. « J'en voil perdre ma terre et tote m'erité.
« Et mes fils Dragolant aura le chief copé. »
Quant Naimes l'entendi, si a .I. ris gité ;
.XV. contes apele, si sont issus du tré.
L'enfes Guis de Borgoigne est avoc aus alé :
2980. « Seignor, ce dist li enfes, tot ce fut verités ;
« Issi fu tous li chans com vous oï avés.
« Or vos pri jo, por Dieu qui an crois fut penés,
« Que vos le jugiés si qu'il en soit honorés,
« Qu'il n'a plus loial Turc en .LX. cités.
2985. — Si m'aït Diex, dist Naimes, j'en dirai mon pansé :
« Li hons qui ains ne fut bautisiés ne levés,
« Ne onques ne crut jor sainte crestienté,
« Se il aida son frere, n'en fait mie à blasmer ;
« Certes, on li en doit le mesfait pardoner,
2990. « Por qu'il voille reçoivre sainte crestienté. »
Et li baron respondent : « Si com vous commandés. »
A icele parole resont venus es trés,
Et content Huidelon ce qu'il ont devisé.
Quant Huidelon l'oï, s'a ses fils regardés,
2995. Par mult grant amisté les a araisonés :
« Avés oï François plains de grant loiauté ;
« Mult par est fous qui n'aime sainte crestienté. »
Où que il voit Guion, si l'a araisoné :
« Gentils rois debonaires, por Dieu de majesté,
3000. « Or faites le mien cors bautisier et lever,
« Et mes fils ambes .II., qui mult font à loer,
« Et tous ceus de ma terre, qui de moi sont chasé ;
« Et qui Dieu ne vodra croire ne sa bonté,
« Si li coupés la teste, sans plus de demorer,
3005. « Et nous vos jurerons homage et féeuté.
« Lors irons à Karlon, le fort roi coroné,
« Si devenrons si home et si riche chasé,

2970. « Seigneurs, dit Huidelon, écoutez-moi bien. Comme j'ai garanti et juré que je serai à même de préserver mon fils de tout mal, je suis venu solliciter votre verdict. Et si j'ai
2975. agi en traître envers les Français, je veux pour cela perdre ma terre, tout mon héritage et faire couper la tête de mon fils Dragolant. » A ces mots, Naime s'est mis à rire. Il appelle quinze comtes qui sont sortis du pavillon et le jeune
2980. Guy de Bourgogne est venu avec eux. « Seigneurs, dit le jeune homme, c'est la vérité et tout s'est bien passé comme vous l'avez entendu dire. Je vous prie donc, au nom de Dieu qui souffrit sur la croix, de porter un jugement qui soit tout à son honneur, car il n'y a pas de Turc plus loyal en
2985. soixante cités. — Avec l'aide de Dieu, dit Naime, je vais vous dire mon avis à son sujet : l'homme qui n'a pas encore été placé sur les fonts baptismaux et n'a jamais cru en la sainte religion, celui-là s'il vint en aide à son frère, ne mérite pas d'être blâmé. A coup sûr on doit lui pardonner(1)
2990. ce méfait pourvu qu'il consente à adopter notre sainte religion. » Les barons lui répondent alors : « Nous nous rangeons à votre avis. » Sur ces mots ils sont retournés dans les pavillons et disent à Huidelon ce qu'ils ont décidé.

Quand Huidelon l'entend, il se tourne vers ses fils et leur
2995. parle avec beaucoup d'affection : « Vous avez entendu parler ces Français si loyaux. Il est vraiment fou celui qui n'aime pas la Sainte Religion du Christ. » Dès qu'il voit Guy, il lui adresse la parole : « Noble roi plein de bonté, au nom du
3000. Dieu de majesté, faites-moi donc placer sur les fonts baptismaux ainsi que mes deux fils qui méritent bien d'être loués et aussi tous ceux de mon royaume qui tiennent de moi leurs fiefs. Mais à ceux qui ne voudront pas croire en Dieu et à ses vertus, coupez la tête sans plus attendre. Quant à
3005. nous, nous vous jurerons hommage et fidélité, puis nous irons trouver Charles le puissant roi couronné, nous deviendrons ses vassaux, ses riches tenanciers et nous lui appor-

---

(1) Donc Naime absout Dragolant qui était allé au secours de son frère, mais il l'absout conditionnellement.

« Et li aiderons bien la terre à conquester. »
Quant li baron l'entendent, grant joie en ont mené.
3010. L'archevesques Turpin a les fons aprestés ;
Après, se fu li rois de ses dras desnués,
Et si fil ambedeus et si home dalés.
Iluc sont bautisié, d'eve rengeneré ;
Mais lor nom ne lor sont changié ne remué.
3015. Bien furent .XV^m. esléu et nombré
Qui tuit por Huidelon pristrent crestienté.
Quant or fu Huidelon levés et batoiziés,
Et si fil ambes .II. et tuit si chevalier,
Bien les puet on nombrer à plus de .XX. milliers.
3020. Huidelon l'orguelleus a Guion araisnié :
« Sire, dist li viellars, por la vertu du ciel,
« Venés à Montorgueil : les clés vos voil baillier,
« Et ferons bautoizier ma cortoise moillier,
« Et tous ceux de mon regne, et mes borjois prisiés ;
3025. « Lors irons à Karlon, le fort roi droiturier. »
Dont se lieve dus Naimes et Sanses et Ogiers :
« Si m'aït Diex, biaus sire, bien fait à otroier ;
« Jhesu puisse sauver si vaillant chevalier. »
A icele parole se vont aparillier,
3030. Et chevauchent ensanble, sans plus de delaier,
Li vieillart et li jone et tuit li bautoisié,
Et passent les .IIII. eves où li aïmans siet.
A Montorgueil entrerent baut et joiant et lié.
A la france roïne le vait .I. mes noncier,
3035. Et ele li escrie : « Dont vien tu, chevalier ?
— Dame, de l'ost Guion, à celer nel vous quier.
« Je vi vostre seignor lever et bautoisier,
« Et ambes .II. vos fils vi ge en fons plongier.
« Ici vient li rois Guis o sa gent, .III. milliers,
3040. « Et feront vostre cors lever et bautoisier.
— Hé Diex, dist la roïne, tu soies graciés. »

terons une aide vigoureuse pour la conquête du monde. »
En entendant ces mots, les barons manifestent une grande
3010. joie. L'archevêque Turpin a préparé les fonts baptismaux.
Ensuite le roi se dépouille de ses vêtements ainsi que ses
deux fils et ses vassaux les plus proches. Ils sont alors
régénérés par l'eau du baptême, mais leurs noms ne sont ni
3015. changés ni modifiés. On en choisit et dénombra bien quinze
mille qui tous devinrent chrétiens à cause de Huidelon.
Après le baptême de Huidelon, de ses deux fils et de tous
ses chevaliers, c'est à plus de vingt mille qu'on peut les
3020. évaluer. Voici que le fier Huidelon interpelle Guy : « Seigneur, dit le vieillard, au nom du ciel, venez à Montorgueil,
je veux vous en donner les clefs et nous ferons baptiser
ma gracieuse épouse, tous les habitants de mon royaume
3025. et mes bourgeois estimés. Puis nous irons trouver Charles
le puissant roi justicier. » Alors se lèvent le duc Naime,
Sanson et Ogier. « Que Dieu m'aide, bon seigneur, voilà
qui mérite d'être accordé, et que Jésus puisse sauver un
chevalier aussi vaillant. » A ces mots ils vont se préparer
3030. et montent ensemble à cheval sans plus tarder. Les jeunes,
les vieux et tous les nouveaux baptisés traversent les quatre
rivières aimantées. A Montorgueil ils entrent pleins de joie
et de gaieté. Un messager va l'annoncer à la noble reine
3035. qui s'écrie : « D'où viens-tu chevalier ? — Dame, de l'armée
de Guy, je ne veux pas vous le cacher. J'ai vu baptiser
votre seigneur et j'ai vu plonger vos deux fils dans les fonts
baptismaux. Le roi Guy vient ici avec trois mille de ses
3040. hommes pour vous faire baptiser.

— Ah, Dieu, s'écrie la reine, grâces te soient rendues. »

VII. - RENCONTRE DES PÈRES ET DES FILS DANS UNE CURIEUSE ATTITUDE.

Le vieux duc Naime voudrait amener Gui et son armée devant Luiserne, ville contre laquelle Charlemagne s'épuise en vain. Mais le jeune roi refuse car il veut tout d'abord conquérir deux autres places fortes : la tour d'Augorie et la cité de Mandrane. Pourtant il enverra à Charles un second secours en armes et en vivres. Grâce à Huidelon, Gui pénètre par ruse dans la tour d'Augorie gouvernée par le roi Escarfaut. Ce dernier, investi, puis sommé de devenir chrétien s'il veut conserver sa tête, se fait baptiser aussitôt. Les mêmes raisons d'urgence poussent les sujets d'Escarfaut au baptême. Puis c'est la marche sur Mandrane, cité sarrasine où règne le roi Emaudras, neveu d'Escarfaut. Ce dernier utilise également la ruse pour pénétrer dans la ville où il pense convertir son neveu, aussi rapidement qu'il l'a été lui-même. Mais Emaudras, esprit plus lent et cœur plus fidèle, résiste au catéchisme de son oncle. Il conserve donc sa foi mais perd sa tête qui tombe sous les coups de l'archevêque Turpin qualifié aussitôt de bon prêtre par son entourage. Après quoi c'est l'arrivée de Gui et de ses hommes au pied de Luiserne où Charles et les siens désespéraient de les voir. L'émotion et l'attendrissement incitent alors les pères puis les fils à se comporter de manière inattendue.

3905. Et gardent contreval, virent Guion monter,
O lui son grant barnage et les chars arouter ;
Virent les escus d'or luire et restinceler,
Les gonfanons de soie contre vent vanteler.
Et quant Naimes les vit, si les connut assés ;
3910. A ses compaignons dist : « Assés avons alé,
« Retornons ent ariere à Karlon le sené,
« Si li dirons noveles du gentil bacheler
« Qui le secors amaine, que tant poons amer. »
A icele parole ont les chevaux hurtés ;
3915. Par tel aïr les brochent tous les font tressuer,
De ci que à Karlon se sont aséuré.

       Et quant Naimes le voit, si l'a haut escrié :
       « Sire, fait il au roi, soiés asséurés,
       « Que, puis que Jhesu Cris fu en la crois penés,
3920. « Ne fu si biau secors com ja véoir porrés,
       « Que vous envoie ci li jones queronés. »
       Quant Karles l'entend, li cuers li est levés :
       « Hé Diex ! ce dist li rois, or ai vescu assés.
       « Or sai ge bien sans faille que prise ert la cités. »
3925. Atant es vous Guion qui le tertre a monté,
       Et ses riches barnages après lui arouté.
       Et quant Karles le voit, grant joie en a mené ;
       Ses barons en apele, com ja oïr porrés :
       « Baron, ostés vos armes et si vous desarmez,
3930. « Alés tuit a la tere sans chauce et sans soller,
       « A genoux et à paumes encontre lui alez :
       « Qui tel secors amaine bien doit estre honorez. »
       Et il si firent sempres, quant il l'ot commandé ;
       Méisme l'emperere a son cors désarmé.
3935. Et li rois de Borgoigne a tout ce esgardé ;
       Où que il voit Bertrant, si li a demandé :
       « Amis, ce dist li enfes, dites moi verité :
       « Qu'etoit ce que ses gens sont issi atorné ?
       — Sire, ce dist Bertrant, ce est humilié ;
3940. « Si grant joie ont de vous ne sevent où aler.
       — Helas ! ce dist li enfes, com somes mal mené !
       « Ce déussons nos faire, qui somes li moisné. »
       A sa vois, qu'il ot clere, commenca a crier :
       « Baron, or tost à terre ! n'i ait plus demoré,
3945. « Et li pon des espées soient desus torné,
       « Et coutes et genoux à la terre metez. »
       Et il si firent sempres dès qu'il l'ot commandé,
       Et tuit li converti refirent autretel.
       Li uns encontre l'autre très par milieu du pré :
3950. Karles connut Guion, s'est encontre levez ;
       Andeus, brace estendue, se sont entr'acolé.
       Ains péust on avoir une grant liue alé
       Que il s'entrelassassent ne péussent parler.
       Et quant il s'entrelaissent, si se sont regardé ;
3955. Lors se corurent sore, si se baisent souef.
       L'enfes Gui de Borgoigne li est au pié alés.
       « Merci, dist il, biaus sire, ma parole escoutez :
       « Il a .XXVI. ans acomplis et passés
       « Qu'enmenastes les peres qui nos ont engendrés ;
3960. « Nos fumes à Paris an .I. jor assamblé,
       « Si firent de moi roi trestot estre mon gré ;
       « Se je ne l'otroiasse, il m'éussent tué.
       « Mès ains ne ting en France ne chastel ne cité,

« Ains les fis après vous chevaucher et errer.
3965. « Tous premiers pris Carsaude, une bonne cité,
« Et après Montesclair et Montorgueil delés,
« Et si fis Huidelon bautoisier et lever,
« Et plus de .XXXm. que Persans, que Esclers,
« Et si pris Augorie et Maudrane dalés.
3970. « De tous ces grans avoirs et de ces .V. cités
« Vous rent je la baillie, s'en soiés avoués.
« Et si vés ci m'espée, et si la recevés ;
« S'il vos vient à plaisir, la teste me coupés.
— Par mon chief, ce dist Karles, preus estes et senés.
3975. « Ja jor de vostre vie querone ne perdrés,
« Ains vous donrai Espaigne, se panre la poés. »
Atant es le barnage d'ambes pars assemblez ;
Lors reprenent lor dras, chascuns s'an est levés.
L'enfes Guis de Borgoigne s'est en haut escriés :
3980. « Enfans, or à vos peres, et si les acolés ! »

VIII. - LA PRISE DE LUISERNE ET SES CONSÉQUENCES.

La rencontre des pères et des fils est aussitôt **complétée** par une entrevue non moins tendre, celle des épouses et de leurs maris qu'elles n'avaient pas revus depuis vingt-sept ans. Libéral, Charlemagne accorde à ses hommes un congé de huit jours pour leur permettre de fêter ces retrouvailles. Les barons quittent donc leurs tentes pour les chars de leurs femmes. Mais, le délai passé, il invite les épouses à regagner la France car lui-même et les siens vont poursuivre la guerre contre Marsile et ils ne peuvent faire partager leurs épreuves. Quant à lui, il prévoit son retour pour la Saint Bastien. A cette date Roland épousera la belle Aude et recevra le royaume de France tandis que Gui obtiendra l'Espagne en fief. Après le départ des « dames », Charlemagne voit apparaître un ange qui lui ordonne de se rendre en Galice pour adorer Saint-Jacques. L'empereur lui obéit aussitôt. A peine s'est-il éloigné que Gui, après une prière, fait donner l'assaut contre Luiserne. Cela, sans en prévoir les suites.

Quant ot fait s'orison, ou cheval remonta,
4185. L'espée a traite fors et l'escu enbracha,
D'entrer en la cité les enfans esforça ;
Et cil si firent sempres, quant il le commanda.
Parmi les murs versés .IIIIm. en entra,
Et paien se desfendent, mès rien ne lor vaudra,
4190. Que chascun del ferir mult grant desirier a.
Ocient et abatent et si fierent à tas ;
Encor ne set Rollans, qui assaut d'autre part.

QUANT li mur sont versé, lors entrent li marchis,
Ocient et abatent paiens et Sarasins ;
4195. Onques ne vit nus hons si grant abatéis.
Là poïssiés véir .I. si fier huéis,
Soventes fois Monjoie escrier à haus cris.
Cil de là fors l'entendent, li chevalier flori,
Qui o Rollant assaillent as murs d'araisne bis ;
4200. Tost et isnelement cele part sont guencis,
En la vile en entrerent, les escus avant mis,
Et troverent paiens detranciés et ocis.
« Par mon chief, dist Rollans, mult est cis rois gentis,
« Car por lui fait vertus li rois de paradis ;
4205. « Mult est fors sa puissance et il est de haut pris. »
A ces paroles vindrent au grant abatéis,
En la presse se fierent entre les Arrabis.
Qui dont est encontrés bien est de la mort fis.
Quant or voit Aquilant qu'il estoit si sorpris
4210. Que ne lui vaut desfendre vaillant .II. angevins,
A la galie vient, maintenant s'i est mis,
Et o lui .XXX. rois du regne de Persis.
Il desancrent la nef, au nager se sont pris ;
Or les puist governer Pylate et Antecris !

4215. QUANT li rois Aquilans fu entrés en la mer,
Il et trestuit li roi quiderent eschaper ;
Mais Damedieu de gloire ne le vout andurer,
Ains fist dedens le voile .I. grand vent venteler,
Qui la fist peçoier et le mast tronçoner,
4220. Dont les covient par force ariere retorner,
Par le commant de Dieu, et ariere amener.
Covint cele galie au grant palais hurter,
Issi très durement venir et encontrer
Qu'il la covint par force partir et esfondrer ;
4225. Dont véissiés les rois parmi la mer floter.
Cil qui par la mer va ne puet mie eschaper,
Et cil qui ariva fu fis du chief couper.
Quant l'enfes Guis le voit, Dieu prist à mercier.

Rollans et Olivier pensent de decouper,
4230. De ferir et d'abatre, d'ocire et de tuer.
Une nuit et .II. jors covint ce plait durer,
Tant que tuit furent mor Sarrasins et Escler ;
Puis ont fait tous les cors dedens la mer ruer.
Et l'enfes de Borgoigne ne se volt oblier ;
4235. Maintenant en monta el palais principel,
Et dit qu'il le randra Karlemaine au vis cler,
Si l'an feront presant li jone bacheler.
Quant Rollans l'entendi, le sans quide derver :
« Comment ! dist il, dans rois, ne l'osés ja panser
4240. « Que vos deseure moi puissiez si haut monter !
« Lessiez moi le palais, je le doi bien garder ;
« Je le randrai Karlon, qui qu'en doie peser.
— Sire, ce dist li enfes, ne vous quier à celer,
« Si m'aït Diex de gloire qui se laissa pener
4245. « Ens en la sainte crois por son pueple sauver,
« Je randrai le palais, qui qu'en doie peser ;
« Maugré en aiés vos, je le doi bien garder. »
Quant Rollans l'entendi, à lui se volt meller,
Et dist qu'il le ferra, que mar l'osa panser.
4250. « Par mon chief ! dist Bertrans, or oi musart parler.
« Donques mar le féimes en France queroner,
« Se nos ne le poons vers vostre cors tenser.
« Certes, se l'osïes nis par mal esgarder,
« Ja vous verriés ce branc parmi le cors bouter.
4255. — Voire, ce dist Berars, ou la teste couper. »
Quant Rollans l'entendi, vis quida forsener.
Guis, tant com il vesqui, ne le pot puis amer.

LA dedens en Luiserne fu moult grans (l'asemblée) ;
Rollans fut mult iriez, c'est verités prouvée,
4260. Par pou se vers Guion ne commença mellée ;
Mais li baron de France en font la desevrée,
Car des frans damoisiaus fust mult cher comperée.
Atant es vos Karlon à la chere menbrée,
Qui revient de Saint Jaque o sa gent onorée.
4265. Quant il sot la novele la vile est conquestée,
Mult an fu li rois liez, grant joie en a menée ;
En la vile s'an entre à grant esperonée,
De ci que au palais n'i ot fait arestée.
Quant le voit sa mesnie, contre lui est alée ;
4270. Mult par fu grans la joie que en li a menée,
Et si ot de pité mainte larme plorée.
Quant Rollans vit Karlon, si li dist sa pansée :
« Biaus oncles, je vous rant ceste grant tor quarée.
— Mais je, dist l'enfes Guis, que je l'ai conquestée,

4275. « Et la bele compaigne que je ai amenée.
« Ainques nen fu par vous teste de bu copée,
« Ne n'i feristes onques de lance ne d'espée.
— Par mon chief ! dist Rollans, c'est mençonge provée ;
« Vos en aurés encor cele teste copée. »
4280. Et Guis li respondi une raison menbrée :
« Vous ne vostre ire pris une pome parée. »
Quant Karles l'entendi, s'a la color muée.
Après en a li rois sa grant barbe jurée
Mar i aura folie dite ne porpansée ;
4285. Puis si a fait crier par moult grant alenée
Tuit issent de la vile sens nesune arestée ;
Et il si font tantost, qui ains ains, à huée.
Et Karles se coucha desor l'erbe en la prée,
S'a faite .I. orison bien faite et enparlée,
4290. Que cele vile soit à tel fuer atornée
Que de ceus ne d'autrui ne soit més golosée.
Dont n'éussiés vos mie demie liue alée
Que la citez est toute en abysme coulée,
Et par desus les murs tote d'eve rasée,
4295. Si est assés plus noire que n'est pois destemprée,
Et li mur sont vermeil comme rose esmerée,
Encor le voient cil qui vont en la contrée.
Quant ce voient li prince, merveilles lor agrée ;
Chascun contre Oriant a sa chiere tornée.
4300. Lors commande li rois que l'ost soit destravée,
S'iront en Reinschevaus à lor fort destinée.
  Seignor franc chevalier, la chançons est finée.
Diex garisse celui qui le vous a chantée,
Et vous soiés tuit sauf qui l'avés escoutée.

Gui de Bourgogne, publié par F. Guessard et H. Michelant - Paris, Vieweg - 1859.

SUR LES THEMES

SUR LES THÈMES

Texte I. — LES BARONS FRANÇAIS N'ONT PLUS ENVIE DE SE BATTRE.

On parle souvent d'une manière globale du « goût du Moyen Age pour la guerre ». Il faudrait pour être juste nuancer cette affirmation et ne pas l'appliquer indistinctement à toutes les classes sociales. Nous avons vu avec Mainet (1) que le peuple réservait son estime aux princes pacifiques. Les bourgeois, sur ce point du moins, ne raisonnaient pas autrement que les vilains. Restent les seigneurs qu'on représente d'ordinaire comme passionnés pour la bataille. Il est vrai que beaucoup ont aimé la guerre, prolongement social de leur sport favori, le tournoi. Bertran de Born se fait leur porte-parole quand il chante : « J'aime du fond du cœur voir les châteaux forts assiégés, les palissades abattues, l'armée au bord de l'eau s'empresser contre une clôture de fossés et de larges pieux. Et j'aime aussi voir un seigneur courir le premier à l'attaque, sans peur sur son cheval armé et forcer l'audace des siens par de nobles exploits. Chacun doit être disposé à le suivre avec joie, car nul n'est prisé un liard s'il n'a maints coups pris et donnés. Un vaincu sauf vaut moins qu'un mort. » (2). Mais il ne faudrait pas croire que les textes nous offrent seulement des échos de ce genre. Même dans les chansons de geste où les combats sont certes à l'honneur, il arrive

---

(1) Pages épiques, tome I, pp. 55-57.
(2) André Berry - Florilège des Troubadours - Paris, Firmin Didot - Paris 1930, pp. 121-122.

cependant que la fatigue gagne le corps et pénètre le
cœur des combattants. Nous citerons deux épopées, qui,
s'ajoutant à Guy de Bourgogne, nous disent

LA LASSITUDE DES GUERRIERS

1°) **AYMERI DE NARBONNE.**

    Au début de cette chanson de geste (1ᵉʳ quart du
XIIIᵉ s.), nous voyons Charlemagne revenir d'Espagne acca-
blé par la pensée des pertes subies à Roncevaux. Sur le
chemin du retour se dresse devant lui la magnifique cité
de Narbonne puissamment fortifiée. L'empereur est soudain
pris du désir de s'en emparer et il en fait part à son
vieux conseiller Naime. Ce dernier proteste devant la folie
du projet car, dit-il, les guerriers de Charles sont si épuisés
que c'est à peine si trois hommes valent une femme. Malgré
cette déclaration éloquente, l'empereur s'entête à vouloir
prendre la ville ou plutôt à l'offrir successivement à chacun
de ses principaux vassaux. Mais cette offre d'apparence
généreuse est essentiellement conditionnelle : elle suppose
la prise de Narbonne. Voici les réponses des barons solli-
cités, d'abord Dreux de Mondidier :

X   « Sire, dit-il, je n'en veux pas. Puisse le Diable en personne
jeter Narbonne à terre. Par la foi que je vous dois, avant
un mois entier je veux être de retour en mon pays. Là-bas
je me ferai soigner et baigner car je suis épuisé, je ne puis
plus me soutenir et j'aurais grand besoin de repos. Juste
empereur, je ne veux pas vous le cacher, je n'ai plus de
cheval, que ce soit de trait, de voyage ou de bataille, qui
soit bon à quelque chose sauf à être écorché. Et moi-même,
il y a près d'une année entière que je n'ai couché nu
trois nuits de suite sans enlever ma cuirasse à doubles
mailles. Jamais je n'ai cessé de marcher, de me battre,
de faire peiner et souffrir mon corps. Et voilà que vous
m'offrez de gouverner Narbonne qu'occupent encore vingt

mille Sarrasins ! Faites-en cadeau à un autre, empereur au fier visage, car je n'en ai que faire. »

XI **Réponse de Richard de Normandie :**

« Sire, répond Richard, vous déraisonnez. Je suis si longtemps resté sur cette terre détestée que ma peau a changé de couleur et en est toute blême. Car depuis que je suis arrivé au milieu des païens je n'ai pas été sept jours sans porter ma cuirasse. Mais par l'apôtre que l'on invoque et prie, si j'étais de retour en Normandie, je n'aurais pas plus de possession en Espagne que de gouvernement à Narbonne. Donnez-la à un autre, car je ne la demande pas et que le feu d'enfer la brûle. »

XII **Réponse de Hoël de Cotentin :**

« Juste empereur, par la foi que je dois à Saint Martin, les Narbonnais ne m'auront pas pour voisin. J'ai porté si longtemps mon haubert à doubles mailles, je me suis couché si tard et levé si tôt que mon corps a changé de couleur sous mon hermine. Et voilà que vous m'offrez Narbonne et son train, Narbonne qu'occupent encore vingt mille Sarrasins qui ne vous redoutent pas plus qu'un ferlin (1). Me donnerait-on tout le trésor de Pépin que je ne prendrais pas Narbonne. »

XIII **Réponse de Girart de Roussillon :**

« Juste empereur, vous parlez en pure perte. Il y a un an et plus, nous le savons bien, que nous sommes arrivés dans cette région. Depuis je n'ai guère couché dans une chambre ou une maison, mais dehors au milieu des champs sous ma tente, portant sans cesse ma cotte de mailles. Par temps chaud, par temps froid et en toute saison je vous ai servi avec ardeur et ma peau en est couleur de charbon. Et voilà que vous m'offrez Narbonne et son

---

(1) Monnaie de peu de valeur (le quart d'un denier) souvent employée comme terme de comparaison pour désigner une chose insignifiante.

royaume, encore occupés par vingt mille traîtres païens qui vous craignent moins qu'un bouton. Faites cadeau de Narbonne à un autre. Je n'y resterai pas pour tout l'or de Salomon. J'ai quantité de terres ailleurs. »

XIV **Réponse d'Eudes, duc de Bourgogne :**

« Non, Sire, ne me donnez pas Narbonne. Il ne m'aime guère celui qui m'en parle. J'ai un beau et bon domaine où un duc d'Outre-Saône a porté la guerre. Il en a franchi la frontière et m'en a pris plus que ne vaut Tarragone et je l'ai appris hier avant none (1). Je vais aller là-bas sans délai et libérer mes frontières. »

XV **Réponse d'Ogier de Danemark :**

« Sire, dit-il, je ne vous la demande pas. J'ai quantité de domaines. Je ne veux pas changer. Je suis épuisé et veux me reposer au Danemark si je peux y retourner. Aussi je ne veux pas me charger de Narbonne. Donnez-la à un autre qui en ait besoin car je ne veux pas en entendre parler. »

XVI **Réponse de Salomon :**

« Juste empereur, par le corps de Saint Denis, je ne veux pas demeurer ici entrepris à Narbonne jusqu'au jour du Jugement dernier. Mais je m'en retournerai dans mon pays, emmenant avec moi mes vaillants chevaliers dont il me reste bien peu, je vous le garantis. J'ai de la peine pour ceux qui sont morts. Puissent en Paradis être leurs âmes que je ne peux plus retrouver, je pense. Mais il y a une chose dont vous pouvez être bien sûr, c'est que je ne garderai pas Narbonne quinze jours. Donnez-la à un autre, noble empereur, car jamais elle ne sera à moi. »

XVII **Réponse de Gondebeuf l'Allemand :**

« Juste empereur, vous dites une chose bien étonnante. Il y a plus d'un an, autant que je sache, que je n'ai vu

---

(1) Trois heures de l'après-midi.

épouse ni enfant. J'ai le plus vif désir de retourner chez moi car j'ai beaucoup souffert en Espagne. Je ne peux plus me soutenir si peu que ce soit. De tous mes hommes il ne reste même pas le tiers et mon cœur en souffre. Sarrasins et Persans les ont tous tués. En fait de chevaux de voyage ou de bataille, je n'en ramène pas un qui ne soit épuisé et rendu. Et voilà qu'ici vous m'offrez Narbonne dont vous ne possédez pas un gant. Mais par l'Apôtre qu'invoquent les Pénitents je n'aurai pas Narbonne un seul jour de ma vie. Donnez-la à un autre et moi je la donne au diable. Je la proclame libre. »

XVIII Réponse de Naime :

« Juste empereur, ne m'adressez pas cette prière. Je veux retourner dans mon pays. Depuis que je suis sorti du royaume de Bavière, je ne me suis pas couché un seul mois sans porter ma cotte aux doubles mailles, l'épée ceinte et la coiffe lacée. Mes hommes que j'aimais sont morts et de trois cents que j'avais sous ma bannière je n'en ai pas cent qui ne gisent en bière. Les païens, ce peuple misérable, les ont tous tués. Et voilà que maintenant vous m'offrez cette puissante cité. Mais je vous déclare bien haut qu'à aucun prix et quel que soit celui qui me le demande je ne prendrai Narbonne. Donnez-la à un autre à qui elle convienne mieux, car jamais elle ne m'appartiendra. »

Aymeri de Narbonne publié par L. Demaison - Paris, S.A.T.F. 1887 - v. 332-519.

2°) L'ENTRÉE DE SPAGNE.

Cette épopée tardive (un peu avant 1350) célèbre l'entrée en Espagne de Charlemagne et de ses barons ainsi que la conquête du pays, conquête brusquement arrêtée par la trahison de Ganelon. Au début de la Chanson l'empereur annonce à ses hommes son intention de suivre l'ordre de Saint Jacques qui lui est apparu et lui a demandé d'aller conquérir l'Espagne. Mais cette perspective ne tente pas les barons :

V - v. 74 « Sachez, barons, dit Charles à la barbe fleurie, que trois nuits de suite je n'ai pas dormi : Saint Jacques m'est apparu. Il me harcèle durement et veut que je parte en guerre contre les païens, comme j'en ai fait la promesse au fils de Sainte Marie et au seigneur Saint Jacques auprès duquel je me suis engagé à rétablir son passage et sa route (1). Je l'ai juré au pied de Vienne et au milieu de la prairie à la fin de la guerre qui nous opposait, Gérard et moi, lorsque la jeune Aude fut fiancée à Roland. De votre côté vous leur avez promis, avant mon départ, la couronne d'Espagne pourvu que Dieu vous donne vie. Je réclame l'exécution de la promesse, sachez que je ne l'oublie pas et je ne veux pas manquer à ma parole de partir en Galice. Je vous demande votre aide pour cela. Je n'en aurai jamais fini si la voie est coupée qui mène au saint apôtre en terre païenne. J'engage mon trésor, mes grands biens et moi-même j'y frapperai de mon épée fourbie plus que je ne fis quand je devins seigneur et fus chassé de France par envie. Que les plus braves répondent : j'ai fini de parler. »

VI « Seigneurs, vous savez bien que fatigue et repos s'opposent l'un à l'autre comme thériaque (2) et poison. Quand quelqu'un s'est mis au repos un jour, puis un mois, et qu'il n'a plus ressenti fatigue ni à-coup, quand vient la fin de l'année, si on veut le remettre à l'épreuve du travail, on aura beaucoup de mal. De cela les Français donnèrent exemple et preuve car les paroles du roi leur furent très pénibles. Ils s'étaient accoutumés aux plaisirs de la chasse dans les marais et les bois, aux dépenses et aux largesses,

---

(1) La route qui conduit à Saint-Jacques-de-Compostelle en Espagne, lieu de pèlerinage célèbre au Moyen Age.
(2) Remède employé au Moyen Age comme spécifique contre les morsures venimeuses.

repas et équipements, aux jeux galants en secret avec dames et demoiselles. Leurs armures d'acier s'étaient couvertes de rouille. Dix ans avaient passé, nous dit la chronique, sans qu'ils soient partis en guerre ou en expédition. Mais en apprenant qu'ils affronteraient la chaleur et le froid, la moitié des barons firent éclater leur mécontentement. Le premier, Gales de Vermandois se lève et prend la parole. Il n'y en a pas trois qui à la cour soient plus sensés : « Vraiment, dit-il, seigneurs, il n'est pas juste qu'aucun prince terrestre, roi, duc ou marquis, se mette dans une difficulté telle qu'il ne puisse en sortir sans causer de terribles ennuis et sans que ses ennemis ne le tournent en dérision. Puisque Dieu me donna du bien, une bonne paix et le repos, ce serait une grande sottise de ne pas le reconnaître. Mais la force du diable est si exaltée qu'on nous fera bondir en douloureux galops. Qui veut tout perd tout, vous le savez depuis longtemps. Ne connaissez-vous donc pas Galiciens et Espagnols, Catalans et Aragonais ? Ils ne se laisseront pas enlever de leur bien la valeur d'un pois, sans qu'ils l'aient vendu cher à la pointe de leurs épées sarrasines. Vous vous êtes avisés bien tard d'abattre leur arrogance ! La conquête de Saint Jacques, à mon avis, vous la laisserez retomber sur nos fils qui viendront dans la suite. Ne vous chargez donc pas d'un fardeau dont le poids vous tuera. »

L'entrée d'Espagne, publiée par A. Thomas - Paris, S.A.T.F., 1913 - t. I, p. 47 - v. 74 - 131.

Texte III. — **CHARLEMAGNE DÉGUISÉ EN PÈLERIN VA FAIRE L'ESPION A LUISERNE : LE THÈME DU DÉGUISEMENT.**

Quand il renonce à la force et recourt à la ruse pour pénétrer dans une ville ennemie, quand il échange l'appareil guerrier contre un autre plus rassurant, Charlemagne est bien loin d'innover. Il ne fait que suivre les traces des plus anciens héros épiques. Il emboîte le pas d'Ulysse avec le fameux cheval de Troie dans l'Odyssée et il refait les gestes d'Hanoumât qui se déguise dans le Râmâyana pour s'introduire dans la ville qui lui résiste. Ce thème du déguisement, variante de la ruse guerrière par mystification, est particulièrement fréquent dans l'épopée médiévale. Guillaume d'Orange apparaît sous les traits bourgeois d'un marchand de vin dans le Charroi de Nîmes (XIIe s.), Basin se travestit successivement en pèlerin et en marchand dans Jehan de Lanson (XIIIe s.). Parmi les nombreux autres textes qui présentent l'illustration de ce thème, nous choisirons deux épopées du Cycle de Garin de Monglane.

1) LA PRISE D'ORANGE.

C'est un remaniement mi-épique, mi-romanesque « qui ne semble pas antérieur à la fin du XIIe s. » (1). Guillaume y apparaît poussé par un goût du risque orienté au moins autant vers l'aventure romanesque que vers l'aventure guerrière. Ainsi la beauté d'Orable (épouse du roi maure Thiébaut) est-elle pour beaucoup dans son désir tenace de pénétrer dans Orange. En compagnie de Guillebert, chrétien évadé des prisons de la ville, et de son neveu Guielin, il trouvera un moyen pour tromper le portier qui exerce une étroite surveillance à l'entrée de la ville.

Laisse XIV

« Guillaume était tout ému en songeant à Orange. Son neveu Bertrand se mit à l'en réprimander : « Mon oncle, dit-il, tu veux te couvrir de honte, te déshonorer, et te faire trancher les membres. — Vraiment, dit le Comte, je ne redoute rien. Homme sincèrement épris perd toute mesure. Je ne renoncerai pas, quand bien même on devrait me couper les membres et

---

(1) Jean Frappier - Les Chansons du Cycle de Guillaume d'Orange - t. II, p. 279.

PLANCHE III

LE GÉANT DANS LE FOLKLORE CONTEMPORAIN
Les géants de Douai : Gaiant, sa femme et leurs enfants
(Photographie communiquée
par la Maison Baron et Gallois de Douai)

PLANCHE IV

LA GUERRE SAINTE
Le départ de Godefroy de Bouillon pour l'Orient
(Vienne, Bibliothèque Nationale)

quel que soit celui qui m'en supplie, à aller examiner la position d'Orange, et à voir dame Orable dont la renommée est si grande. Son amour m'a si bien subjugué que je ne peux ni dormir, ni m'assoupir la nuit, et pas davantage boire ou manger, porter les armes, monter à cheval, aller à la messe ou entrer dans une église. » Guillaume fait broyer dans un mortier une plante qui donne une liqueur noire avec d'autres que connaissaient le noble comte et Guillebert, qui n'ose refuser. Ils s'en teignent le corps devant, derrière, ainsi que le visage, la poitrine et les pieds. Ils ressemblent tout à fait au diable et au démon. Guielin s'exclame : « Par Saint Richier ! c'est merveille comme vous voilà transformés tous deux ! Vous pouvez bien maintenant parcourir le monde entier, personne ne vous reconnaîtra. Mais par l'apôtre que l'on invoque à Rome, je ne renoncerai pas, quand bien même on devrait me trancher les membres, à vous accompagner et je verrai ce qu'il en adviendra. » Avec l'onguent, il s'est noirci et frotté. Les voilà tous trois très bien préparés. Ils quittent la ville et ils prennent congé. « Dieu, dit Bertrand, bon Père justicier, comme nous voilà trahis et trompés ! Quelle folie de s'être engagé dans cette affaire, dont nous ne recueillerons que honte et confusion, à moins que Dieu n'y veille, lui qui règle tout ! ».

Laisse XV

Il s'en va, Guillaume, le marquis au fier visage, ainsi que Guillebert, et le farouche Guielin. Le comte Bertrand, lui, est revenu sur ses pas tandis que les autres s'en vont, sans s'attarder. En aval de Beaucaire, ils ont trouvé le Rhône, et l'ont passé en prenant des précautions ; ils ramèrent doucement en maniant l'aviron ; puis ils passent la Sorgue sans péniche ni embarcation. Ils ont dépassé la région d'Avignon (1) ; ils se dirigent droit vers Orange, ses murs, ses fossés, ses hautes salles et son Palais entouré d'une enceinte, ses boules et ses aigles dorés. Ils enten-

---

(1) Nous adoptons la suggestion de M. Claude Régnier dans son édition de la Prise d'Orange (Paris, 1967, Notes p. 129. v. 405) qui propose de corriger Arragon en Avignon, d'après D 240.

dent à l'intérieur le chant des oisillons, les cris des faucons et des autours dont la mue est faite, le hennissement des chevaux, le braiment des mulets, et les Sarrasins qui s'amusent dans le donjon. Le pyrèthre et la cannelle sentaient bon ! — ces douces plantes, il y en avait à foison. « Dieu qui m'avez créé, dit Guillaume, il y a là une cité vraiment admirable ! Bien puissant est celui qui la gouverne ! ». Ils n'ont pas ralenti le pas avant d'être devant la grande porte. Guillebert a hélé le portier et lui a adressé courtoisement la parole dans sa langue : « Ouvre, portier, laisse-nous pénétrer ; nous sommes interprètes d'Afrique et d'outre-mer, nous sommes vassaux du Roi Tiebaut l'Esclavon. ». Le portier répond : « Jamais je n'ai entendu telle parole ! Quelle sorte de gens êtes-vous, vous qui m'appelez de dehors ? Le Roi Arragon n'est pas encore levé et je n'ose pas ouvrir la porte tellement nous craignons Guillaume au court nez qui vient de prendre Nîmes par son audace impétueuse. Restez là, j'irai parler au Roi. S'il m'en donne l'ordre, je vous ferai entrer. — Allez-y donc vite, dit Guillaume le vaillant, dépêchez-vous, sans le moindre retard. » Et le portier part sans plus s'attarder ; il monte les escaliers de marbre du Palais. Il trouve assis près d'un pilier Arragon qui a autour de lui Sarrasins et Esclavons. Il lui adresse la parole avec courtoisie : « Seigneur, dit-il, daignez m'écouter. A ma porte, il y a trois dignitaires Turcs, et ils assurent qu'ils viennent d'Afrique et d'Outre-mer. — Va donc, mon ami, et laisse-les entrer ; je voudrais leur demander des nouvelles sur ce que fait mon Seigneur : on pourra dire qu'il a bien tardé ! » Le portier alors court leur ouvrir la porte. Voilà Guillaume entré dans Orange avec Guillebert et le brave Guielin. Mais ils n'en sortiront pas, quand ils le voudraient bien, et ils éprouveront auparavant bien des peines.

La Prise d'Orange, Chanson de Geste éditée par Claude Régnier, Paris, 1967. V - 361-396 et 397-449.

2) **LA MORT AYMERI DE NARBONNE.**

Cette épopée de la fin du XII° s. raconte les ultimes exploits du comte Aymeri de Narbonne. Très malade et assiégé dans sa ville, Aymeri trouve encore la force de se battre en combat singulier contre l'émir Corsolt. Mais au cours du combat les Sarrasins interviennent par traîtrise et s'emparent d'Aymeri qui est plus tard délivré par ses fils. Ceux-ci et leurs hommes, au cours d'une expédition victorieuse, ont anéanti une troupe de Sarrasins qui amenaient Clarissant, l'amie de Corsolt, avec quatorze mille jeunes païennes. Cependant à Narbonne, Hermengarde, épouse d'Aymeri, résiste toujours dans le donjon que les Sarrasins entourent dangereusement. Comment faire pour briser leur cercle plus menaçant de jour en jour ? C'est précisément la question que se pose le vieux roi Louis venu au secours d'Aymeri.

« Seigneur Aymeri, dit Louis le vaillant, fils de baron, dis-moi donc tes intentions. Comment penses-tu pénétrer dans Narbonne déjà occupée par les Sarrasins et les Slaves, à l'exception de l'admirable donjon tenu par Hermengarde ta femme au clair visage, celle qu'ils pensent réduire par la famine ? » Aymeri lui répond : « Voici la vérité. Nous allons faire dévêtir toutes ces dames (1) dont nous emprunterons les vêtements : tuniques, voiles de soie, corsages festonnés que nous passerons par-dessus nos cuirasses brillantes. Avec des écharpes de prix en soie d'outre-mer nous nous envelopperons étroitement la tête pour supprimer l'éclat de nos casques verts ornés de pierreries. Nous abandonnerons nos beaux chevaux de bataille pour monter des mules aux selles de feutre et nous prendrons des allures de jeunes filles. Nous nous ferons précéder de cet étendard et je confierai l'oriflamme de l'émir au vaillant Auquaire. C'est mon filleul et il ne me trompera pas. Grâce à lui je prendrai la cité de Narbonne dont les Sarrasins m'ont injustement chassé. Si sa ruse me permet d'y rentrer, je lui donnerai quinze châteaux au bord de la mer, dix forteresses et quatre grandes cités. » Le roi lui répond : « Par Dieu, je vous l'accorde et que Dieu vous fasse réussir. »

---

(1) Il désigne ainsi les captives sarrasines.

Tel est le plan d'Aymeri pour reprendre Narbonne. Encore faut-il le réaliser :

« Jeunes filles et suivantes courent aux malles dont elles tirent des vêtements de diverses sortes. Elles les passent par-dessus les cuirasses des Français. Le comte Aymeri s'en revêt ainsi que tous ses fils en qui il a entièrement confiance. Ils serrent des écharpes sur leur tête, abandonnent leurs chevaux de bataille qui courent fougueusement et ils ont monté des mules de Syrie. Ils ont confié l'oriflamme à Auquaire et se sont dirigés sur Narbonne. Ils portent des oiseaux, conduisent des cerfs, des biches, des ours, des lions, des marmottes, des singes. L'empereur reste avec les jeunes filles et garde avec lui dix mille chevaliers. Les Français chevauchent sans s'attarder et arrivent aussitôt devant Narbonne. Au premier rang se trouve le puissant Aymeri et tous ses fils en qui il a une entière confiance.

Les Français se sont déguisés en jeunes filles : ils ont laissé leurs bons et rapides chevaux de guerre pour des mulets qui vont à l'amble. En éperonnant ils sont arrivés devant Narbonne dont on leur ouvre aussitôt les portes. Ils pénètrent immédiatement dans la ville et Auquaire tout en tête. Ils vont droit à la tour à force d'éperons devant le pavillon de l'émir Corsolt. Auquaire descend de son cheval rapide et dès que l'émir le voit il lui dit tout aussitôt : « Bon neveu, soyez le bienvenu. Où est mon amie au corps gracieux ? C'est Clarissant, que je voudrais voir. — Elle vient, seigneur, et ne tardera pas. » De semblables richesses, aucun homme au monde n'en eut jamais. Vous auriez pu voir là mille encensoirs allumés et pleins d'encens d'Orient. Alors voici qu'arrive Aymeri, le comte aux cheveux blancs, monté avec grâce sur un mulet qui va l'amble.

L'émir Corsolt s'avance à sa rencontre, le prend dans ses bras, le visage souriant, l'aide à descendre et il tient à la main une fleur blanche. Il va pour l'embrasser mais l'écharpe l'arrête et, dans la rencontre, les visages vont prendre une autre expression. Aymeri tire l'épée qu'il avait à son côté, il en frappe l'émir au milieu du crâne et la lame s'enfonce jusqu'à la mâchoire. »

La mort Aymeri de Narbonne, publiée par J. Couraye du Parc - Paris, S.A.T.F., Paris 1884 - v. 2376-2404, 2539-2556, 2602-2629.

Texte IV. — LA FIN D'UN GÉANT.

LE GÉANT

Le géant est l'un des hôtes les plus anciens et les plus fameux de l'épopée universelle. Il n'appartient pas à une tradition, mais à toutes les traditions, tradition babylonienne vieille de trois mille cinq cents ans avec Gilgamesh, tradition homérique avec le cyclope, tradition celtique avec le portier de Grurnach Gawr dans les Mabinogion, tradition finlandaise avec Anterro Wipunen dans le Kalevala, tradition anglo-saxonne avec Grendel et sa mère dans Beowulf, pour ne citer que quelques exemples. Or cette faune gigantale est remarquablement représentée dans l'épopée française médiévale. Il y a fort peu de chansons de geste qui n'aient son ou ses géants. Pourtant il serait faux de croire qu'ils se ressemblent tous absolument. En fait leurs dimensions et leur poids établissent surtout entre eux une parenté massive. Mais que de différences quand on les observe de près ! A côté d'Agrapart, géant hideux, cruel comme une bête sauvage, et de Volegrape, frère méchant et impie dans les Aliscans, on trouve Corsolt, ogre et Titan (1) dans le Couronnement de Louis ou encore Agolaffre dans Fierabras, sorte d'Hercule invincible cuirassé d'écailles de serpent. Ce sont là quelques spécimens de mauvais géants qui ne doivent pas faire oublier les autres. Car les bons géants ont aussi leur place et leur rôle dans les chansons de geste. L'un d'eux a même donné son nom à une épopée. C'est Fierabras, bon, intelligent et même doué de qualités telles que l'auteur ne peut décemment l'abandonner à l'Islamisme et qu'il en fait à la fois l'ami d'Olivier et un prince chrétien. Renouart hébété et grotesque est sympathique aussi avec ses sursauts de dignité qui forcent l'estime. On peut même

---
(1) Cf. J. Frappier, Les Chansons de Geste du cycle de Guillaume d'Orange, t. II, p. 83.

rencontrer de beaux géants blonds, bouclés, courtois et racés, tel Feragu dans l'Entrée de Spagne. Parmi les géantes qui éveillent intérêt ou curiosité, retenons au moins celle des Aliscans, Flohart. Elle est armée d'une faux, redoutable symbole, et elle empuantit tout le champ de bataille par la fumée que vomit sa bouche, pour ne pas dire sa gueule. Dans son affrontement avec Renouart, elle lui arrache sa ventaille avec les dents et l'avale aussi aisément qu'un fromage.

Pourquoi toute cette faune monstrueuse dans nos épopées ? D'abord parce que le géant répond parfaitement aux impératifs de l'épopée par ses dimensions et sa simplification (1), mais aussi parce qu'il correspond à une croyance médiévale. Tout le Moyen Age aussi bien occidental qu'oriental affirme sa croyance aux géants ou à des êtres très voisins et nous présentons sur ce point les témoignages de deux grands voyageurs d'origine différente. On pouvait croire que le géant disparaîtrait avec le Moyen Age et ses illusions. Cependant il n'en est rien et l'on peut parler de la descendance du géant médiéval dans la littérature.

1) LE TÉMOIGNAGE OCCIDENTAL : MARCO POLO.

CXIII - CI DEVISE DE L'ILE DE ÇANGHIBAR

« Çanghibar (2) est une île très grandissime et noble : elle a bien deux milles de tour. Ils sont tous idolâtres ; ils ont roi et langage à eux ; ils ne payent tribut à personne. Les gens sont grands et gros, bien qu'à la vérité, ils ne soient pas grands en

---

(1) Cf. C.M. Bowra, Heroic poetry, London, MacMillan - 1961, p. 91 sqq.
(2) Çanghibar : la côte africaine était connue des Arabes sous le nom de pays des Zeng, nom sous lequel était désignés les Noirs ; c'est de ce nom que paraît être venu le nom de Zanguebar ou Zanzibar. A l'époque de Marco Polo c'était un important marché d'esclaves. (Note de l'éditeur). Marco Polo, la description du Monde, édité par Louis Hambis, Klincksieck, 1955, p. 290.

proportion comme ils sont gros ; car je vous dis qu'ils sont si gros et si membrus que, s'ils avaient la taille en rapport, ils paraîtraient certainement des géants. Et vous dis qu'ils sont démesurément forts, car ils portent la charge de quatre hommes qui ne seraient pas de cette île ; et ce n'est pas merveille, car je vous dis qu'ils mangent bien la ration de cinq hommes d'une autre contrée. Ils sont tout noirs et vont tout nus, sauf qu'ils couvrent leur nature. Et ils font joliment bien car ils l'ont très grosse, vilaine et même horrible à voir. Ils ont les cheveux si crépus qu'on les peut à peine aplatir avec de l'eau. Ils ont une si grande bouche, le nez si aplati et retroussé, comme celui des singes, et les narines si épaisses, que c'est une merveille. Ils ont les oreilles vastes, et les lèvres si épaisses retournées en dehors, et les yeux si gros et si injectés, que c'est très horrible chose, car, qui les verrait en une autre contrée dirait que ce sont des diables, mais ils sont grands marchands et font grand commerce. »

. . . .

2) LE TÉMOIGNAGE ORIENTAL : AHMED IBN FADLAN.

Ahmed Ibn Fadlân est un secrétaire du Calife de Bagdad, Mugtadir, qui l'a envoyé en 921 avec une ambassade auprès du roi des Bulgares. Il nous a laissé de son voyage une relation extrêmement curieuse. Arrivé dans ce pays étranger, Ahmed Ibn Fadlân entendit parler d'un homme qui avait une taille extraordinaire. Il s'en informa auprès d'un indigène qui lui répondit :

« Oui, il a existé dans notre pays, mais il est mort, et il n'était ni des gens du pays ni non plus du nombre des hommes (wa-lâ min an-nâs aidan). Son histoire est la suivante : des marchands partirent en direction du fleuve Atil comme ils avaient l'habitude de le faire. Le fleuve était en crue et avait débordé. Or un jour tout à coup vinrent me trouver un certain nombre de ces marchands qui me dirent : « O roi, on voit surnageant sur l'eau un homme tel que, s'il appartient à un peuple proche de nous, il ne nous est plus possible de demeurer dans ces contrées et il ne nous reste qu'à émigrer. » Je partis à cheval avec eux et j'arrivai au fleuve. Je me trouvai en face de l'homme ; je vis que d'après ma coudée habituelle il avait douze coudées de haut. Il avait une tête de la dimension de la plus grosse marmite qui soit, un nez de plus d'un empan, des yeux énormes, des doigts dont chacun avait plus d'un empan. Son aspect m'effraya (râ'anî) et j'eus le même sentiment de peur que les autres. Nous nous mîmes à lui parler, mais lui ne nous parlait pas et nous regardait seulement. Je le fis conduire à ma résidence et j'écrivis aux gens de Wîsu, qui habitent à une distance de trois mois de nous, pour leur demander des renseignements à son sujet. Ils me répondirent en me faisant savoir que cet homme appartenait au peuple de Gog et Magog (Yâjug wa-Mâjûj). « Ils habitent, me disaient-ils, à une distance de trois mois de chez nous ; ils sont nus ; nous sommes séparés d'eux par la mer, car ils vivent sur l'autre bord de la mer. Ils sont comme des bêtes, ils s'accouplent l'un avec l'autre. Dieu haut et puissant fait sortir chaque jour pour eux un poisson de la mer. Chacun d'eux vient avec un couteau et en coupe un morceau à sa suffisance et à celle de sa famille. S'il en prend plus qu'il ne lui en faut pour les satisfaire, il souffre du ventre de même que sa famille et parfois il en meurt ainsi que toute sa famille. Quand ils ont pris de ce poisson ce qui leur est nécessaire, le poisson s'en retourne et se jette (dafa'at) dans la mer. Ils vivent ainsi de cette façon tous les jours. Entre eux et nous se trouve la mer d'un côté et les montagnes les entourent des autres côtés. La muraille (as-sadd) aussi les sépare de la porte par laquelle ils sortaient. Lorsque Dieu, haut et puissant, veut qu'ils sortent vers les pays habités, il provoque pour eux l'ouverture de la muraille, la mer baisse et les poissons les quittent. »

M. Canard. La relation du Voyage d'Ibn Fadlân chez les Barbares de la Volga. Annales de l'Institut d'Études Orientales, Tome XVI, Alger, 1958, pp. 108-109.

3) LA POSTÉRITÉ DU GÉANT MÉDIÉVAL.

On retrouve dans la poésie française du XIX° et du XX° siècles deux au moins des aspects du géant qu'on pouvait déjà remarquer dans les poèmes épiques du Moyen Age. Ceux-ci, outre le type classique de la brute hideuse et massive, nous offraient aussi l'image du géant grotesque. Victor Hugo a perpétué le premier type dans la Légende des Siècles et Alfred Jarry développé le second dans Ubu roi.

Rostabat le géant se bat contre Roland

> Crachant les grognements rauques d'un sanglier,
> Lourd colosse, fondit sur le bon chevalier,
> Avec le bruit d'un mur énorme qui s'écroule...
> Rostabat prend pour fronde, ayant Roland pour cible,
> Un noir grappin qui semble une araignée horrible,
> Masse affreuse oscillant au bout d'un long anneau :
> Il lance sur Roland cet arrache-créneau ;
> Roland l'esquive et dit au géant : « Bête brute ! »
> Le grappin égratigne un rocher dans sa chute,
> Et le géant bondit, deux haches aux deux poings.
> Le colosse et le preux, terribles, se sont joints.
> « O Durandal, ayant coupé Dol en Bretagne,
> Tu peux bien me trancher encore cette montagne, »
> Dit Roland, assenant l'estoc sur Rostabat.
> Comme sur ses deux pieds de devant l'ours s'abat
> Après s'être dressé pour étreindre le pâtre,
> Ainsi Rostabat tombe ; et sur son cou d'albâtre
> Laïus nue avait moins d'escarboucles luisant
> Que ces fauves rochers n'ont de flaques de sang.
> Il tombe. La bruyère écrasée est remplie
> De cette monstrueuse et vaste panoplie ;
> Relevée en tombant, sa chemise d'acier
> Laisse nu son poitrail de prince carnassier,
> Cadavre au ventre horrible, aux hideuses mamelles,
> Et l'on voit le dessous de ses noires semelles.

V. Hugo. — Le petit roi de Galice - La légende des Siècles.

Le bain du roi

Rampant d'argent sur champ de sinople, dragon
Fluide, au soleil la Vistule se boursoufle.
Or le roi de Pologne, ancien roi d'Aragon,
Se hâte vers son bain, très nu, puissant maroufle.

Les pairs étaient douzaine : il est sans parangon.
Son lard tremble à sa marche et la terre à son souffle;
Pour chacun de ses pas son orteil patagon
Lui taille au creux du sable une neuve pantoufle.

Et couvert de son ventre ainsi que d'un écu
Il va. La redondance illustre de son cul
Affirme insuffisant le caleçon vulgaire

Où sont portraicturés en or, au naturel,
Par derrière, un Peau-rouge au sentier de la guerre
Sur un cheval, et par devant, la Tour Eiffel.

A. Jarry. — Ubu roi - Librairie Générale française, Paris, 1962, p. 162.

Texte VI. — LA GUERRE SAINTE

INCITATION A LA LUTTE ET CRUAUTÉ MENTALE

DU COTÉ CHRÉTIEN :

En lisant les innombrables malédictions dont sont gratifiés les Sarrasins dans presque toutes les Chansons de Geste des Cycles du Roi et de Garin de Monglane dont la composition correspond, dans l'ensemble, à la période des Croisades, on pense généralement que l'esprit de guerre sainte est né au XIe siècle avec les événements qui ont opposé Musulmans et Chrétiens. Jusqu'alors les pèlerinages en Terre Sainte constituaient des entreprises difficiles et dangereuses mais tout de même réalisables au milieu d'une paix relative. Or voici qu'en 1009 le calife Hakeim ordonne la démolition du Saint Sépulcre et lance les persécutions contre les pèlerins chrétiens. Plus tard l'invasion des Turcs Seldjoukides qui prennent Jérusalem en 1078 et détruisent les églises chrétiennes d'Asie Mineure provoquent l'indignation puis les réactions des chrétiens et par conséquent les Croisades. Mais il est juste aussi de signaler que la doctrine de la guerre sainte est née deux cents ans environ avant les événements du XIe siècle. C'est dès le IXe siècle, après l'invasion et le sac de Rome par les Sarrasins en 846, que le pape Léon IV incitait les Chrétiens à la lutte contre l'Islam en leur assurant que l'accès au royaume céleste serait la récompense de leur mort sur le champ de bataille (1). Ses lettres étaient lues, ses idées propagées, et au milieu du XIe siècle il n'est pas étonnant que le moine Raoul Glaber dans son monastère de Cluny ait eu la vision des martyrs bienheureux après avoir trouvé la mort « ob tutelam patriae catholicæque plebis defensionem in bello Sarracenorum ». La théorie de la guerre sainte est née. Elle trouvera son expression définitive avec le pape Urbain II proclamant dans sa lettre aux fidèles de Bologne en 1095 : « Sachez qu'à tous ceux qui partiront là-bas (...) pour le seul salut de leur âme et la libération de l'Église nous remettons tant par notre autorité que par celle de presque tous les archevêques et évêques de Gaule (...) la pénitence de tous leurs péchés » (2). Cet esprit de guerre sainte devait notamment trouver sa traduction dans les appels au combat que constitue une bonne part des Chansons de Croisade.

---

(1) Mais ces prises de position n'empêchèrent pas des accords de fait entre les Chrétiens et les souverains musulmans d'Afrique du Nord. Sur ces multiples conventions cf. Mas Latrie, Les relations des Chrétiens avec les Arabes de l'Afrique septentrionale au Moyen Age - Paris 1866. Réimpression Burt Franklin, New York 1963 - 2 vol.
(2) Sur les textes constituant la doctrine de la guerre sainte, cf. M. Villey, La Croisade. Essai sur la formation d'une théorie juridique. Thèse de droit - Paris 1942, pp. 97-158.

1) L'INCITATION A LA LUTTE :

UNE CHANSON DE CROISADE
DE CONON DE BÉTHUNE (1188)

III   « Dieu ! nous avons été preux si longtemps en musant sans rien faire ! Maintenant apparaîtra qui sera vraiment preux et nous irons venger l'outrage douloureux dont chacun doit être irrité et honteux car c'est de notre temps qu'a été perdu le lieu saint où Dieu souffrit pour nous la mort pleine d'angoisses ; si nous y laissons nos ennemis mortels, notre vie en sera honteuse à jamais.

IV   Qui ne veut mener ici vie humiliée, qu'il aille mourir pour Dieu en joie, en liesse, car elle est douce et savoureuse la mort par quoi l'on conquiert le royaume précieux. Et pas un seul ne mourra de mort, mais tous renaîtront en vie glorieuse. Qui reviendra aura aussi grand privilège. Honneur sera son épouse à jamais.

V   Les clercs et les vieillards qui persévèreront dans la charité et les bonnes œuvres auront tous part à ce pèlerinage, et aussi les dames qui vivront chastement si elles gardent loyauté à ceux qui vont là-bas ; et si par mauvaise inspiration elles pèchent, elles pècheront avec des couards et des mauvais, car tous les bons partiront pour ce voyage.

VI   Dieu est assiégé en son saint héritage. Voici l'heure où l'on verra comment le secourront ceux qu'il a retirés de la prison ténébreuse quand il mourut sur cette croix que les Turcs ont prise. Sachez que ceux qui ne partiront pas sont honnis si pauvreté, vieillesse ou maladie ne les retient et ceux qui sont sains, jeunes et riches ne peuvent pas rester sans honte ».

Joseph Bédier. Les Chansons de Croisade. Paris, Champion, 1909, pp. 35-36.

2) LA CRUAUTÉ MENTALE :

Une fois lancés dans la lutte, les guerriers des deux camps non seulement satisfont leurs appétits de violence mais encore veulent éprouver moralement leurs adversaires. Ils proposent volontiers à leur esprit ou à leur imagination les pensées ou les images les plus propres à les tourmenter. Dans leurs assauts de cruauté mentale, Chrétiens et Musulmans obtiennent les uns et les autres de si bons résultats qu'on ne sait auxquels donner la palme. Qu'on en juge.

UNE RÉCEPTION DE RICHARD CŒUR DE LION

Dans ses « Légendes des Croisades », Collin de Plancy reconstitue divers épisodes des guerres de cette période en adaptant ou en amalgamant des textes du Moyen Age ou des récits plus tardifs. Dans la narration qui suit, il s'inspire notamment de la Chanson d'Antioche (1) et montre le roi Richard Cœur de Lion recevant au cours de la troisième croisade les envoyés sarrasins d'une ville assiégée. Porteurs de très fortes sommes d'or, ils espèrent convaincre Richard de lever le siège.

> « Richard les reçut avec politesse et voyant les richesses qu'ils lui offraient : « Que Dieu me garde, leur dit-il, d'accepter cet or. Partagez-le entre vous. Pour moi, j'ai apporté dans mes vaisseaux et mes barques plus d'or et d'argent que n'en possèdent votre maître et trois potentats comme lui. Je n'ai donc pas besoin de vos trésors. Mais restez avec moi, je vous prie. Nous dînerons ensemble ; ensuite vous aurez ma réponse. »

Richard alors donna en secret l'ordre à son sénéchal d'aller choisir dans sa prison les plus distingués d'entre ses

---

(1) Paulin Paris, La Chanson d'Antioche, 2 vol. Paris, Techner 1848, t. II, chant V, laisses 1 et 2, l'épisode des Tafurs et du conseil de Pierre l'Hermite - Sur l'authenticité des Tafurs et de leur sauvagerie, voir Paul Alphandéry - La Chrétienté et l'idée de Croisade - Paris - Albin Michel 1954, t. 1, pp. 92-93.

captifs, de leur couper la tête, de donner ces têtes proprement rasées à son cuisinier, qui devait les cuire sur-le-champ et les servir chacune sur un plat devant chaque convive, sans oublier d'attacher au front de ces têtes les noms de ceux qui les avaient portées. — On placera devant moi, ajouta-t-il, une de ces têtes, comme étant mon mets favori.

Ces prescriptions horribles furent exactement suivies. A midi, la musique du camp annonça aux hôtes de Richard que le dîner était servi. Le roi prit place au haut de la table, et ses convives un peu plus bas. Les têtes furent apportées au son des fifres et des trompettes. Les ambassadeurs de Saladin, en voyant ce qu'on leur offrait, restèrent quelques instants muets de stupeur. Ils tournèrent leurs regards vers le roi, qui, sans témoigner la moindre émotion, avalait les morceaux aussi vite que l'écuyer tranchant les lui découpait. L'un d'eux dit tout bas alors à ses compagnons : cet homme est assurément le frère du diable !

Enfin ils arrêtèrent leurs regards sur les têtes fumantes placées devant eux. En lisant le parchemin qui portait le nom de chaque victime, ils s'imaginèrent qu'ils allaient avoir le même sort. Il n'en fallait pas tant pour leur ôter l'appétit. Cependant Richard, dévorant toujours, les invitait à manger et à se livrer à la joie.

Quand il eut assez joui de leur terreur, il demanda le second service et, feignant d'être surpris de ce qu'ils n'avaient pas touché au premier, il leur fit des excuses sur l'ignorance où il était de leurs goûts ; il les assura de son respect pour leur caractère d'ambassadeurs, et les invita à manger de la venaison, en leur donnant un sauf-conduit pour leur retour. Ces hommes, qui mouraient de faim, mangèrent un peu de gibier et se disposèrent à partir.

Richard leur dit alors : — Consolez votre soudan sur ce que vous avez vu. Qu'il ne s'offense pas de la manière dont je vous ai traités. Le repas qui vous a surpris était préparé pour moi et les miens. Dites-lui qu'il n'aura aucun profit à nous couper les vivres. Pas un de nous ne souffrira de faim tant que nous pourrons tuer des Sarrasins et les faire cuire. Avec un Sarrasin je puis nourrir neuf ou dix de mes bons guerriers : et le roi Richard vous garantit qu'il n'y a pas de viande qui plaise autant aux Anglais. »

J. Collin de Plancy, Légendes des Croisades - Paris, Plon, 1862, pp. 215-216.

DU COTÉ MUSULMAN :

A l'origine, c'est-à-dire après l'apparition de Mahomet, les Musulmans ne trouvaient ni dans leurs textes sacrés ni dans leurs contacts avec les Chrétiens des raisons de s'opposer à eux. Ils ne nourrissaient aucune hostilité systématique vis-à-vis des « hommes du livre » (la Bible), c'est-à-dire les Juifs et les Chrétiens. Ces deux catégories par exemple ne sont pas touchées par l'obligation (1) faite aux Musulmans de répandre leur religion au besoin par la force. Et même, dans leur esprit les Chrétiens bénéficiaient d'une sorte de préjugé favorable qu'exprime bien la sourate V du Coran : « Sache bien que les hommes qui nourrissent la haine la plus violente contre les vrais croyants (2) sont les idolâtres. Sache bien au contraire que les hommes les plus disposés à les aimer sont ceux qui disent : « Nous sommes chrétiens ». (3) Cette demi-sympathie devait se manifester du temps même de Mahomet. On sait en effet qu'en 523 le roi juif Dhou Nuwas ordonna de brûler l'église de Nejran pleine de fidèles et en même temps quantité de Chrétiens entassés sur d'énormes bûchers. Or, « d'après toute la tradition musulmane les paroles suivantes de la

---

(1) Sur cette obligation, cf. Encyclopédie de l'Islam, nouvelle édition, article Djihad, Paris Maisonneuve 1963, pp. 551-53.
(2) C'est-à-dire les Musulmans.
(3) Coran, sourate V, verset 85.

sourate IV doivent se rapporter à cet événement : « Maudits soient ceux qui ont creusé des fosses où des feux étaient allumés. ». « Des raisons valables, dit un historien contemporain, ont peine à s'élever contre la fidélité de cette tradition. » (1). Plus tard, à la fin du VIIe siècle, toute l'Arabie chrétienne du Sud (Éthiopie, Yémen par exemple) devait passer au Nestorianisme dont la christologie était plus proche de la pensée musulmane que celle de l'Église occidentale. Ce fait favorise la bonne entente des Musulmans avec les Chrétiens de leur voisinage. Ainsi, dans l'ensemble, cet état d'esprit de large compréhension qui s'était manifesté dès l'origine semble avoir persisté un certain temps dans les siècles suivants : « Cette préférence pour le Christianisme, particulièrement en face du Judaïsme, dura en général jusqu'au temps des Croisades, malgré quelques frictions sous les califes abassides avec l'intolérance byzantine. » (2).

Ces frictions semblent, en fait, avoir été assez rudes puisqu'elles ont suscité chez les Musulmans toute une littérature de « prônes » ou exhortations à la guerre contre les infidèles, c'est-à-dire les Chrétiens.

1) L'INCITATION A LA LUTTE :

UN PRONE D'IBN NUBATA

Cet écrivain arabe du Xe siècle (947-985) vécut en Syrie du Nord au service de l'émir d'Alep, Saïf ad Douala, dont il fut sans doute le prédicateur attitré. Il a écrit un recueil de « prônes » considérés comme des modèles du genre. Ces poèmes sont en relation étroite avec les nombreuses campagnes de l'émir contre les Byzantins. Le « prône » (khoutba) qui suit est évidemment à rapprocher de la Chanson de Croisade citée plus haut.

---

(1) Tor Andrea, Les origines de l'Islam et le Christianisme, Paris, Adrien Maisonneuve, 1955, pp. 18-19.
(2) Tor Andrea o.c., pp. 29-30.

« Croyants, jusques à quand entendrez-vous les avertissements sans les comprendre ? Jusques à quand serez-vous cinglés par les reproches sans consentir à vous amender ? Il semble que vos oreilles rejettent les exhortations ou que vos cœurs soient trop pleins d'orgueil pour en retenir les fruits. Pendant ce temps vos ennemis agissent à leur guise dans votre pays. Puisque vous tardez à les combattre, ils atteignent l'objet de leurs espoirs. Satan a appelé les Chrétiens à grands cris à suivre son égarement ; ils ont répondu à son appel. Et vous, le Dieu très clément vous a invités à suivre Sa vérité et vous n'avez pas écouté Sa voix. Voyez pourtant les bêtes sans intelligence : elles savent combattre pour défendre leurs tanières... Alors que vous, vous qui possédez raison et intelligence, vous qui avez reçu le dépôt des Lois et des Commandements divins, vous fuyez devant vos ennemis tels des chameaux qu'on disperse... Or ça donc, à la guerre sainte, Croyants, à la guerre sainte ! La victoire si vous êtes constants ! Le paradis, oui, le paradis, il vous attend si vous le voulez ! L'enfer, oui c'est l'enfer que vous aurez si vous fuyez. Car la guerre sainte est le fondement le plus solide de la foi. C'est elle qui procure les plus hauts degrés du paradis. A celui qui est loyal envers Allâh dans la guerre sainte s'offrent deux situations, toutes deux désirables et que tous s'accordent à proclamer les plus élevées : ou bien le bonheur par la victoire dans cette vie terrestre ou bien le succès par le martyre dans la vie à venir. Et vous, la situation que vous détestez le plus est celle qui vous procurerait la plus grande béatitude............ La plus grande parole qu'ait jamais prononcée orateur éloquent, la plus haute clarté qui ait jamais illuminé les cœurs, c'est la Parole du Dieu fort et généreux. Il a dit : « O vous qui croyez, quand on vous crie : Lancez-vous en campagne pour la cause d'Allâh ! qu'avez-vous à rester cloués au sol ? Qu'est donc la jouissance de la vie d'ici-bas au prix de la vie à venir, sinon peu de chose ? Si vous ne vous lancez pas en campagne, Allâh vous infligera un cruel tourment. Il mettra à votre place un autre peuple. Et vous ne pourrez rien contre Allâh. Allâh sur toute chose est puissant ». (1)

Dîwân khutab Ibn Nubâta commenté par Tâhir al Jazâ irî - Beyrouth 1311 - hég. pp. 188-190.

2) LA CRUAUTÉ MENTALE :

Puis ce furent les Croisades qui donnèrent alors le sentiment du choc de deux mondes : le monde musulman et le monde chrétien. On parla de plus en plus de guerre sainte et de haine. Cette haine éclate dans toutes les pensées, toutes les phrases et presque tous les mots de Baïbars, souverain d'Égypte apprenant au chrétien Bohémond VI, prince d'Antioche, la prise de sa ville que les Musulmans viennent de conquérir en son absence cette année 1268. Cette lettre, chef-d'œuvre de causticité venimeuse, nous a été conservée dans « La vie de Baïbars » écrite par son secrétaire Ibn'Abbdazahir.

LE VAINQUEUR D'ANTIOCHE ANNONCE SA VICTOIRE

« Nous l'avons conquise (2) par les armes à la 4e heure du samedi, 4e jour du mois vénéré de Ramadan, et avons massacré tous ceux que tu avais choisis pour la garder et la défendre. Il n'est resté personne d'entre eux qui possédât quelques-uns des biens de ce monde sans que l'un d'entre nous possède maintenant quelque chose et de lui et d'eux. Que n'as-tu vu tes chevaliers renversés sous les pieds des chevaux, tes palais que dévorait le pillage et où sévissait la rapine, tes richesses que l'on pesait par quintal, tes dames que l'on vendait dans chaque quartier de la ville et que l'on achetait de ton propre argent, pour un dinar seulement ! Que n'as-tu vu tes églises avec leurs croix brisées, les pages de leurs faux évangiles déchirées

---

(1) Traduction de G. Delanoue, assistant à la Faculté des Lettres d'Aix-en-Provence.
(2) Antioche.

et jonchant le sol, les tombeaux des patriarches profanés ! Que n'as-tu vu ton ennemi le musulman dictant sa loi dans le sanctuaire, le moine, le prêtre, le diacre égorgés sur l'autel, les patriarches frappés par le malheur, les fils de ton royaume entrant en esclavage ! Si tu avais vu l'incendie faire rage dans tes palais, vos morts brûlés au feu de ce bas monde avant de l'être à celui de l'Enfer, tes châteaux et tout ce qui était d'eux s'anéantir, l'église de Paul et celle de Côme et Damien écroulées, disparues, certes tu te serais écrié : « Plût à Dieu que je fusse devenu cendre et poudre » ! (Coran, 58, 21). « Plût à Dieu qu'une lettre ne m'eût apporté pareille nouvelle. » Ton âme se serait dissoute d'affliction, tu aurais éteint ces incendies de l'eau de tes larmes. Que n'as-tu vu tes demeures vidées de tout ce qui t'appartenait, tes vaisseaux saisis à Soueidiyé avec tes chariots si bien que tes galères sont maintenant devenues nôtres ! Tu aurais su alors de la manière la plus sûre que le Dieu qui t'avait donné Antioche te la reprenait, que le Seigneur qui t'avait fait don de sa citadelle te l'arrachait et l'extirpait de la terre. Sache maintenant que Nous t'avons enlevé, en en rendant grâces à Dieu, tout ce que tu avais pris de forteresses de l'Islam... Nous avons fait descendre tes gens des forteresses en les tirant par les cheveux et les avons dispersés auprès et au loin.......

Cette lettre te réjouira en t'annonçant que Dieu t'a fait la grâce de te garder sain et sauf et de prolonger ta vie puisque tu ne résidais pas alors à Antioche. Car si tu t'y étais trouvé, tu serais aujourd'hui ou mort ou prisonnier ou blessé ou vaincu. Avoir la vie sauve, c'est là ce qui comble de joie le cœur des vivants lorsqu'ils ont vu de leurs yeux la mort. Mais peut-être Dieu ne t'a-t-il épargné que pour que tu répares ton erreur en te soumettant et en faisant acte d'obéissance alors qu'il en est encore temps. Comme il n'est resté personne qui puisse t'apprendre ce qui s'est passé, Nous t'en informons. Comme nul ne pourrait t'apporter la bonne nouvelle que ta vie est sauve alors que tout le reste a péri, Nous te donnons la joie de t'en faire part par la voie de ce récit. Tu connais maintenant l'affaire d'une manière indubitable, telle qu'elle s'est passée. Après avoir lu cette lettre, tu ne pourras nous accuser de dénaturer la vérité. Après nous avoir entendus, tu n'auras pas besoin de consulter quelqu'un d'autre pour t'informer ».

J. Sauvaget, Historiens arabes - Paris, Adrien - Maisonneuve, 1946, p. 129.

HUON DE BORDEAUX

HUON DE BORDEAUX

Le long poème de Huon de Bordeaux (10.533 vers), écrit par un inconnu du XIIIe siècle à une date incertaine, est à coup sûr une des plus déconcertantes et des plus séduisantes aussi parmi les Chansons de Geste. Elle pose, à l'examen, une série de problèmes à la fois stimulants et irritants. Tout d'abord celui de sa place parmi les épopées françaises du Moyen-Age. Le héros Huon de Bordeaux se révolte contre Charlemagne et à ce titre il a sa place dans le cycle des rebelles (Doon de Mayence), mais comme il se réconcilie avec son empereur et travaille à sa gloire il n'est pas déplacé dans la Geste du Roi. Singulière chanson de geste encore où les influences romanesques croisent les influences épiques et où l'auteur apparaît comme l'esprit le plus éclectique et le plus accueillant qui soit. Il n'est pas certain qu'il ait puisé aux sources germaniques (hypothèse de G. Paris, Pio Rajna, C. Voretzsch), mais il est sûr qu'il s'est inspiré par endroits d'Ogier le Danois, de Fergus, du Couronnement de Louis, de la Chanson de Roland, de Mainet et d'Aye d'Avignon. Cela n'exclut nullement les emprunts romanesques : le hanap magique d'Aubéron a un modèle antérieur dans le « Lai du cor » et la tempête que le nain déclenche automatiquement en frappant sur son cor est imitée de la tempête d'Yvain à déclenchement également automatique. La Bible elle-même a laissé des souvenirs dans Huon de Bordeaux avec divers épisodes parmi lesquels celui du bâton dont le pouvoir d'écarter l'eau est hérité de la verge de Moïse qui a séparé les flots de la mer Rouge.

La magie, on le voit, tient une grande place dans Huon de Bordeaux, mais elle la doit surtout à Aubéron le nain enchanteur qui dispose d'armées innombrables, franchit en un clin d'œil des distances prodigieuses et déchiffre les pensées les plus secrètes. Au terme d'une longue existence il ira au Ciel prendre à la droite du Christ le siège qui lui est réservé. Le merveilleux chrétien a recouvert le merveilleux païen sans le faire oublier.

Dans ce poème où l'élément féerique le dispute à l'élément épique, les hommes conservent pourtant leur vérité psychologique. La jalousie haineuse est représentée par Gérard, frère d'Huon, l'amitié justicière par Aubéron, l'amitié dévouée par Gériaume. Enfin l'amour à la fois sensuel et romanesque est incarné par Huon et surtout Esclarmonde, tendre mais décidée.

I. - LA MULTIPLE MISSION DE HUON.

Au terme d'un long règne, Charlemagne, diminué par la fatigue et les ans, laisse le traître Amauri (ami de son fils Charlot) prendre à la cour une influence toujours croissante. C'est précisément Amauri qui présente, comme suspects d'infidélité à leur Souverain, Huon et Gérard les deux fils du duc Seguin de Bordeaux qui vient de mourir. Circonvenu, l'empereur demande aux deux jeunes gens de venir lui rendre hommage et ceux-ci partent aussitôt pour Paris. Mais aux approches de la ville une embuscade leur est tendue par Amauri et Charlot. Attaqués, les deux Bordelais se défendent et Huon tue un de ses assaillants en ignorant son identité. C'est Charlot, le fils de l'empereur. La douleur et la fureur de Charlemagne à cette nouvelle sont exploitées par Amauri qui accuse formellement Huon d'avoir tué sciemment Charlot. A la cour on ne sait qui dit vrai d'Amauri ou de Huon. C'est donc un duel judiciaire qui en décidera en les opposant l'un à l'autre. La confrontation donne tort à Amauri qui est tué. Mais Charlemagne, toujours irrité, ne veut pardonner à Huon qu'à une seule condition : le jeune homme devra se rendre auprès de l'émir de Babylone et se charger d'accomplir auprès de lui diverses missions aussi dangereuses que surprenantes.

Li rois s'asist el faudestuef doré ;
Huon apiele, le vaillant baceler.
2320. On li amaine, cele part est alés ;
A genillons, voiant tot le barné,
Se mist li enfes par grant humilité.
Li rois l'apele con ja oïr porés :
« Hues, dist il, envers moi entendés.
2325. Vous volés vous envers moi acorder ? »
— « Certes, dist Hues, j'en ai grant volenté ;
Car n'est travax que on puist endurer,
Paine n'ahan, se me puist Dix salver,
Que jou ne face tout a vo volenté.
2330. Voire en infer, se g'i pooie aler,
Iroie jou por a vous acorder. »
— « Certes, dist Karles, en pïeur lieu irés
Que en infer as diasbles parler,
Car en tel lieu vous convenra aler
2335. Se vous volés envers moi acorder.
Quinse mesaiges i ai ge fait aler,
Je n'en vi onques un tot seul retorner ;
Çou est tout droit outre la Roge mer,
En Babilone, la mirable chité.
2340. La te convient mon mesaige porter,
Au roi Gaudise te convenra parler.
Se tu pués faire çou que m'oras conter
Et tu pués mais en France retorner,
Ne serés pas envers moi parjurés.
2345. Quant vous serés outre la Rouge mer
Et vous verrés ens la bone cité,
Il vous convient et plevir et jurer
Tant atendrés u palais a entrer
Que l'amirés ert asis au disner.
2350. Et après çou el palais monterés
Si faitement con vous dire m'orrés :
L'auberc vestu, lacié l'elme jesmé,
L'espee nue vous convenra porter,
Et le premier c'au mengier troverés,
2355. Ja n'ert tant frans ne si emparentés
Que tout errant le cief ne li copés.
Et après çou te convenra faire el :
Une fille a Gaudise l'amirés,
C'est Esclarmonde que tant a de biautés ;
2360. Il vous convient plevir et afier
Que, voiant tous, trois fois le baiserés.
Et après chou men mesaige dirés
A l'amiral, voiant tot son barné.

Le roi s'assied dans son fauteuil d'or. Il demande Huon le vaillant jeune homme. On le lui amène et il se dirige vers Charles. Le jeune homme se met à genoux sous les yeux de tous les barons en toute humilité et le roi lui adresse la parole ainsi que vous pourrez l'entendre : « Huon, lui dit-il, écoutez-moi bien. Vous voulez, n'est-ce pas, vous réconcilier avec moi ? — Certes, répond Huon, j'en ai le plus vif désir. Car il n'est pas de tourment supportable, de peine ou d'effort douloureux, si Dieu veille sur mon salut, que je n'endure, entièrement soumis à vos désirs. Et pour me réconcilier avec vous, si je le pouvais, j'irais même en enfer. — Certes, dit Charles, tu iras en lieu pire que si tu allais en enfer avec les diables. C'est dans un endroit semblable qu'il te faudra aller si tu veux faire la paix avec moi. J'y ai envoyé quinze messagers et je n'en ai jamais vu un seul revenir. C'est tout droit de l'autre côté de la Mer Rouge, à Babylone la cité merveilleuse. C'est là que tu dois porter mon message et parler au roi Gaudisse. Si tu peux accomplir les actions que tu vas m'entendre énumérer et si tu peux ensuite retourner en France, tu ne seras pas coupable de parjure envers moi. Après la traversée de la Mer Rouge, une fois que tu seras parvenu dans la puissante cité, il te faut garantir et jurer que tu attendras pour pénétrer dans le palais que l'émir soit assis à table. Après quoi tu monteras au palais en procédant de la manière que tu vas m'entendre préciser. Après avoir revêtu ton haubert et lacé ton heaume incrusté de pierres précieuses, il te faudra porter ton épée nue et, au premier homme que tu trouveras au repas, quels que soient sa noblesse ou son lignage, tu devras tout aussitôt couper la tête. Mais ce n'est pas encore tout. L'émir Gaudisse a une fille, Esclarmonde, qui est extrêmement belle. Il te faut garantir et promettre qu'à la vue de tous, trois fois tu l'embrasseras. Ensuite tu transmettras mon message à l'émir devant tous ses barons. De ma part tu lui demande-

De moie part l'amiral rouverés
2365. Que il m'envoit mil espreviers mués,
Mil ours, mil viautres tres bien encaenés,
Et mil vallés, tous jovenes bacelers,
Et mil puceles qui aient grant biautés
Et de sa barbe les blans grenons mellés,
2370. Et de sa geule quatre dens maiselers. »
Dient François : « Vous le volés tuer ! »
— « Par Dieu, dist Karles, vous dites verité !
Car s'il ne puet quatre dens raporter
Et le grant barbe Gaudise l'amiré,
2375. Et faire bien crëaule en mon ostel
Que il li ait de la geule gietés,
Mais ne retourt en France le regné,
Car jel feroie a fourques encruer. »
— « Sire, dist Hues, volés vous plus conter,
2380. Et jou ferai canqe deviserés,
A mon pooir, si me puist Dix salver. »

ras de m'envoyer mille éperviers après la mue, mille ours,
2370. mille veautres bien enchaînés, mille gentilshommes tous
jeunes, mille jeunes filles très belles, les tresses blanches de
sa barbe et aussi quatre molaires de sa bouche. » Les Français s'exclament : « Vous voulez le faire tuer ! » — « Par
2375. Dieu, leur répond Charles, vous dites vrai ! Car s'il ne peut
rapporter les quatre molaires, la grande barbe de l'émir
Gaudisse et bien prouver en mon hôtel qu'il les lui a enlevées de la bouche, que plus jamais il ne retourne au
2380. royaume de France car je le ferais accrocher au gibet. »
— « Sire, reprend Huon, avez-vous quelque chose à ajouter ?
Pour moi je ferai de mon mieux tout ce que vous fixerez
et que Dieu puisse me protéger. »

II. - LA TRAVERSÉE DE PAYS MERVEILLEUX.

Huon se met donc résolument en route pour l'Orient avec quelques compagnons et passe par Rome où il se confesse au pape qui se trouve être son cousin. Ce dernier lui donne non seulement l'absolution mais des lettres de recommandation pour un autre cousin, Garin de Saint Omer, armateur à Brindisi, grand port de l'Italie méridionale. Garin s'enthousiasme à l'idée du voyage à Babylone. Tenté par l'aventure, il décide de se joindre à l'expédition malgré les protestations et les pleurs de sa femme, esprit sédentaire. La petite troupe (13 hommes) embarque vivres et bagages sur un navire qui en quinze jours d'une traversée sans histoire aborde en Terre Sainte. Puis, à cheval, les voyageurs gagnent aisément Jérusalem où ils vont faire leurs dévotions au Temple. Jusqu'ici l'expédition n'a pas comporté plus d'imprévu qu'un voyage à travers l'Ile-de-France. Mais les surprises vont commencer.

    Il et si homme se sont acheminé ;
    Des or en vont droit vers la Roge mer.
    Sauvages teres trova Hues asés.
    Par Femenie est outre trespasés :
2910. C'est une tere u moult a povretés,
    Solaus n'i luist, feme n'i puet porter,
    Ciens n'i abaie ne kos n'i puet canter ;
    Ens cele tere n'a gaires demoré
    Quant ens le tere des Commains est entré.
2915. C'est une gent qui ne goustent de blé,
    Mais le car crue, comme gainon dervé ;
    Tot adés gisent au vent et a l'oré,
    Plus sont velu que viautre ne sengler,
    De lour orelles sont tout acoveté.
2920. Li vasaus Hues les a moult redotés ;
    Por nient les crient, car il ne font nul mel.
    Plus tost qu'il pot s'en est outre pasés.
    Toute la tere de Foi est trespasés.
    Tant grande i est et fois et loiautés
2925. Qu'en cendaus quisent les gastiaus buletés :
    Ja li cendaus n'en iert ors ne brules.
    La voit on bien qui a fait mauvaisté.
    Qui premiers vient ens la contree es blés
    Ançois en prent tout a sa volenté,
2930. Que ja par honme ne le li ert devée ;
    Et s'en i a a si tres grant plenté
    Que nel querroit nus hom de mere né
    S'il nel veoit, çou est la verités.
    En che païs a petit demouré,
2935. Car faire veut çou qu'il a empensé ;
    Outre est pasés Hues li adurés.
    Tout ont mengié çou c'orent aporté ;
    En quinse jors ne sorent tant aler,
    Quant cel païs orent tout adossé,
2940. Ens lor cemin ne trovent pain ne blé
    Dont on peüst un enfant sooler.

Huon et ses hommes se sont mis en route. Désormais ils vont droit sur la Mer Rouge. Huon trouva quantité de pays
2910. inhospitaliers. Il a traversé la Fémenie, un pays misérable. Le soleil n'y luit pas, les femmes n'y peuvent enfanter, les chiens n'y aboient pas et les coqs n'y peuvent chanter. En ce pays il ne s'est guère attardé et il a pénétré dans celui
2915. des Comains. C'est une race d'hommes qui ne mangent pas de blé mais de la chair crue comme font les dogues enragés. Constamment ils passent les nuits exposés aux vents et aux orages. Ils sont plus velus que veautres ou
2920. sangliers et leurs oreilles les recouvrent entièrement. Le vaillant Huon en a grand peur, mais sa crainte est sans fondement car ils ne font aucun mal. Au plus vite il a quitté
2925. la région et il a traversé tout le pays de Loyauté. Si grande y sont la confiance et la bonne foi qu'on y fait cuire des gâteaux de farine blutée sur des étoffes de soie sans qu'elles se brûlent ou se consument (1). Là on voit bien qui
2930. s'est mal conduit. Dans le pays, le premier qui pénètre dans les blés en prend à discrétion sans que personne le lui interdise. L'abondance y est malgré tout si grande que
2935. vraiment aucun homme ne pourrait le croire sans le voir et c'est la vérité. Dans ce pays Huon a peu séjourné car il veut réaliser son projet. Huon l'aguerri est donc allé au
2940. delà. Ses compagnons et lui ont épuisé toutes leurs provisions de route. Il leur fallut marcher plus de quinze jours pour bien mettre ce pays loin derrière eux. Sur leur chemin
2945. ils ne trouvent pas en pain et blé de quoi rassasier un

---

(1) Le vers 2926 n'appartient pas au ms-M qui est le ms de base de l'édition Ruelle. Mais il figure dans la continuation du ms 22555 de la B.N. sous la forme : J'ai li sandialz n'en yert ars ne bruller. Nous l'avons ajouté en lui donnant une graphie conforme à la langue de M. Ce vers 2926 nous paraît nécessaire à l'intelligence du texte. Lui seul fait nettement comprendre qu'il s'agit là d'une épreuve du feu dans laquelle le cendal incombustible de l'innocent le distingue du coupable.

« Diex ! ce dist Hues, com ci a mal rené,
Quant on ne trove point ne grant a disner.
Ahi ! rois Karles, com m'avés mal mené !
2945. Dix vous pardoinst içou que fait m'avés. »
Dont commença Huelins a plorer,
Mais li baron l'ont moult reconforté.

enfant. « Dieu ! s'exclame Huon, quel mauvais royaume il y a là puisqu'on n'y trouve à manger ni peu ni prou. Ah ! roi Charles, comme vous m'avez mal traité ! Que Dieu vous pardonne ce que vous m'avez fait. » Alors Huelin se met à se lamenter. Mais les barons lui ont bien rendu courage.

III. - AUBERON MET SON POUVOIR MAGIQUE AU SERVICE DE HUON.

Au sortir de la dernière « terre sauvage », Huon rencontre un vieillard qui l'embrasse avec émotion. Il croit reconnaître dans le visage du jeune voyageur les traits du vieux duc Seguin de Bordeaux, son ami d'autrefois. Ce vieillard démonstratif est Gériaume, un Bordelais, qui, pour se faire pardonner d'avoir tué un adversaire dans un tournoi, a fait un pèlerinage au Saint Sépulcre. Mais au retour les Sarrasins l'ont fait prisonnier et, quoiqu'il se soit évadé, il a dû vivre pendant trente ans chez les païens dont il parle la langue. Maintenant, pour expier ses péchés, il vit dans la forêt où Huon l'a trouvé. Apprenant qu'il a bien devant lui le fils du duc Seguin, il se joint à l'expédition qu'il renseigne sur les itinéraires pour Babylone. Deux voies sont possibles, la première est longue mais sûre, la seconde directe, mais rendue périlleuse par la présence d'Aubéron le nain magicien ; Huon choisit la seconde. Effectivement Aubéron apparaît à plusieurs reprises, effrayant par ses sortilèges les voyageurs angoissés. Malgré les conseils de Gériaume, Huon se décide à saluer l'enchanteur qui lui révèle alors son origine et ses dons. D'Aubéron nous conservons dans la littérature l'image que nous ont laissée Shakespeare dans le Songe d'une nuit d'été et après lui les poètes du XIXe siècle : image d'une sorte de lutin roi des forêts et Théophile Gautier rêve aux « Lumineuses arcades du palais d'Aubéron ». Vigny se souvient « ...de la voix étouffée Du nain vert Obéron qui parle avec sa fée ». De son côté, Hégésippe Moreau, décrivant la Voulzie, prétend que :

« Le nain vert Obéron jouant au bord des flots
Sauterait par dessus sans mouiller ses grelots ».

En fait l'auteur de Huon nous offre beaucoup plus qu'une apparition sautillante, fugitive et falote. Son personnage est plus riche, plus complexe, plus surprenant aussi. On comprend aisément qu'Huon ait besoin de l'autobiographie que lui présente Aubéron.

« Tu ne sés mie quel homme t'as trové ;
Tu le saras, gaires n'ert demoré.
Jules Cesar me nori bien soué ;
Morge li fee, qui tant ot de biauté,
3515. Che fu ma mere, si me puist Dix salver.
De ces deux fui conçus et engerrés ;
N'orent plus d'oirs en trestout lor aé.
A ma naisence ot grant joie mené ;
Tous les barons manderent du rené,
3520. Fees i vinrent ma mere revider.
Une en i ot qui n'ot mie son gré ;
Si me donna tel don que vous veés,
Que jou seroie petis nains bocerés.
Et jou si sui, s'en sui au cuer irés ;
3525. Jou ne cruc puis que j'oi trois ans pasé.
Quant ele vit q'ensi m'ot atorné,
A se parole me vaut puis amender ;
Si me donna tel don que vous orrés,
Que jou seroie li plus biaus hom carnés
3530. Qui onques fust en aprés Damedé.
Or sui iteus que vous ichi veés,
Autant sui biaus com solaus en esté.
Et l'autre fee me donna mix asés :
Jou sai de l'omme le cuer et le pensé,
3535. Et si sai dire comment il a ouvré,
Et, en aprés, son peciet creminel.
La tierce fee me donna mix asés,
Por moi mix faire et por moi amender,
Si me donna tel don que vous orrés :

3540. Qu'il n'en a marce ne païs ne rené
Desc'au Sec Arbre, ne tant c'on puet aler,
Se jou m'i veul souhaidier en non Dé,
Que jou n'i soie tout a me volenté,
Tout aussi tost con je l'ai devisé,
3545. A tant de gent com je veul demander.
Et quant je veul un palais maçoner
A plusors canbres et a maint grant piler,
Jou l'ai tantost, ja mar le mesquerrés,
Et tel mengier con je veul deviser
3550. Et itel boire com je veul demander.
Et si fui certes tot droit à Monmur nés ;
Lonc est de chi, je vous di par verté,
Quatre cens lieue i puet on bien conter.
Plus tost i sui et venus et alés
3555. Que uns chevaus n'ait arpent mesuré. »

— XXVII —

Dist Auberons : « Je fui nés à Monmur,
Une cité qui mon ancestre fu ;
Plus tost i sui et alés et venus
C'uns cevax n'ait un petit camp couru.
3560. Hues, biaus frere, tu soies bien venu ;
Tu ne mengas bien a trois jurs u plus,
Mais t'en aras, se Damedix m'aiut.
Veus tu mengier emmi ce pré herbu,
Un en grant sale u de piere u de fust ?
3565. Car le me di, se t'ame ait ja salu. »
— « Sire, dist Hues, par le vertu Jhesu,
Sor vo voloir nen estra plais tenus. »
Dist Auberons : « Tu as bien respondu. »

— XXVIII —

Dist Auberons : « Hues, or m'entendés.
3570. Encor n'ai mie, par Dieu, trestot conté
Çou que les fees me donnerent de gré.
Le quarte fee fist forment a loer,
Si me donna tel don que vous orrés :
Il n'est oisiax ne beste ne sengler,
3575. Tant soit hautains ne de grant cruauté,
Se jou le veul de ma main acener,
C'a moi ne vienne volentiers et de gré.
Et aveuc çou me donna encore el :
De paradis sai jou tous les secrés

3580. Et oi les angles la sus u ciel canter,
Nen viellirai ja mais en mon aé,
Et ens la fin, quant je vaurai finer,
Aveuqes Dieu est mes sieges posés. »
— « Sire, dist Hues, ce fait moult a loer ;
3585. Qui tel don a il le doit bien amer. »
— « Huelins frere, dist Auberons li ber,
Quant m'aparlas, tu fesis que senés,
Tu en ouvras com bien endotrinés ;
Car, par Celui qui en crois fu penés,
3590. Mais tant boins jours ne te fu ajournés.
Tu ne mengas bien a trois jors pasé
Que bien n'eüsses mengié a un disner :
Ore en aras a moult grande plenté,
De tel vïande que vauras demander. »
3595. — « Hé ! Dix, dist Hues, u seroit pains trovés ? »
Dist Auberons : « Tu en aras asés ;
Mais or me di desor ta loiauté,
Ves tu mengier u en bos u em pré,
Ou en grant saulle ou en pallais listez ?
3600. — « Sire, dist Hues, se me puist Dix salver,
Jou n'en ai cure, mais que j'aie disné. »
Auberons l'ot, un ris en a geté ;
Dist a Huon : « Amis, or m'entendés :
Couciés vous jus a tere enmi ce pré,
3605. Vous et vostre homme c'avés ci amené ;
C'ert de par Dieu tot çou que vous verrés. »

— XXIX —

Dist Auberons : « Segnor, jus vous couciés. »
Et cil si fisent de gré et volentiers.
Et Auberons commence a souhaidier.
3610. On n'alast mie le trait a un archier
Quant Auberons lor dist : « Sus vous dreciés. »
Et il si fisent, nus n'i est detriiés ;
Tot sont levé en estant sor lor piés.
Devant aus virent un grant palais plenier ;
3615. Asés i ot et canbres et soliers.

— XXX —

Rois Auberons fist forment a loer.
Dist as barons : « Segnor, sus vous levés. »
Cil salent sus, si se sont esgardé ;
Devant aus virent un palais maçoné.

3620. Moult i ot canbres et moult i ot piler ;
Ce lour fu vis tous jors i ot esté.
Li baron sont la deseure monté ;
Les tables truevent et trestot apresté.
A grans bacins qui estoient doré
3625. Lor aporterent li sergant a laver ;
Et puis se sont tout asis au disner.
El faudestuef sist Auberons li ber ;
Li pecoul furent di fin or esmeré,
Li arc d'Amors i furent compasé.
3630. Fees le fisent en une ille de mer ;
Roi Alixandre le fisent presenter,
Qui les tornois fist faire et estorer
Le roi Cesar le fist après donner ;
Cil le laissa son fil par amisté.
3635. Li faudestuef fu de tel disnité,
S'il ciet en fu, il ne puet embraser ;
Chil qui sus siet puet estre aseürés,
Car ne puet estre por riens envenimés,
Por nul venin ne puet estre grevés :
3640. Tantost le voit c'on li a aporté,
Par le vertu du faudestuef doré.
Li rois avoit un bliaut endossé
Qui tous estoit de soie naturel,
Et a fiex d'or sont laciet li costé.
3645. Dalés lui sist Hues au cors mollé ;
L'enfes mengüe, qui moult l'ot desiré.
Et Auberons l'a moult fort regardé ;
Devant lui taille par moult grant amisté
Pain et vitaille que il devoit disner.
3650. Qui qe mengast, Geriaumes a ploré.
Voi le Auberons, forment l'en a pesé ;
Dist a Geriaume : « Mengiés et si bevés,
Si m'aït Diex et la soie bonté,
Que ja si tost vous n'averés disné
3655. Que mes congiés ne vous sera donnés. »
Dont fu Geriaumes auques raseürés.
Bien sont servi, ja mar le meskerrés ;
Moult orent mes et viés vin et claré.
Quant ont mengié et beü a plenté,
3660. Huelins a Auberon apielé :
« Sire, dist il, s'il vous venoit en gré,
Nous en vauriens moult volontiers aler. »
Dist Auberons : « Hues, un poi estés ;
Ançois vous veul de mes joiax donner. »
3665. Gloriant a maintenant apelé :

« Frere, dist il, mon hanap m'aportés. »
Il le va querre et puis li a livré ;
Et Auberons l'a a deus mains combré.
« Hues, dist-il, ce hanap esgardés :
3670. Il est tout wis, si que vous le veés.
Desus la table l'a maintenant posé. »
« Hues, mais ce poés esgarder,
Le grant pooir que Jhesus m'a donné ;
En Faerie fai jou ma volenté,
3675. Bien le poras maintenant esprover.
Tu vois or bien che boin hanap doré
Qui est tous wis et ja sera comblés. »
De se main destre l'a trois fois enviré,
Puis fist crois sus de Dieu de maïsté ;
3680. Lors devint plains de vin et de claré.
Dist Auberons : « Hues, or m'entendés ;
T'as bien veü comment jou ai ouvré ;
C'est de par Dieu que chis hanas est tés.
Et s'est encore de si grant disnité
3685. Que se tout chil qui sont de mere né,
Et tot li mort fusent resusité,
Si fusent chi venu et asanblé,
Si renderoit chis hanas vin asés,
Aussi fait boire c'on vauroit deviser,
3690. Mais que preudom l'eüst em poosté.
Car je te di en fine loiauté
Nus n'i puet boire s'il n'est preudom, par Dé,
Et nés et purs et sans pecié mortel
Lués ke mauvais i veut se main jeter,
3695. A il perdu du hanap le bonté.
Si m'aït Diex, li Rois de maïsté,
Se t'i pués boire, il te sera donné. »
— « Sire, dist Hues, Dix vous en sace gré,
Mais je me douc que ne soie pas tès
3700. Que g'i peüsse ne boire n'adeser.
Ainc en ma vie ne vi tel poosté ;
Mien ensient, vous savés encanter.
Sire, dist Hues, envers moi entendés :
Je vous di, certes, je me sui confesés
3705. A l'apostole de Romme la chité ;
Repentans sui de mes peciés mortés,
En tel maniere, se me puist Dix salver,
Que ne hac homme qui soit la mere né. »
Dont pase avant li gentis baceler ;
3710. Le hanap prist, a deus mains l'a combré,
Mist l'a se bouce, car tous plains de vin ert,

        Puis en a but a moult tres grant plenté.
        Quant Auberons a tout çou esgardé,
        Moult en fu liés, se le court acoler :
3715. « Hues, biau frere, dist Auberons li ber,
        Si m'aït Dix, preudomme t'ai trové.
        Or le te doins, en non de carité,
        Le boin hanap qui a tel disnité,
        En tel maniere que ja dire m'orrés :
3720. Que se tu gardes desour ta loiauté
        Que tu en veulles par mon consel ouvrer,
        Je t'aiderai loiaument, sans fauser ;
        Mais ja si tost mençoigne ne dirés
        Que ne pergiés du hanap le bonté
3725. Et de mon cors trestote l'amisté. »
        — « Sire, dist Hues, je m'en quit bien garder.
        Se il vous plaist, or m'en laisiés aler. »
        Dist Auberons : « Encore atenderés,
        Car j'ai çaiens un cor d'ivoire cler,
3730. Et por itant preudomme t'ai trové
        Et net et pur et sans pecié mortel,
        Le te donrai, si aie jou santé ;
        Ens t'aumosniere le pués moult bien porter.
        Et aprés çou jou te veul creanter
3735. Del grant pooir que Jhesus m'a donné
        En Faerie, u je sui arestés :
        Tu ne seras en tant lointain rené
        Que, se tu cornes ce cor d'ivoire cler,
        Que jou ne l'oie a Monmur ma cité ;
3740. Et si te jur desour ma loiauté
        Que jou mes cors i serai, aprestés,
        En me compaigne cent mile hommes armés,
        Car vers tous hommes t'aiderai a tenser.
        Mais une cose te veul je commander
3745. Si cier que t'as de m'amor desevrer,
        Et bien le saches en droite loiauté :
        Jou te desfenc sour les membres coper
        Que ja por nient n'aies le cor sonné,
        Car se le fais, se me puist Dix sauver,
3750. Se n'as besoing, tu pués bien vanter
        Tu te verras en si grant povreté
        Qu'il n'est cors d'omme qu'il n'en presist pité. »
        — « Sire, dist Hues, je m'en quit bien garder. »

IV. - HUON DÉCOUVRE AU BORD DE LA MER ROUGE UNE JEUNE COUSINE AU SERVICE D'UN GÉANT ANTHROPOPHAGE.

L'alliance avec Aubéron une fois scellée, un serviteur du nain prend la tête de la troupe de Huon et lui permet d'avancer en séparant les eaux d'une rivière qui les arrêtait. Puis Huon continue sa route vers la ville de Tormont (entre Jérusalem et la Mer Rouge) qui est au pouvoir du duc Œde, frère de Seguin de Bordeaux. Mais Œde est passé à l'Islamisme, entraînant avec lui la plupart de ses hommes. Il essaye de faire tuer Huon qui appelle alors Aubéron à son secours en sonnant du cor. L'armée d'Aubéron massacre la troupe du duc Œde et Huon tranche vigoureusement la tête de son oncle. Malgré son protecteur, Huon se dirige ensuite vers Dunostre, château situé au bord de la Mer Rouge et possédé par l'Orgueilleux, un géant sanguinaire. Le Français est seul et l'entrée de la forteresse est défendue par deux automates armés de fléaux de fer toujours en mouvement. Mais on peut les immobiliser de l'intérieur en ouvrant le guichet de l'entrée. C'est précisément ce que fait une jeune fille qui, d'une fenêtre, a vu Huon se diriger vers les automates. Car Huon ne sera pas isolé dans ce château hostile. Le Ciel l'a pourvu d'une abondante parenté curieusement répartie par le monde. Après le cousin pape à Rome, le cousin armateur à Brindisi, l'oncle renégat à Tormont, voici la cousine de Dunostre.

« Dame, fait il, Dix vous puist honnorer.
Sariiés vous mon langage parler ?
Ma douce amie, por Diu, et vous c'avés ? »
4845. — « Sire, fait ele, j'ai de vous grant pitié :
Se cil s'esvelle qui garde cest ostel,
Si m'aït Diex, a mort estes livrés. »
— « Comment, dist Hues, por Diu de maïsté !
Savés vous donques, dame, françois parler ? »

4850. — « Sire, dist ele, oïl, si m'aït Dés.
En France fu, certes, li miens cors nés,
Et por çou ai ge de vos cors grant pité
Que j'ai veü le crois que vous portés ;
Por vostre amor ai moult le cuer iré. »
4855. — « Dame, dist Hues, por Diu, ne me celés
En quele tere ne en con fait rené
Fu vos gens cors conçus et engenrés. »
— « Certes, dist ele, sire, vous le sarés :
Je fui voir nee del borc de Saint Omer
4860. Et si fui fille le conte Guinemer,
Nieche Sewin de Bordiax la cité. »
Quant l'entent Hues, si le qeurt acoler,
Trois fois le baise par moult grant amisté,
Ens le maisele, puis li a escrié :
4865. « Dame, fait il, se me puist Dix salver,
Ma cousine estes, je ne vous quier celer,
Car je vous di, sor ma crestiienté,
Que je fui fiex Sewin o le vis cler.
Mais or me dites, por Diu de maïsté,
4870. Qui vous a, dame, cha dedens amené. »
— « Sire, dist ele, certes, vous le sarés :
Mes peres vint le Sepucre aorer ;
Il m'amoit tant qu'il me mist en sa nef,
O lui me vaut au Sepucre mener ;
4875. Et quant nous fumes monté en haute mer,
Uns grans tempiés si acoilli no nef,
Tant nous mena li vens et li orés,
Sous ceste tour, la nous fist aancrer.
Cis grans gaians qui garde cest ostel,
4880. Quant il nous vit la desous ariver,
Il descendi moult ricement monté ;
Mon pere ocist et sa gent autretel,
Puis m'amena en ce palais listé.
Plus de set ans, certes, i ai esté ;
4885. Ainc puis n'oï une mese canter.
Mais or me dites, por Diu, et que querès ? »
— « Dame, dist il, certes, vous le sarés :
Je m'en vois, certes, outre la Roge mer,
Au roi Gaudise un mesage conter ;
4890. Se m'i envoie Karlemaines li ber.
Mi homme sont la jus emmi ce pré,
Et je vinc ça por veoir cest ostel
Et por connoistre ce grant gaiant dervé. »
— « Biax niés, dist ele, c'avés vous empensé !
4895. Se tel cinq cens con estes, en non Dé,
Estoient chi venu et asanlé,

Mais que il fust fervestus et armé,
Nes doutroit il un blanc pain buleté.
Ralés vous ent, se il vous vient en gré,
4900. Et jou irai les engiens avaler. » (1)
— « Dame, dist Hues, por noient en parlés ;
Foi que doi l'ame a mon pere porter,
Le boin Sewin de Bourdiax la cité,
Jou le verrai ains k'isse de l'ostel. »
4905. Dist la pucele : « Biaus dous niés, non ferés,
Car moi et vous en seriens vergondé. »
— « Certes, dist Hues, por noient en parlés,
Car ne lairoie por les menbres coper
Que jou ne voise le gaiant esgarder. »
4910. — « Voir, dist la bele, je sai par verité
Que nous serons, moi et vous, vergondé ;
Et nomporquant, se veoir le volés,
Je vous dirai u vous le troverés.
Ens cele canbre, biaus dous niés, enterés ;
4915. En le premiere troverés le vin cler,
Ens l'autre aprés vair et gris a asés,
Et ens le tierce les quatre dix verrés,
Et ens le quarte l'Orgileus troverés,
La ou se dort li grans gaians dervés
4920. Qui ne fu onkes de cors d'onme engerrés.
Gentieus hom sire, se dormant le trouvés,
Tot en dormant le teste li copés ;
Car, s'il s'esvelle, a mort estes livrés.
Il revint ore de ce bos de berser,
4925. Ces quatorse hommes li vi gou aporter.
Quant il a fain et il se veut disner,
Trois en mengüe entre main et soper. »
— « Par foi, dist Hues, par noient em parlés ;
En haute court ne m'ert ja reprové
4930. Que jou le fiere se l'arai desfié. »
Atant s'en torne Hues li bacelers,
L'escu au col, tient le branc entesé.
Ens le cambre entre, ains n'i vot arester,
Et puis ens l'autre, ens la tierce est entré ;
4935. Iluec trova les quatre dix dervé.
Li enfes Hues les esgarda asés,

---

(1) « Les engiens » désignent le dispositif qui, une fois actionné vers le bas, ouvre le portillon. Il s'agit donc soit des deux automates, soit de l'ensemble du mécanisme.

>   Cascun des dix ala un cop donner ;
>   Et ens le quarte a l'Orgileus trové.
>   La se dormoit li grans gaians dervés
> 4940. Deseure un lit qui bien ert acesmés.

V. - HUON REMPLIT LA PREMIÈRE PARTIE DE SA MISSION.

Introduit dans le château de Dunostre grâce à son aimable cousine, Huon réveille le géant endormi et au lieu de le tuer nu et sans défense il lui permet de s'habiller et de s'armer pour le combattre. Pour ne pas être en reste de générosité, l'Orgueilleux montre à Huon un haubert merveilleux, d'abord parce qu'il met à l'abri de toutes les blessures, ensuite parce qu'on ne peut le revêtir qu'à condition d'avoir pour mère une femme parfaitement vertueuse. Le géant offre à Huon d'essayer un instant cette armure prodigieuse. Le Français l'essaye et l'adopte, c'est-à-dire qu'il ne la rend pas. Pour le fléchir, l'Orgueilleux lui promet un anneau magique. Il lui permettrait de franchir sans difficulté les quatre ponts qui donnent accès au château de l'émir Gaudisse et d'obtenir de ce dernier une soumission totale. Mais Huon ne veut rien entendre et c'est le combat. Il est fatal au géant dont Huon emporte la tête et l'anneau en continuant sa marche vers la mer Rouge. Il pourra la traverser grâce à un génie familier d'Aubéron : c'est Malabron qui, sous la forme d'un animal marin, prend Huon en croupe et le fait aborder sur un rivage proche de Babylone. Arrivé devant le premier pont, Huon se dit Sarrasin et le gardien le laisse passer. Mais ce péché lui coûte l'amitié et la protection d'Aubéron qui s'était engagé à le soutenir à la condition expresse qu'il s'abstiendrait de tout mensonge. Les trois autres ponts sont franchis grâce à l'anneau talisman dont la vue désarme les gardiens. Voilà donc Huon seul et angoissé dans le verger au pied du palais. Il sonne du cor, mais Aubéron ne vient pas. Huon n'aura-t-il pas d'autre secours avant de s'enfoncer dans le palais où Charlemagne a voulu lui donner rendez-vous avec son destin ?

— LVIII —

5630. Quant or voit Hues c'Auberons ne verra,
Saciés de voir moult grant duel demena :
« He ! las, dist Hues, cis caitis que fera
Ma douce mere je mais ne me verra !
Cis las dolans, vrais Dix, que devenra ?
5635. Ahi ! rois Karles, cil Dix qui tot forma,
Il te pardoinst les maus que tu fais m'a !
He ! Auberons, tes gens cors que fera ?
Moult ies malvais se de moi pité n'as,
Car, par Celui qui tout fist et forma,
5640. Quant je menti a ce pont par dela,
Ne me souvint de çou que me carcas ;
Se t'ies preudom, tout le me pardonras. »
Puis dist après : « Dehait plus plouera !
Se il me faut, la Dame m'aidera
5645. Qui le cors Diu en ses dous flans porta ;
Q'ens li se fie desconfis ne sera.
Et, par Chelui qui le mont estora,
G'irai la sus, ne sais qu'en avenra,
Et se dirai chou qe ou me carca. »
5650. Dont s'aparelle, qe plus n'i aresta,
L'espee ot çainte, son elme relaça ;
Vers le palais, l'enfes Hues s'en va.

— LIX —

Vers le palais s'en va Hues li ber.
Tant attendi el palais a entrer
5655. Que l'amiraus fu asis au disner ;
Dont i vint Hues et monta les degré,
L'auberc vestu, laciet l'elme jesmé,
L'espee el puign, qui jetoit grant clarté ;
Et Hues est ens ou palais entrés.
5660. Emmi la sale fu Mahons aporté ;
Il estoit mis sous deux pailes roé,
Par devant lui ot quatre candelers,
Et sor cascun ont un cierge alumé.
La ne pasoit Sarrasins ne Escler

5665. Ne l'enclinast, voiant tot le barné ;
Hues pase outre, nel degna regarder.
Li Sarrasin l'ont forment regardé ;
Dient qu'il est mesaigiers d'outre mer,
Espoir qu'il vient a l'amiral parler.
5670. Bien les entent Huelins li menbrés,
Tous cois se teut, si est outre pasés.
Devant le roi servoit uns amirés ;
Por Esclarmonde se fist moult esgarder
Que il devoit a moillier espouser
5675. Riches hom fu et de grant parenté.
« He ! Dix, dist Hues, cestui doi jou tuer
Se ne me veul vers Karlon parjurer ;
Mais, par Chelui ki en crois fu pené,
Je nel lairai por homme qui soit né
5680. Que jou ne fache chou qui m'est commandé.
Or face Dieus de moi sa volenté. »
Vint a le table par devant l'amiré,
L'espee nue dont li poins fu dorés,
Fiert le paien, tel cop li a donné
5685. Le teste en fist sour le table voler,
Que l'amiraus en fu ensanglentés.
« Diex ! boinne estrine ! dist Hues li membrés,
Ce m'est a vis j'ai le paiien tué ;
De cestui sui ge vers Karlon aquités. »
5690. Et l'amiraus commença a crier :
« Baron, dist il, che glouton me prendés ;
S'il vous escape, tout sommes vergondé. »
Et Sarrasin asalent de tous lés ;
Chil se desfent cui li mestiers en ert.
5695. Vers l'amiral est Hues reculés ;
Il prist l'anel qu'il ot el brac bouté
Desour la table l'a maintenant jeté.
« Amiraus sire, dist Hues, esgardés :
A ces ensegnes ne me faites nul mel. »
5700. Li amiraus a l'anel esgardé ;
Lués qu'il le vit, si l'a bien avisé.
A haute vois commença a crier :
« Paien, dist il, en sus de lui alés,
Car, par Mahom, qui je doi aorer,
5705. Il n'a ç'aiens Sarrasin ne Escler,
Tant soit haus hom, se il li faisoit mel,
Que il ne soit pendus et traïnés. »
Adont le laisent paien tout coi ester,
Car il redoutent le commant l'amiré ;
5710. Et Hues est tous cois iluec remés.

L'amiral a maintenant apielé :
« Sire, dist Hues, faite ma volenté. »
Dist l'amiraus : « Vasal, tu pués aler
Parmi ma sale et de lonc et de lé ;
5715. Se tu m'avoies cinq cens hommes tué,
N'aras tu garde par homme qui soit né. »
Et Huelins s'en est avant pasé,
Vint a le fille Gaudise l'amiré,
Trois fois le baise por sa foi aquiter.
5720. Cela se pasme quant sent le baceler.
Dist l'amiraus : « A vous fait issi mel ? »
— « Sire, dist elle, bien porai respaser. »
Une pucele vint devant li ester ;
Elle l'apiele con ja oïr porrés :
5725. « Ses tu, dist ele, por coi m'estuet pasmer ?
« Naie, dist ele, par Mahommet mon Dé. »
Dist Esclarmonde : « Certes, vous le sarés ;
Sa douce alaine m'a si le cuer emblé,
Se jou ne l'ai anuit a mon costé,
5730. G'istrai dou sens ains qu'il soit ajorné. »

VI. - COMMENT L'ÉMIR GAUDISSE ACCUEILLE LE MESSAGE ET LE MESSAGER DE CHARLEMAGNE.

Avec une parfaite mémoire et une scrupuleuse conscience Huon a rempli les deux premiers objectifs de la mission que lui avait assignée Charlemagne. Par la violence d'un seul coup d'épée il a ôté la vie à un homme et par la douceur d'un triple baiser il a fait se pâmer d'amour une jeune fille. Mais cette double action n'épuise pas son rôle et ne règle pas son sort. Il lui reste à présenter les autres prétentions de Charlemagne et à essuyer les réactions de l'émir bafoué dans son propre palais.

— LX —

« Amiraus sire, ce dist Hues li frans,
Je ne sui mie en vostre Dieu creans,
5735. Ne pris Mahom le monte d'un besans ;
Ains croi Celui qui espandi son sanc
Et qu'en la crois pendirent li tirant.
Nés sui de France, de le tere vaillant,
Et sui hom liges Karlemaine le franc.
5740. Li empereres a moult le cuer dolant,
Car ne set prince dessi en Oriant,
Dessi qu'en Acre ne desqu'en Bocidant,
Tant que mers voist ne ciex acovetant,
Que il ne soient desous lui aclinant,
5745. Fors vostre cors que chi voi en presant.
Li rois vous mande, o le fier hardemant,
Que puis cele eure que Jhesus fist Adant,
Et k'il perdi Olivier et Rollant
En Rainscevax, u ot damage grant,
5750. N'ala li rois tant de gent asanlant
Que il fera a cest esté avant.
Mer pasera a nef et a calant
Et si verra deseur vous cevaucant.
Se il vous tient, par Dieu le raemant,
5755. Il vous pendra, ja n'en arés garant ;
S'ançois nen estes en Damediu creant,
A grant dolor morrés, vous et vo gent.
Et se volés eskiever ce torment,
Dont vous faciés batisier errament,
5760. Si recevés le bautesme avenant. »
Dist l'amiraus : « Je n'en ferai noiant,
Ne pris vos Dieu un denier valissant. »

— LXI —

— « Dans amiraus, dist Hues, entendés :
Encor vous mande rois Karlemaines el,
5765. Car il vous mande mil espreviers mué
Et mil ostoirs, je mar le meskerrés,
Mil ours, mil viautres, trestous encaïnés,
Et mil vallés tous jovenes bacelers,
Et mil puceles, toutes de grant biautés.

— LX —

« Seigneur émir, dit le noble Huon, je ne crois pas en votre
5735. Dieu et je ne donne pas de Mahomet la valeur d'un
besant.(1) Mais je crois en Celui qui répandit son sang
et que les bourreaux pendirent sur la croix. Je suis natif
de France, ce valeureux pays et suis l'homme lige du
5740. noble Charlemagne. L'empereur a le cœur affligé car il
ne connaît pas de prince jusqu'en Orient, jusqu'à Acre
ou jusqu'en Occident, aussi loin que s'étende la mer ou
la calotte des cieux, de prince qui ne lui soit soumis sauf
5745. vous-même que j'ai maintenant devant les yeux. Le roi
vous fait savoir dans sa farouche hardiesse que depuis
l'heure où Dieu créa Adam et où lui-même perdit Olivier
3750. et Roland à Roncevaux (il y subit de grands dommages),
il n'a jamais rassemblé autant d'hommes qu'il le fera
bientôt cet été. Il traversera la mer sur des navires, des
chalands, et s'élancera sur vous avec ses cavaliers. Et si
5755. jamais il vous tient, par Dieu le rédempteur, il vous pendra
sans que personne puisse vous protéger. Si auparavant
vous ne croyez pas au Seigneur Dieu, vous mourrez dans
5760. de grandes souffrances, vous et vos hommes. Mais si vous
voulez échapper à ces tortures, faites-vous baptiser prompt-
tement et recevez la grâce du baptême. » Alors l'émir lui
réplique : « Je n'en ferai rien, je n'accorde pas à votre dieu
la valeur d'un denier. »

— LXI —

« Seigneur émir, reprend Huon, écoutez-moi : il vous de-
5765. mande encore autre chose, le roi Charles, car il veut mille
éperviers après la mue, mille autours, vous auriez grand
tort de ne pas le croire, mille ours, mille veautres tous
enchaînés, mille gentilshommes tous jeunes, mille jeunes

---

(1) La valeur du besant (pièce médiévale d'or ou d'argent) a varié
selon les siècles et les régions.

5770. Si m'aït Diex, encor vous mande il el,
Car il te mande tes blans grenons mellés,
Et de te geule quatre dens maselers. »
Dist l'amiraus : « Te sire est fos prové s ;
Je ne le pris vaillant un ail pelé.
5775. S'il me donnoit trestoute s'ireté,
Ne laiseroie me blance barbe oster
Ni en après quatre dens maseler.
Quinse mesaiges a fait çaiens entrer,
Il n'en vit onques un tot seul retorner :
5780. Tous les ai fait escorcier et saler,
Et, par Mahom, li sesimes serés. »

5770. filles toutes très belles. Et, que Dieu m'aide, il vous
demande encore autre chose, car il vous demande les
tresses blanches de votre barbe et quatre molaires de
votre bouche. » L'émir de répondre alors : « Ton maître
est complètement fou. Je ne lui accorde pas la valeur
5775. d'un ail pelé. Me céderait-il tout son héritage que je ne
lui abandonnerais pas ma barbe blanche, pas plus que
mes quatre molaires. Il m'a envoyé ici quinze messagers.
5780. Jamais il n'en a vu revenir un seul. Je les ai tous fait
écorcher puis saler, et, par Mahomet, tu seras le seizième. »

VII. - UNE PARTIE SENTIMENTALE D'ÉCHECS.

L'émir Gaudisse, déjà irrité par l'énoncé des prétentions de Charlemagne, devient furieux en apprenant la mort de l'Orgueilleux. Malgré sa résistance, il fait saisir Huon qui est jeté en prison où il restera un an avant d'être opposé à un adversaire. Mais Esclarmonde, toujours sous l'effet du triple baiser de Huon, se rend la nuit dans son cachot et lui offre son amour et sa personne. Chrétien et vertueux, il repousse l'un et l'autre au grand dépit de la jeune fille. Elle part en ordonnant au geôlier de laisser le prisonnier pendant trois jours sans nourriture. Ce délai passé, elle revient et trouve Huon plus réceptif. Il promet, s'il parvient à s'échapper, d'emmener Esclarmonde en France et d'en faire son épouse. En attendant, Huon restera au cachot où il sera maintenant nourri comme un chapon par Esclarmonde satisfaite. Pendant ce temps, Gériaume et les douze autres Français, restés à Dunostre et lassés d'attendre Huon, s'embarquent pour Babylone. Gériaume, en se faisant passer pour Musulman parvient auprès de l'émir. Sur ces entrefaites, le géant Agrapart survient pour venger la mort de son frère l'Orgueilleux et provoquer Gaudisse. Personne n'osant combattre le géant, on fait appel à Huon qu'on sort de prison où il a prospéré grâce au régime d'Esclarmonde. Avant la lutte, Agrapart propose en mariage à Huon sa sœur, une beauté gigantesque à la peau noirâtre. Mais Huon préfère le combat et le géant succombe. Au cours du festin qui suit la victoire, Huon demande à Gaudisse de se faire baptiser. Sur son refus, le Français appelle Aubéron à son secours, coupe la tête de l'émir dont il enlève la barbe et extrait les molaires que le nain fixe par magie dans le flanc de Gériaume. Avant de quitter son protégé, Aubéron lui fait promettre d'emmener Esclarmonde à Rome et de l'y épouser tout en lui interdisant d'anticiper sur la date officielle du mariage. Mais Huon, plus vertueux en prison qu'en liberté, enfreint cet ordre. Furieux, Aubéron déchaîne des événements contraires (tempêtes et pirates) qui séparent Esclarmonde de son fiancé. Pourtant Huon sera sauvé et le sort fera de lui le serviteur d'un ménestrel qui joue de la harpe à la cour de l'émir Yvorin. Là, comme il s'est vanté de sa force aux échecs, l'émir l'oblige à se mesurer avec sa fille, joueuse imbattable aux échecs. La partie commence et les enjeux ne sont pas habituels.

  Dist l'amiraus : « Ma fille, or m'entendés ;
  Il vous convient a che vallet juer.
7510. Se le poés au ju d'eskiés mater,
  Trestot errant ara le cief copé ;
  Et s'il vous puet faire du ju torner,
  De vous doit faire tote sa volenté. »
  — « Sire, dist ele, puis qe vous le volés,
7515. Moi le convient, u veule u non, greer. »
  Puis dist en bas, coiement, a celé :
  « Par Mahommet, il le fait boin amer
  Por son gent cors et sa grande biauté ;
  Vauroie ja ke li gus fust finé,

L'émir dit alors : « Ma fille, écoutez-moi bien : il vous faut
7510. faire une partie avec ce gentilhomme. Si vous pouvez le
battre au jeu d'échecs, tout aussitôt il aura la tête coupée.
Mais s'il peut vous faire perdre la partie, il doit user de
vous selon son désir.
7515. — Seigneur, lui répond-elle, puisque vous le voulez, il me
faut vous l'accorder, que je le veuille ou non. » Puis elle dit
à voix basse et à part soi : « Par Mahomet, il est doux
de l'aimer pour l'agrément de son corps et pour sa grande

7520. Si me tenist dejouste son costé
Et puis fesist toute sa volenté. »
Adont ont fait un samit aporter,
Emmi le sale le font errant geter.
Hues s'asist et la dame delés,
7525. Et li baron s'asisent de tos lés.
Et Huelins apiela l'amiré :
« Sire, fait il, envers moi entendés.
Or vous requier, sire, que nen parlés,
Vous ne vostre homme, cortoisie ferés ;
7530. Li jus est grans, nus ne s'en doit meller. »
Dist l'amiraus : « Ja mar en douterés. »
Adont a fait errant le ban crier
Tout coi se taisent, sor les membres coper.
Adont ont fait l'eskekier aporter,
7535. Qui estoit d'or et d'argent painturé ;
Li eskiec furent de fin or esmeré.
« Dame, dist Hues, quel ju volés juer ?
Volés as trais u vous volés as dés ? »
— « Or soit as trais, » dist la dame al vis cler.
7540. Adont commencent a lor ju a penser.
Li paien ont moult Huon regardé,
Mais a son ju entent li bacelers.
De se maisnie perdi l'enfes asés,
Adont commence grant colour a muer.
7545. La damoiselle le prent a regarder :
« Vasal, dist ele, dites, a coi pensés ?
Pres ne s'en faut que vous n'estes matés ;
Ja maintenant arés le cief copé. »
— « Dame, dist Hues, or laisiés chou ester ;
7550. Encor n'est mie trestous li jus outrés,
Ains ert grans hontes et moult tres grans vieutés
Quant en mes bras toute nue gerrés,
Qui sui sergans d'un povre menestrel. »
Li baron l'oent, si en ont ris asés.
7555. Et la pucele a Huon regardé ;
Amors le point, qui si l'a alumé.
Tant pense a lui por se grande biauté,
Qu'ele perdi son ju a mesgarder.

7520. beauté. Qu'une fois la partie terminée, il me serre contre lui et me soumette entièrement à ses désirs. » Alors on fait apporter un tapis de soie qu'on étend aussitôt au milieu de la pièce. Huon s'assied et la jeune fille est près de lui.
7525. Puis les seigneurs se rangent tout autour. Alors le jeune Huon s'adresse à l'émir : « Seigneur, dit-il, écoutez-moi bien. Maintenant je vous demande, seigneur, de faire silence, vous et vos hommes, ce sera agir avec courtoisie.
7530. La partie est décisive, nul ne doit intervenir. » L'émir lui répond : « Vous auriez grand tort de le craindre. » Alors il fait proclamer aussitôt que tous doivent se taire sous peine d'avoir les membres coupés. On fait ensuite apporter l'échiquier orné d'or et d'argent. Les pièces en étaient
7535. d'or fin. « Demoiselle, dit Huon, quel jeu voulez-vous adopter ? En calculant les coups ou bien avec les dés (1) ? » — « Eh bien, que ce soit en calculant les coups », répond la jeune fille au teint clair. Ils se mettent donc à méditer
7540. sur leur jeu. Les païens fixent Huon de leurs regards, mais le jeune homme se concentre sur son jeu.

Il perd bon nombre de ses pièces et commence alors à
7545. blêmir. La jeune fille se met à le regarder. « Chevalier, dit-elle, voyons, à quoi pensez-vous ? Encore un peu et vous êtes maté. Dans un instant on va vous couper la tête. . — Demoiselle, lui répond Huon, laissons donc cela. La
7550. partie n'est pas encore entièrement jouée. Mais ce sera grande honte et grande vilenie quand entre mes bras vous serez étendue toute nue alors que je ne suis que le serviteur d'un pauvre ménestrel. » Les seigneurs qui l'entendent ont beaucoup ri. Alors la jeune fille a tourné ses
7555. regards vers Huon. L'amour l'aiguillonne, l'enflamme et elle pense tellement à Huon à cause de sa grande beauté

---

(1) Les joueurs avaient le choix entre deux méthodes. Dans la première (as traits), ils déplaçaient leurs pièces après avoir calculé la conséquence de chaque mouvement. Dans la seconde (as dés), c'est le sort qui, par l'intermédiaire des dés, réglait le déroulement du jeu en fixant chaque fois la pièce à déplacer.

Hues le voit, grant joie en a mené ;
7560. L'amiral a maintenant apelé :
« Amiraus sire, ç'a dit Hues li ber,
Or poés vir comment je sai juer ;
Se jou voloie un petitet penser,
La vostre fille puis bien mate clamer. »
7565. Dist l'amiraus : « Ma fille, sus levés ;
Mal soit de l'eure que vous oi engerré,
Quant tant haut homme avés de ju torné
Et uns garçons vous a ichi maté ! »
— « Sire, dist Hues, car ne vous aïrés ;
7570. Ceste aatine qe m'avés devisé,
Se il vous plaist, pora bien demorer.
Voiss'ent vo file es canbres reposer,
Et jou irai servir mon menestrel. »
Dist Yvorins : « Se çou faire volés,
7575. Cent mars d'argent vous feroie donner. »
— « Sire, dist Hues, oïl, si m'aït Dés. »
Et la pucele s'en va a cuer iré.
« A foi, dist ele, Mahoms te puist grever !
Se je seüsse n'en deüsses faire el,
7580. Par Mahommet, je t'eüsse maté. »

que son manque d'attention lui fait perdre la partie. Huon
s'en rend compte et en est tout joyeux. Aussitôt il interpelle
7560. l'émir : « Seigneur émir, dit Huon le vaillant, maintenant vous
pouvez voir comment je sais jouer. Si je voulais m'appliquer
tant soit peu, je pourrais bien proclamer votre fille matée.
7565. — Ma fille, allons, levez-vous, crie l'émir. Maudite soit
l'heure de votre naissance. Alors que vous avez battu au
jeu tant de grands personnages, voilà qu'un valet vous a
7570. ici matée. — Seigneur, lui répond Huon, ne vous emportez
donc pas. Cette convention que vous m'avez fixée pourra
bien, si vous le désirez, rester lettre morte. Que votre fille
aille prendre du repos dans ses appartements et moi
j'irai servir mon ménestrel. » Yvorin lui répond : « Si vous
7575. consentez à cela je vous ferai donner cent marcs d'argent.
— Seigneur, déclare Huon, mais oui par Dieu. » La jeune
fille alors s'en va le cœur chagrin. « Certes, dit-elle,
puisse Mahomet t'accabler ; si j'avais su que tu t'en tien-
7580. drais là, par Mahomet je t'aurais bien fait perdre. »

VIII. - JUSTICE EST RENDUE A HUON MALGRÉ CHARLEMAGNE.

Tandis qu'Huon se trouve au service d'Yvorin, Esclarmonde est devenue malgré elle l'épouse de l'émir d'Aufalerne (vassal d'Yvorin), mais en lui faisant accepter le vœu de chasteté qu'elle a prononcé, dit-elle, pour trois ans. Pendant ce temps Gériaume et les Français d'Huon abordent à Aufalerne et acceptent de mettre leurs épées au service de Galafre en guerre contre Yvorin. Dans le combat qui suit, Gériaume affronte Huon sans le reconnaître et l'emmène blessé dans Aufalerne où il retrouvera ses compagnons et Esclarmonde. Puis, nouvelle surprise pour Huon : l'arrivée d'un navire bordelais avec le frère de Gériaume, le vieux

Guirré. Celui-ci, ne pouvant plus supporter les excès commis
par Gérard, frère cadet de Huon, est parti en Orient à la
recherche de l'héritier légitime. Il désespérait de le trouver
au moment où il a abordé à Aufalerne. Saisissant l'occasion,
Huon, Esclarmonde et leur troupe s'embarquent de
nuit avec Guirré pour regagner la France. Passant par
Rome, Huon y est bien accueilli par le cousin pape qui
baptise Esclarmonde mais en lui conservant son nom. Puis,
respectant la promesse faite à l'empereur de ne pas rentrer
à Bordeaux avant de lui avoir rendu compte de sa mission,
Huon fait venir Gérard dans une abbaye en dehors du
duché. Mais Gérard, sur le conseil de son beau-père, tend
un guet-apens à Huon. Après avoir arraché du flanc de
Gériaume les dents et la barbe de Gaudisse, il fait massacrer
les hommes de Huon. Seuls survivent Huon, Esclarmonde
et Gériaume qui sont emmenés dans un cachot à Bordeaux.
Pour juger le coupable, Charlemagne se transporte à Bordeaux
avec sa cour. Malgré Naime il décide au cours d'un
repas de faire exécuter Huon. Mais Aubéron, dans son lointain
palais, s'inquiète de la tournure que prennent les événements.
Il ne restera pas passif. Le voici.

10205. Atant es vous Auberon le faé ;
   Ens la vile entre, et il et ses barné.
   Ses barons a maintenant apelé :
   « Segnor, fait-il, envers moi entendé.
   Je vous commant les portes bien gardés,
10210. Que ne s'en isse nus hom de mere né. »
   Et cil respondent : « Tot a vo volenté. »
   Onques n'ot porte ens la bone cité
   U il n'eüst dis mile hommes armés ;
   Les grandes rues emplisent de tos lés.
10215. Vers le palais est Auberons alés ;
   Dis mile en laisse a l'entrer de l'ostel,
   Si lour commande sor les membres coper
   Que, se il sonne le cor d'ivoire cler,
   Que il ne laissent homme nul seul paser
10220. Que tout ne soient detrenciet et copé.
   E chil respondent : « Tout a vo volenté. »
   Adont s'en tourne Auberons li faés,

Puis est la sus ens u palais entrés ;
De ses barons mainne aveuc lui asés.
10225. Il fu vestus d'un paile gironné,
A noiaus d'or ot laciés les costés ;
Osi biaus fu com solaus en esté.
Delés le roi pasa par tel fierté
Que il l'a si de l'espaulle hurté
10230. Que de son cief fait le capel voler.
« Dix ! ce dist Karles, qui'st cis nains bocerés
Qui si m'a ore de s'espaule hurté ?
Pres ne m'a fait sur me table verser,
Et de mon cief fist mon capel voler.
10235. Et s'est si fiers k'il ne digne parler ;
Et nepourquant je le lairai aler,
Car jou ne sai ke il a empensé.
Sainte Marie, com il a grant biauté ! »
Et Auberons s'en est outre passés ;
10240. Vint a Huon et si le fist lever,
Puis souhaida li fer fuissent osté
Lui et sa femme et Gerame le ber.
Tous trois les a errant desprisonés,
Puis les asist dalés lui au disner.
10245. Auberons prent sen bon hanap d'or cler,
Si fait crois sus de Diu de maïsté,
Et li hanas devint plains de vin cler.
Li rois le prent, le dame l'a livré,
Et ele but, a Huon l'a livré,
10250. Et il le rent Geramme le barbé ;
(Du vin ont but tout trois a grant plenté)
Et Auberons a Huon apelé :
Or tost, fait il, amis, sus vous levés,
Et si portés ce bon hanap d'or cler
10255. A Karlemaine, le fort roi coroné ;
En non de pais a boire li donés.
S'il ne le prent, si m'aït Damedés,
Jou li ferai cierement comperer. »
Karles l'entent, ki ne sot ke penser ;
10260. Tout cois se taist k'il n'i ose parler
Por les mervelles ke il ot demener.
« Sire, dist Hues, jou ferai tout vo gré. »
Il se dreça, s'a le hanap combré,
Vint a Karlon et si li a donné.
10265. Li rois le prent, ki ne l'ose veer ;
Lués qu'il le tint, li vins en est alés.
« Vasal, dist Karles, vous m'avés encanté. »
Dist Auberons : « Ains fait vo mauvaisté,

Car li hanas est de tel disnité
10270. Nus n'i puet boire s'il n'est preudom clamé,
Et nés, et purs, et sans pecié mortel.
Drois emperere, se me puist Dix sauver,
Jou en sai un ki moult est crimineus,
Que vous fesistes moult a lonc tans passé
10275. Ne ainc n'en fustes a prestre confessés ;
S'il ne m'estoit por vo cors avieuter,
Ja le diroie sans point de demorer. »
Li rois l'entent, moult est espoentés ;
Durement crient c'Auberons li faés
10280. Ne li feïst hontaige et cruauté.
Hues reprent le bon hanap doré
Et si le porte duc Namon le barbé ;
Li dus le prent, si a but du vin cler.
Ainc n'ot baron plus en trestot l'ostel
10285. Qui au hanap peüst puis adeser
Que tous li vins n'en fust tantost alés.

Ce n'est plus un Charlemagne glorieux que nous avons devant nous, mais un empereur dont l'autorité chancelle, bafouée par celle du nain au pouvoir magique. Aubéron en effet agit en maître : il fait apporter devant lui la barbe et les molaires de l'émir Gaudisse que Gérard, frère de Huon, avait arrachés au vieux Gériaume. Sur l'ordre du nain, Gérard et ses acolytes ont été arrêtés et pendus. Il ne reste plus maintenant qu'à faire rentrer Huon en grâce et à rétablir sa situation si compromise. Aubéron s'y emploie avec énergie et, grâce à lui, l'amour dangereusement entrevu à Babylone s'épanouira calmement à Bordeaux.

« Drois emperere, dist Auberons li ber,
Si m'aït Dix, li Rois de maïsté,
Moult aime droit et foi et loiauté ;
Por chou aim jou Huon le baceler,
10465. Car preudom est et bien l'ai esprové. »
A icest mot a Huon apielé :
« Amis, dist il, or tost, sus vous levés.
Prendés le barbe et les dens maselers,
Si les portés Karlemaine le ber ;
10470. Rendera vous vos tere et vos regné. »

— « Sire, dist Hues, volentiers, en non Dé ;
Je le doi faire, ce saciés vous, par Dé. »
L'enfes se lieve, si est au roi alés :
« Sire, fait il, le barbe recevés,
10475. Les quatre dens Gaudise l'amiré. »
Karles le prent, s'a Huon apelé :
« Hues, dist il, bien estes aquités ;
Je vous renc chi vo tere et vo regné,
Si vous pardoins rancune et malvaisté. »
10480. — « Sire, dist Hues, Dix vous en sache gré ! »
Li rois se dreche, s'a Huon acolé,
Et si le baise, voiant tout le barné ;
L'acorde est faite, Dieus en soit aourés.
Ensi reut Hues toutes ses iretés ;
10485. Moult en fu liés tous li rices barnés,
Enseurquetous dus Nales li barbés.
La cours depart, n'i sont plus aresté.
Rois Auberons a Huon apielé :
« Hues, dist il, envers moi entendés.
10490. Je vous commanc, si kier que vous m'avés,
Trois ans pasés, a Monmur en venrés,
Si averés toute ma roiauté,
Et aveuc chou arés ma disnité.
Saciés de voir bien le vos puis donner,
10495. Car je vous dis en fine verité
Q'ensi me fu au naistre devisé
Que bien le puis qui que je veul donner ;
Et je vous aimme en bone loiauté,
Si vous donrai toute ma disnité.
10500. Couronne d'or en vo cief porterés,
Et a Geriaume donrés vos iretés,
Car bien les a deservi, en non Dé :
Servi vous a de cuer et sans fauser
Et s'a por vous maint travail enduré.
10505. Moult est preudom et de grant loiauté ;
Mix l'en doit estre, se me puist Dix salver. »
— « Sire, dist Hues, moult avés bien parlé ;
Je li donrai quant vous le commandés. »
Dist Auberons : « Amis, or m'entendés.
10510. Je ne veul plus au siecle demorer,
La sus m'en veul em paradis aler,
Car Nostre Sires le m'a, certes, mandé,
Et je ferai la soie volenté ;
Mes sieges est a son destre costé.
10515. En Faerie ne veul plus arester.
Chou que te di ne met en oublier ;

Si te desfens sur les membres coper
Et sur le foi que tu me dois porter
Que vers le roi n'aies mais estrivé ;
10520. Te sire est, se li dois foi porter. »
— « Sire, dist Hues, g'en ferai tot vo gré. »
Rois Auberons a congiet demandé ;
Il acola Karlemaine le ber,
De Huelin li proie au deservrer.
10525. Hues baisa et puis s'en est tornés ;
Il s'en reva à Mommur sa chité,
O lui emmaine tot son rice barné.
Et li rois Karles est a Paris ralés,
Et Hues est a Bourdele remés.
10530. Ensi fu l'enfes a Karlon acordés ;
Et Gerars fu a fourqes traïnés
Et Gibouars et aveuc dans abés
Et l'autres moines qu'il avoit amené.
Huelins est a l'abeïe alés ;
10535. Toute le perte lor a fait restorer,
Et aveuc çou lor donna a garder
Moult rice tere qui pres de l'abie ert.
Puis ont laiens un preudomme esgardé,
Et se le fisent tout maintenant abbé ;
10540. (Pués s'an revont a Bourdialz la citeit.)
Li bourjois ont moult grant joie mené
Et li baron de par tout le rené,
Tout por Huon qui ra ses iretés.
Dame Esclarmonde, qui tant ot de biauté,
10545. Elle et Geriaumes ont grant joie mené.

Huon de Bordeaux édité par P. Ruelle. Paris P.U.F. 1960.

SUR LES THEMES

PLANCHE V

LA GUERRE SAINTE
Duel entre Richard cœur de Lion et Saladin
(Permission of the Trustees of the British Museum)

PLANCHE VI

LES PAYS MERVEILLEUX

Les Scythes, peuple aux oreilles immenses
" De lour orelles sont tout acoveté "

(Huon de Bordeaux V. 2919)
(Église de la Madeleine Vezelay. Portail de la nef. 12ᵉ S.)

SUR LES THÈMES.

Texte II. — LA TRAVERSÉE DE PAYS MERVEILLEUX

Ce sentiment d'émerveillement en présence de pays étranges, étonnants de richesse ou de misère, Huon n'est pas le seul héros épique à le ressentir. Les compagnons de Charlemagne et de Guillaume rencontrent également des pays curieux dans la Chanson de Roland, les Aliscans, l'Entrée de Spagne et d'autres épopées encore. Les jongleurs qui les composaient étaient incités à ces évocations à la fois par leur sujet même qui appelait l'énorme, l'étonnant ou le grandiose, mais aussi par les croyances de leur temps. C'est ainsi que les géographes du Moyen Age qui pensent décrire la réalité rencontrent les écrivains d'imagination. On pourra voir alors que pour eux la réalité n'est pas toujours très loin de la fiction. Nous citerons deux récits d'imagination (l'un occidental, l'autre oriental) et deux récits de voyageurs géographes appartenant également à des civilisations différentes.

1°) Les Conteurs :

a) LE PAYS DES SAGITTAIRES
dans « La Mort Aymeri de Narbonne » (1270-80)

Narbonne a été prise par les Sarrasins mais Hermengarde, épouse d'Aymeri, s'est réfugiée dans le donjon avec des dames et de rares défenseurs. Heureusement Aymeri qui a échappé aux ennemis revient avec le roi Louis et ses chevaliers pour délivrer Hermengarde. Au cours du voyage ils arrivent au pays des Sagittaires qui, pour le Moyen Age, sont les représentants des Centaures de l'Antiquité :

« Louis au visage hardi se met en selle ainsi qu'Aymeri à la barbe fleurie, le comte Hernaut (puisse Jésus le bénir !) et avec eux leur nombreuse troupe de chevaliers. Avec courtoisie ils conduisent les jeunes filles (1) au milieu des landes qui s'étendent en dessous d'Esclabarie (2). C'est une ville en ruines placée sur une hauteur où se dressent cent tours. Elle fut brûlée et détruite par Charles, le roi à la barbe fleurie, lorsqu'il eut pris Narbonne et depuis ce jour elle ne fut plus habitée. Mais les Sagittaires l'ont reprise, ont redressé quinze des anciennes tours et sur un côté des remparts de la ville, ils ont creusé et consolidé une tranchée où trois cours d'eau rapides courent et serpentent puis se jettent dans la mer, au port, au pied d'Anmarie. Aucune place n'était mieux fortifiée dans le riche pays de France. Au-dessous de la cité s'étend une riche prairie qui vaut tout l'or de Pincennie. Il y pousse la menthe, la rose blanche, le galanza (3), le zédoire (4), le gingembre ainsi que le poivre et le pirèthre, les herbes rares et les épices précieuses. Les Sagittaires les cueillent et les transportent par bateaux jusqu'en Égypte. Là ils les vendent et achètent en quantité, car ils ne veulent pas autre chose, du fer et de l'acier dont ils font des armes pour s'équiper : haches tranchantes, épées fourbies, épieux qu'ils lancent et brandissent, flèches aiguës de plusieurs sortes. Ce sont les meilleurs archers du monde et aucune arme ne saurait protéger de leurs coups auxquels cuirasses ou cottes de mailles ne résistent pas plus que des coquilles. Et je vais vous dire de quoi vit ce peuple. Ils ne cultivent pas la terre et n'ont pas de métairies. Ils n'ont pas de blé, car ils n'en mangent pas et ils n'ont jamais vu une miette de pain. Leurs terres sont incultes et stériles tandis que leurs forêts au contraire sont riches et peuplées d'ours, de cerfs

---

(1) Des captives sarrasines.
(2) Ville des Sagittaires.
(3) Plante qui croît dans les Indes Orientales et dont la racine produisait une épice très utilisée au Moyen Age.
(4) Plante aromatique.

et d'autres bêtes. Les Sagittaires les chassent à l'arc, les tuent, mangent leur chair sans la faire cuire, mais ils en boivent le sang qu'ils préfèrent au vin. Si ce peuple vient à rencontrer le puissant Aymeri, sa belle escorte ne lui sera guère utile. Aucun chevalier, aucune jeune fille n'en reviendra ni n'entrera dans la riche Narbonne, et pas davantage Louis ne reviendra en France à moins que le protège Jésus le fils de Sainte Marie. »

La Mort Aymeri de Narbonne - Éd. par J. Couroye du Parc. Paris, S.A.T.F., 1884, v. 2405-56.

b) LE PAYS DES KADJS
dans « Le Chevalier à la peau de tigre »

« Le Chevalier à la peau de tigre » est une grande épopée romanesque de 7348 vers écrits en quatrains de seize syllabes. Son auteur Chota Roustaveli, poète géorgien, la composa à la fin du XII° siècle ou au début du XIII° siècle. Elle raconte, tantôt sur le mode épique, tantôt sur le mode lyrique, les aventures du preux Tariel, le chevalier qui va couvert d'une peau de tigre. Tariel, fils du roi d'un des sept États de l'Inde, s'est épris de la princesse Nestan Daredjane, fille de Pharsadam, souverain des six autres royaumes. Mais les jeunes gens sont séparés par une série d'événements contraires. Comme on s'en doute, Tariel veut reconquérir sa bien-aimée, notamment lorsqu'elle lui a été enlevée par des guerriers Kadjs. Il se renseigne alors sur les Kadjs et leur pays auprès de Fatmane, une femme qui lui est dévouée :

« Tu m'as narré de façon claire une aventure fascinante,
Mais conte-moi plus en détail les affaires de Kadjéthie.
Si les Kadjs sont immatériels, qui donc leur a donné un
[corps ?
...Si les Kadjs ne sont pas de chair, que feront-ils de
[cette femme ?
. — Écoute-moi, lui dit Fatmane, je vois bien que là tu
[t'étonnes.

Ceux qui habitent dans ces grottes sont non des démons,
[mais des hommes.

On leur donne le nom de Kadjs car chez eux sont réunis
Des hommes formés en magie, fort experts dans ces artifices ;
Malfaisants pour les humains ils sont à l'abri des blessures,
Leurs adversaires s'en reviennent écharpés, privés de la vue.

Ils aveuglent leurs ennemis par des artifices magiques.
Ils déchaînent des vents terribles, ils engloutissent des
[navires,
Ils savent marcher sur les eaux qu'ils sont capables
[d'assécher,
Ils font le jour obscur, ou bien éclairent la nuit à leur gré.

Aussi tout le monde alentour leur donne-t-il le nom de
[Kadjs.
Ce sont également des hommes, comme nous faits de
[même chair. » (1)

2°) Les voyageurs géographes

a) MARCO POLO : La Province d'Obscurité

Marco Polo (1254-1323) vécut en Extrême-Orient pendant seize ans et occupa même un poste de moyenne importance dans l'administration mongole (peut-être comme employé des douanes). Sans doute n'eut-il que des éléments de chinois, mais en revanche on pense qu'il connut convenablement le mongol. Le texte suivant décrit la région de la Kama (affluent de la Volga), proche de la ville de Perm vers l'Ouest et le Nord des bassins de l'Obi et de l'Ienisseï.

« Il est vrai que bien au-delà de ce royaume (2) ...est une province qui est appelée la Vallée de l'Obscurité et l'on peut dire qu'elle est bien nommée parce qu'en tout

---
(1) Le chevalier à la peau de tigre, Editions Literatoura da Khelovneba - Tbilissi, 1966 - pp. 201-202.
(2) La Sibérie occidentale.

temps il y fait sombre sans soleil ni lune ni étoiles. La plus grande partie de l'année il y fait aussi obscur que chez nous au crépuscule du soir, lorsqu'on y voit et n'y voit point. C'est à cause de l'épais brouillard qui s'étend toujours et n'est jamais ni détruit ni chassé. Les gens n'ont pas de seigneur, ils sont incultes et barbares et vivent comme bêtes. Toutefois il est vrai que les Tartares qui sont leurs voisins et vivent fort près d'eux y vont parfois en cette manière que je vous dirai pour saisir et voler leurs bêtes et autres biens.

.....Ces tartares donc, comme l'obscurité et le trouble de l'air les empêcheraient de savoir comment revenir dans leur pays, y viennent sur juments qui ont poulains et laissent ces poulains à la frontière, les faisant surveiller par des gardiens qu'ils postent à l'entrée de cette région. C'est parce que les juments à la fin du Voyage reviendront vers leurs fils et, grâce à l'odeur de ces poulains, savent mieux les voies que ne savent les hommes. Les Tartares y entrent donc sur ces juments en laissant les poulains dehors et ils dérobent tout ce qu'ils trouvent. Et quand ils ont bien dérobé dans le pays des ombres, quand ils veulent retourner aux régions de lumière, ils laissent à leurs juments la bride sur le cou et les laissent aller où elles veulent. Elles, en hennissant retournent à leurs poulains et elles savent fort bien les voies. Voilà comment elles ramènent leur cavalier d'un lieu d'où il ne saurait revenir lui-même.

Et ces gens ont grandissimes quantités de peaux de grande valeur car ils ont zibelines qui sont de si grande valeur comme je vous ai dit. Ils ont hermine, ils ont ercolins et vair et renard noir et maintes autres pelleteries coûteuses. Ils sont tous très bons chasseurs et amassent tant de peaux que c'est merveille...... Et vous dis que ces gens sont fort grands et bien faits de tous leurs membres, mais toujours très pâles et sans couleurs, ce qui vient de l'absence de lumière du soleil. »

Marco Polo, La Description du Monde - Éd. par Louis Hambis, Paris, Klincksieck, 1955, pp. 322-23.

b) EDRISI : Des îles curieuses

Edrisi est né aux environs 1100 de l'ère chrétienne à Cento. Il paraît avoir fait ses études à Cordoue. Dès sa jeunesse il voyagea beaucoup, non seulement en Espagne, mais aussi en Afrique et même en Asie mineure. Nous possédons d'Edrisi le Traité de Géographie qu'il composa pour Roger de Sicile lorsqu'il fut invité à la cour de ce monarque. Cet ouvrage est un mélange des données fournies par les nombreux traités arabes qu'il a consultés et des résultats dus à ses observations personnelles quand il s'agit de pays qu'il a lui-même connus.

« Une autre île du même Océan [1] se nomme l'île des Diablesses dont les habitants ressemblent plutôt à des femmes qu'à des hommes. Les dents canines leur sortent de la bouche, leurs yeux étincellent comme des éclairs et leurs jambes ont l'apparence de bois brûlé. Ils parlent un langage inintelligible et font la guerre aux monstres marins. Sauf les parties de la génération, nulle différence ne caractérise les deux sexes car les hommes n'ont pas de barbe. Leurs vêtements consistent en feuilles d'arbre.

On remarque ensuite l'île de la Déception, d'une étendue considérable, dominée par une montagne au flanc de laquelle vivent des hommes de couleur brune, d'une petite taille et portant une longue barbe qui leur descend jusqu'aux genoux. Ils ont la face large et les oreilles longues. Ils vivent de végétaux que la terre produit spontanément et qui ne diffèrent guère de ceux dont se nourrissent les animaux. Il y a dans cette ville une petite rivière d'eau douce qui découle de la montagne. L'île d'Al-Ghour, également considérable, abonde en herbes et en plantes de toute espèce. Il y a des rivières, des étangs, des fourrés qui servent de retraite à des ânes sauvages et à des bœufs qui portent des cornes d'une longueur

---

[1] L'Océan Indien.

extraordinaire. Du nombre de ces îles est ensuite celle des suppliants. On dit que cette île est peuplée, qu'il y a des montagnes, des rivières, beaucoup d'arbres, de fruits, de champs cultivés. La ville qui s'y trouve est dominée par une citadelle. On raconte qu'à une époque antérieure à Alexandre, il y avait dans cette île un énorme dragon qui dévorait tout ce qu'il rencontrait, hommes, bœufs, ânes et autres animaux.....

Les habitants de l'île supplient Alexandre de les délivrer de ce fléau. Pour y parvenir Alexandre imagine de donner en proie au dragon deux taureaux fraîchement écorchés et dont on a garni les entrailles d'un mélange de résine, de soufre, de chaux et d'arsenic. La composition explose dans les entrailles du dragon qui expire.

C'est ainsi que Dieu fit cesser le fléau qui affligeait les habitants de cette île. Ils en remercièrent Alexandre, lui témoignèrent une grande affection et lui offrirent des présents consistant en diverses curiosités de leur île. Ils lui donnèrent entre autre chose un petit animal qui ressemblait à un lièvre, mais dont le poil était d'un jaune brillant comme de l'or. Cet animal appelé bagrâdj porte une corne noire et fait fuir par sa seule présence tous les animaux, même les lions et d'autres bêtes féroces. »
Description de l'Afrique et de l'Espagne par Edrisi - texte arabe publié et traduit par R. Dozy et M.-J. de Goeje - Leyde. E.-J. Brill - 1866, pp. 60-61-62.

Texte III. - AUBERON

Les fées médiévales

Aubéron, véritable produit féerique (il est fils de la fée Morgane), semble insolite dans une chanson de geste. Habitués à la littérature d'imagination où il apparaît d'ordinaire, nous voyons dans la fée un personnage destiné essentiellement au conte ou au roman. Les fées avec leurs pouvoirs surnaturels, bénéfiques ou maléfiques, l'usage qu'elles en font lors des naissances, les rivalités farouches qui les opposent entre elles offrent là des éléments communs au folklore universel (1). Au Moyen Age, Viviane et Morgane sont les grandes fées de la littérature arthurienne (XIIe et XIIIe siècles surtout). Actives et puissantes, elles imposent le plus souvent leur volonté autour d'elles. Les fées de Lanval et de Graelent (XIIe siècle), ardentes et impératives, exigent de leur amant une discrétion sans faille et elles sont bien près de leur faire payer cher leurs paroles imprudentes. Plus douce et plus modeste, la petite fée Madoine dans Claris et Laris (XIIIe siècle) offre à Laris un amour pur de toute exigence. Au XIVe siècle Mélusine, fée poitevine, tendre et aimante, tente d'oublier sa nature qui la condamne chaque samedi à prendre la forme d'un serpent. Elle épouse le chevalier Raimondin auquel elle fait promettre de ne jamais l'apercevoir le samedi. Ils vivent heureux et comblés jusqu'au jour où Raimondin trahit sa promesse, ce qui a pour conséquence de faire disparaître Mélusine du monde des humains. Encore quelques romans et nous arrivons aux dernières fées du Moyen Age qui survivent dans les bois ou les prairies et telles que nous les montrent Perceforest..... Brun de la Montagne..... et Isaie le Triste. Pourtant cette revue sommaire des grandes fées du roman médiéval ne doit pas nous laisser croire que le roman soit au Moyen Age le seul genre accueillant aux fées. On peut également les rencontrer ailleurs (2). L'extrait qui suit est destiné à les montrer dans le cadre du théâtre.

Trois fées dans le Jeu de la Feuillée (vers 1276)

Les trois fées du Jeu de la Feuillée n'apparaissent pas sous le jour où l'on s'attendait à les voir. Adam le Bossu,

---
(1) Cf. P. Delarue et M.-L. Ténéze, le Conte populaire français - Paris. Maisonneuve et Larose - t. II, 1963, passim et p. 188 sqq.
(2) On lira plus loin un passage de Galien li Restorés mettant en lumière le rôle des fées à la naissance du héros de l'épopée.

l'auteur du Jeu, ne leur a pas laissé la place que leur avait consacrée la littérature arthurienne. Elles ne recherchent pas la société distinguée des clercs ou des chevaliers mais elles frayent avec les bourgeois dont elles ne dédaignent pas l'amour. Embourgeoisées, Morgue, Arsile et Magloire ne hantent plus les bois et les sources mais acceptent des rendez-vous dans une rue d'Arras. Des fées traditionnelles elles ont perdu le halo poétique et la hauteur lointaine, mais elles ont conservé le pouvoir magique et la susceptibilité vindicative. Les voici arrivées devant la table que leur a fait préparer Riquier Auri (surnommé Richesse) et Morgue désigne leurs places respectives.

Morgue
« Allons, Magloire, avancez, et vous, Arsile, placez-vous à côté d'elle. Quant à moi, je m'assierai près de vous à cet endroit.

Magloire
Voyez, on m'a placée au bout de la table, là où on n'a pas mis de couteau.

Morgue
En tout cas j'en ai un beau.

Arsile
Et moi aussi.

Magloire
Et pourquoi n'en ai-je pas ? Suis-je au-dessous de vous ? Par Dieu ! Il m'a en piètre estime celui qui a décidé et voulu que je sois la seule à ne pas avoir de couteau.

Morgue
Dame Magloire, ne vous fâchez pas, car de ce côté chacune de nous en a un.

Magloire
Ce qui est le plus vexant pour moi c'est précisément que vous les ayez et moi pas.

Arsile

Ne vous tourmentez pas, cela peut arriver. Je crois qu'on n'y a pas fait attention.

Morgue à Arsile

Belle et bonne compagnie, regardez comme ici tout est agréable, brillant et propre.

Arsile

Aussi est-il juste que celui qui s'est occupé de nous préparer ainsi ce lieu reçoive de nous un beau don.

Morgue

Mais oui et de par Dieu. Mais nous ne le connaissons pas.

Croquesot (1)

Madame, je suis arrivé ici avant que tout soit prêt, alors qu'on mettait la table et qu'on faisait les préparatifs. Deux clercs s'en occupaient et j'ai entendu que les gens appelaient l'un Richesse Auri et l'autre Adam fils de maître Henri. Ce dernier était en cape.

Arsile

Il est donc bien juste qu'ils s'en trouvent récompensés et que chacune de nous leur accorde un don. Madame, quel don ferez-vous à Richesse ? Commencez.

Morgue

Je lui fais un beau don : je veux qu'il ait quantité d'argent. Et pour l'autre je veux qu'il devienne le plus doué pour l'amour qu'on puisse trouver en aucun pays.

Arsile

Je veux également qu'il soit gai et bon faiseur de chansons.

Morgue

Mais il faut encore des dons pour l'autre. Commencez.

---

(1) Le messager d'Hellequin.

Arsile

Madame, je veux que tout son commerce s'accroisse et se développe.

Morgue

Madame, ne soyez pas dépitée au point de leur refuser tout cadeau.

Magloire

De moi, à coup sûr ils ne recevront rien. Ils méritent bien d'être privés d'un beau don puisque moi j'ai été privée de couteau. Honni soit qui leur donnera quoi que ce soit.

Morgue

Oh Madame ! il n'arrivera pas qu'ils ne reçoivent absolument rien de vous.

Magloire

Belle dame, si vous le vouliez bien, vous m'en dispenseriez aussitôt.

Morgue

Il convient que vous le fassiez si vous avez la moindre amitié pour nous.

Magloire

Je veux que Riquier devienne chauve et perde tous ses cheveux sur le devant de la tête. Et pour l'autre qui ne cesse de se vanter d'être étudiant à Paris, je veux qu'il s'encanaille dans la société d'Arras et qu'il s'oublie entre les bras de sa femme qui est molle et tendre, au point qu'il abandonne l'étude, la prenne en haine et retarde son départ.

Arsile

Ah Madame, qu'avez-vous dit ? Pour Dieu, revenez sur vos paroles.

Magloire

Par l'âme qui gouverne mon corps, il en sera tout comme je l'ai dit. »

Adam le Bossu, le Jeu de la Feuillée, éd. par E. Langlois, Paris, Champion, 1923 - v. 624-695.

Texte VI. - COMMENT L'ÉMIR GAUDISSE ACCUEILLE LE MESSAGE ET LE MESSAGER DE CHARLEMAGNE.

La réponse du seigneur défié

On comprend aisément que dans des œuvres d'inspiration essentiellement guerrière il doive arriver fréquemment que la violence des paroles précède et annonce celle des actes. De fait, de nombreuses épopées nous présentent un messager porteur d'un ultimatum à un seigneur hostile à son maître. C'est tantôt un seigneur français qui reçoit le messager inquiétant, tantôt un souverain arabe. Dans le dernier cas se trouve le Marsile de la Chanson de Roland dont on connaît la réponse perfide et aussi le Marsile de la Prise de Pampelune (XIVe siècle) qui, furieux de se voir menacé, déclare qu'il fera pendre les messagers chrétiens. Parmi les musulmans on peut encore citer Agolant (Chanson d'Aspremont, XIIe siècle) et Acquin (Chanson d'Acquin (XIIe siècle) qui, irrités par l'arrogance des envoyés chrétiens, veulent l'un et l'autre répondre par des coups. Lorsque la situation se renverse et que ce ne sont plus des chrétiens mais des musulmans qui viennent en provocateurs, l'attitude de Charlemagne n'est pas toujours la même. La violence est souvent sa première réaction : il se lève furieux et rubicond comme dans la Chanson d'Aspremont. Mais il peut également se montrer capable de sérénité et de maîtrise de soi. Il en donne la preuve dans Simon de Pouille où, au défi et aux insolences des ambassadeurs païens, il oppose douceur et largesses. Ces exemples de réponses variables aux défis lancés dans les épopées pourraient être multipliés. Mais ils ne doivent cependant pas laisser croire que cette réponse soit un thème exclusivement épique. L'exemple emprunté aux Mille et Une Nuits (contes arabes composés du Xe au XIIe siècle) nous le montrera.

La réponse du Calife de Bagdad au messager franc

Mariam, fille du roi des Francs de Constantinia, enlevée par des pirates musulmans, s'éprend d'un jeune musulman, Nour, fils d'un marchand du Caire. Pendant ce temps le père de Mariam envoie au Calife de Bagdad un ambassadeur porteur d'une lettre dans laquelle il demande de faire rechercher sa fille et de la lui renvoyer à la suite de quoi il enverra de riches présents. Mariam est retrouvée en compagnie de Nour et le Calife les fait comparaître devant lui en présence de l'ambassadeur auquel il donnera la réponse attendue.

« Alors Al-Rachid se tourne vers la princesse Mariam et lui dit : « Sache que ton père le roi des Francs m'a envoyé cet ambassadeur que voici avec une lettre écrite de sa propre main. Et il m'assure de sa gratitude et de son intention de bâtir une mosquée dans sa capitale si je consens à te renvoyer dans ses états ! Or toi, qu'as-tu à répondre ? » Et Mariam releva la tête et d'une voix à la fois ferme et délicieuse répondit : « O émir des Croyants, tu es le représentant d'Allah sur la terre et celui qui maintient la loi de son prophète Môhammad (sur Lui à jamais la paix et la prière !). Or moi je suis devenue musulmane et je crois à l'unité d'Allah et je la professe en ton auguste présence et je dis : Il n'y a de Dieu qu'Allah et Môhammad est l'envoyé d'Allah ! Pourrais-tu donc, ô émir des Croyants, me renvoyer dans le pays des infidèles (1) qui donnent des égaux à Allah, croient à la divinité de Jésus fils de l'homme, adorent les idoles, révèrent la croix et rendent un culte superstitieux à toutes sortes de créatures mortes dans l'impiété et précipitées dans les flammes de la colère d'Allah ? Or, si tu agis ainsi en me livrant à des chrétiens, moi au jour du Jugement où toutes les grandeurs seront comptées pour rien

---

(1) Comprendre les Chrétiens.

et où les cœurs purs seront seuls regardés, je t'accuserai de ta conduite devant Allah et devant notre prophète ton cousin (sur Lui la prière et la paix !). »

Lorsque le khalifat (1) eut entendu ces paroles de Mariam et sa profession de foi, il exulta en son âme de savoir musulmane une telle héroïne..... Puis il fit avancer le vizir ambassadeur du roi des Francs et lui dit : « Tu vois bien avec tes propres yeux et tu entends bien avec tes propres oreilles que je ne puis agréer la demande de ton maître puisque la princesse Mariam devenue musulmane nous appartient. Sinon je commettrais une action dont je devrais rendre compte à Allah et à son prophète au jour du jugement. Car il est écrit dans le livre d'Allah : « Il ne sera jamais donné aux infidèles d'avoir le dessus sur les Croyants ! »... Retourne donc auprès de ton maître et apprends-lui ce que tu as vu et entendu ! »

Lorsque l'ambassadeur eut compris de la sorte que le khalifat ne voulait pas livrer la fille du roi des Francs, il osa s'emporter plein de dépit et de superbe, car Allah l'avait aveuglé sur les conséquences de ses paroles et il s'écria : « Par le Messie ! fût-elle Musulmane encore vingt fois davantage, il faudra que je la ramène à son père, mon maître ! Sinon il viendra envahir ton royaume et couvrira de ses troupes ton pays depuis l'Euphrate jusqu'à l'Yamân. »

A ces paroles, le khalifat à la limite de l'indignation s'écria : « Comment ! ce chien de chrétien ose proférer des menaces ? Qu'on lui tranche la tête, qu'on la place

---

(1) En arabe : khalifa « celui qui tient la place d'une personne défunte. » Ce titre désigne les successeurs de Mahomet, chefs suprêmes de la communauté musulmane en tant qu'organisme politique. Le Calife est le « Commandeur des croyants » et ceux-ci n'ont légalement pas d'autre chef légitime que lui. Les sultans qui se sont partagé le monde musulman ne détenaient un droit d'autorité que par le fait d'une délégation de pouvoir du Calife. » Note de J. Sauvaget - Historiens arabes - Glossaire o. c., p. 183.

à l'entrée de la ville en crucifiant son corps et que cela serve désormais d'exemple aux ambassadeurs des infidèles ! » Mais la princesse Mariam s'écria : « O émir des Croyants, ne souille pas ton sabre glorieux du sang de ce chien-là ! Je veux le traiter moi-même comme il le mérite. Et ayant dit ces mots, elle arracha le sabre que le vizir franc portait au côté et l'ayant brandi d'un seul coup elle lui abattit la tête et la jeta par la fenêtre. »

Les Mille et Une Nuits - traduction J.-C. Mardrus - Paris, 1955, tome II, pp. 774-75.

LA CHANSON DE GODIN

LA CHANSON DE GODIN

Huon de Bordeaux suscita au Moyen Age un tel intérêt que ce poème inspira de nombreux continuateurs. La Chanson de Godin est précisément l'une des sept suites du fameux poème. Cette épopée de 10521 vers décasyllabiques répartis en 341 laisses se propose de faire glisser sur Godin, fils de Huon de Bordeaux, l'attention passionnée qu'avait longtemps provoquée le père. Godin, le héros, avait eu sa naissance annoncée dans la Chanson d'Ide et d'Olive, autre continuation de Huon de Bordeaux. Mais c'est à la Chanson de Godin qu'il devait revenir de raconter la vie glorieuse et tourmentée du fils d'Esclarmonde et de Huon. Ce récit, écrit tantôt sur le mode épique, tantôt sur le mode romanesque, comporte longueurs et disparates. Les premières s'expliquent en partie par la date tardive de l'œuvre (fin XIIIe, début XIVe siècle) à une époque où le courant épique a perdu ses jeunes forces. Les secondes sont dues à l'addition de multiples éléments romanesques et aussi au manque d'unité de la composition. Il ne pouvait guère en être autrement d'une œuvre composée par deux auteurs, le premier écrivant en laisses rimées (8424-18025), le second en laisses assonancées (v. 18026 à 18940). Mais les deux poètes appartiennent à la même époque et s'expriment dans le même dialecte, le picard (avec une influence francienne et des traits wallons et lorrains). Leur travail, souvent alourdi et obscurci par longueurs et digressions, comporte cependant de belles éclaircies et valait qu'on le tire de l'oubli (1).

---

(1) La Chanson de Godin, chanson de geste inédite, éditée par Françoise Meunier, Université de Louvain (Recueil de travaux d'histoire et de philologie, 4e série, fascicule 14), Louvain, 1958.

I. - LES SARRASINS ENLÈVENT ET ÉLÈVENT UN BÉBÉ CHRÉTIEN

Le jour même de sa naissance, le fils de Huon a été baptisé à Bordeaux au milieu d'une explosion de joie universelle. On l'appela Godin, du nom d'un de ses trois parrains qui se nommait Godin de Monfleur. Mais cette joie devait être de courte durée car la nef d'un seigneur sarrasin vogue vers Bordeaux et ses occupants ont de sinistres desseins.

8468. Rois Yvorins avoit un aumachour :
chius arriva a Bordiaus sur la tour.
Ce jour faisoit mervelle grant calour ;
pour le grant caut dormoient li pluisour.
8472. Hors de la nef issi sans nul demour,
plus tost qu'i pot vint el palais maiour,
tele œuvre fist qui torna a dolour.
Une chanbre a trouvee pointe a flour.
8476. L'enfant oï qui demenoit grant plour.

— III —

Segnour, ce jour, avint si faitement
c'on laissa seul Godin trop folement.
Li aumachors l'oï plourer griement :
8480. a lui s'en vint, entre ses bras le prent.
L'enfes Godins li rist mout douchement.
Li aumachours ouvra hardiement :
plus tost qu'i pot hors du palais descent.
8484. A Mahonmet, sen diu, grant grasce rent
quant i li a fait trouver tel present.
Dusque a la nef n'i fist arestement,
ens est entrés ; illuec trouva sa gent.
8488. « Segnour, dist il, or nagons durement.
« Esclarmonde, la roïne au cors gent,

8468. (1) Le roi Yvorin (2) avait un émir et celui-ci débarqua à
Bordeaux au pied de la forteresse. Il faisait ce jour-là
une chaleur prodigieuse qui endormait presque tout le
8472. monde. L'émir se hâte de sortir du navire et se précipite
vers le grand palais où son acte doit causer de la souf-
8476. france. Il trouve une chambre décorée de fleurs peintes et
il entend le bébé qui pleurait à gros sanglots.

— III —

Seigneurs, il arriva ce jour-là qu'on laissa Godin seul bien
à la légère. L'émir l'entend qui pleure à chaudes larmes ;
8480. se dirige vers lui et le prend dans ses bras. Le petit Godin
lui sourit avec une grande douceur. Après ce coup d'au-
dace, l'émir descend du palais le plus vite possible. A
8484. son dieu Mahomet il adresse de grands remerciements
pour lui avoir présenté semblable cadeau. Il va jusqu'au
navire sans s'arrêter, y entre et retrouve les siens.
8488. « Seigneurs, dit-il, allons, faisons force de voiles. Esclar-
monde, la belle reine, et le roi Huon seront aujourd'hui

---

(1) La numérotation des vers reprend et continue celle des « autres
suites de Huon de Bordeaux dans l'édition de Schweigel faite égale-
ment d'après l'unique manuscrit de Turin ». Françoise Meunier, p. 3.
(2) Frère du roi Gaudisse tué par Huon, donc oncle d'Esclarmonde,
hostile à Godin dans la majeure partie du récit.

« et li rois Hues anqui seront dolant :
« Veschi lor fil, Baron, alons nous ent. »
8492. Cil li ont dit: « Nous ferons vo talent. »
Leur voiles ont levé(es) isnelement ;
tost s'eslongerent, car il orent bon vent.
Li Sarrasin s'en vont mout liement ;
8496. l'enfant ont chier car il lor rist souvent ;
a leur pooir le tiennent netement.
Li aumachour l'ama parfaitement.
Avec lui ot Sarrasin plus de .c. ;
8500. a iaus parla bel et courtoisement :
« Segnor, dist il, par le mien escient,
« cis enfes iert de grant entendement.
« Rois Yvorins het sen pere forment :
8504. « péchié seroit s'il moroit a tourment !
« Faisons li tout honmage lige(me)ment.
« Preudons sera, se Mahons le consent. »

— VII —

8608. Li aumachours n'ot pas le cuer frarin,
forment ama le fil roi Huelin.
« Enfes, dist il, mout par ies de haut lin. »
Ses hons devint et tout si Sarrasin
8612. conmunalment l'amerent de ceur fin ;
se li donnerent a mengier d'un pouchin :
ensi paissent souvent l'enfant Godin.
N'ont point de lait : boire li font le vin.
8616. L'enfes Godins en buvoit au matin ;
jones aprist a suchier le roisin.
Dormir le font en blans linchieus de lin ;
kote et surcot li ont fait d'un samin
8620. et s'ot fourré tout le surcot d'ermin.
Mout sont de lui trestout servir enclin.
Li aumachours, qui Dieus doint bon destin,
ses Sarrasins apele en son latin :
8624. « Segnour, dist il, mout me crien d'Ivorin
« qu'il ne vuelle cest enfant metre a fin.
« Foi que je doi Mahon et Appollin
« et Tervagant et Margot et Jupin,
8628. « mieus ameroie iestre mis a declin
« et traïnnés a keue de ronchin,

dans l'affliction. Voici leur fils. Seigneurs, partons. » Et
8492. ceux-ci répondent : « Nous agirons selon vos ordres. »
Après avoir hissé leurs voiles en toute hâte, ils s'éloignent
rapidement car ils ont un vent favorable. Les Sarrasins
8496. s'en vont pleins de joie et ils aiment beaucoup l'enfant car
il leur fait souvent des sourires. Ils le tiennent aussi propre-
ment qu'ils peuvent. Quant à l'émir, il avait pour lui la plus
grande affection. A ses côtés il a plus de cent Sarrasins
8500. auxquels il s'adresse de manière bienveillante et courtoise :
« Seigneurs, leur dit-il, à mon avis, cet enfant sera très
intelligent. Le roi Yvorin a pour son père une haine
8504. violente, mais on aurait grand tort de le faire périr dans
les tortures. Rendons-lui tous (1) l'hommage dû à notre sei-
gneur. Ce sera un homme de bien si Mahomet y consent. »

— VII —

8608. L'émir qui n'avait pas le cœur vil aimait tendrement le fils
du roi Huon : « Enfant, lui disait-il, tu es de très haut
lignage. » Il devint donc son vassal et tous ses Sarrasins
8612. unanimes l'aimèrent sincèrement. Ils lui donnent à manger
du poulet. Voilà comment le plus souvent ils nourrissent
le petit Godin. Et comme ils n'ont pas de lait ils lui font
8616. boire du vin. L'enfant en buvait dès le matin et tout jeune
il apprit à sucer le raisin. Ils le font dormir dans des draps
de lin blanc. D'une fine étoffe de soie on lui a fabriqué
8620. une tunique et un manteau qu'ils ont doublé de fourrure
d'hermine. Tous sont bien disposés à le servir. L'émir,
que Dieu favorise sa destinée, s'adresse ainsi aux Sarrasins
8624. dans sa langue : « Seigneurs, leur dit-il, je crains fort
qu'Yvorin ne veuille supprimer cet enfant. Par la fidélité
que je dois à Mahomet, Apollon, Tervagant, Margot et
8628. Jupin, je préfèrerais être mis à mort et traîné à la queue
d'un mauvais cheval. Au contraire nous devons être pour lui

---

(1) Tout, est ici considéré comme un cas sujet pluriel dialectal. Par
ailleurs la césure le rattache au premier membre du vers.

« lestre devons oncle, frere et cousin.
« Segnour, tornés vers Roches vo chemin. »
8632. Sen conmant font ; bien tiennent le traïn.
Tant a nagié li lignage Kaïn
desous Roches vinrent, lés .i. gardin ;
la s'ariverent s'isent hors del marin.
8636. la doutent poi le segnor de Monbrin ;
se mal leur veut, il ara le hustin.

— VIII —

Li Sarrasin arrivent par revel
desous Roches, dalés .i. gardinel.
8640. Quant arrivé furent, mout lor fu bel.
Li aumachours demande le batel ;
l'enfant Godin a mis sous sen mantel.
Hors de lor nef ont mis lor damoisel
8644. si l'ont assis par desous un hourmel.
Li aumachours l'a vestu de nouvel,
puis l'enporte amont vers son chastel.
Celui chastel apeloit on Rochel :
8648. de marbre vert furent tout li crenel,
ne doute assaut, garrot ne mangournel.
Li aumachours chevauchoit un poutrel
qui mout ambloit doucement et isnel.
8652. Encontre lui sont venu maint tousel,
tout bouhourdant et faisant maint cenbel.
Ens sont entré par la porte a l'apel
et a la cloche font bondir le batel ;
8656. vers le palais s'en vont en .i. tropel.
Encontre lui vinrent .ii. jovenchel :
si enfant sont ; l'un nonmoit on Abel,
l'autre Sobrin ; estoient droit jumal.
8660. Li aumachours descent en .i. prael,
L'enfant Godin a fait faire .i. caudel,
mais ains n'en vaut mengier .i. seul morsel ;
tout hors menga le branc d'un pouletel.
8664. On aporta vin en .i. barisel ;
de celui but tout plain .i. hennepel.
Dist l'aumachours : « Veschi bon lequerel. »

des oncles, des frères ou des cousins. Amis, mettez le cap
8632. sur les Roches. » Ils exécutent son ordre et prennent la
bonne direction. Les hommes du lignage de Caïn ont tant
ramé qu'ils sont arrivés au pied des Roches, près d'un
jardin. C'est là qu'ils abordent au sortir de la mer, sans
8636. crainte pour le Seigneur de Monbrin. S'il leur veut du mal,
il y aura bataille.

— VIII —

Les Sarrasins abordent joyeux et bruyants au pied des
8640. Roches, près d'un petit jardin. Une fois débarqués les voilà
fort satisfaits. L'émir demande la cloche. Il a glissé le petit
Godin sous son manteau, puis on fait descendre l'enfant
8644. du navire et on le place sous un ormeau. L'émir, après
l'avoir revêtu d'habits neufs, l'emmène en haut, à son
8648. château qu'on appelle les Roches. Tous les créneaux en
sont de marbre vert et il ne redoute ni les assauts, ni les
traits d'arbalète, ni les catapultes. L'émir, lui, monte sur un
poulain dont l'allure est à la fois très douce et très rapide.
8652. A sa rencontre sont venus de nombreux jeunes gens qui
s'amusaient et participaient à de multiples tournois. Ils ont
franchi la porte quand on leur a fait signe et ils ont mis
8658. en branle le battant de la cloche. En bande ils se dirigent
vers le palais. Au-devant de l'émir s'avancent deux jeunes
gens qui sont ses enfants, l'un nommé Abel, l'autre Sobrin.
8660. Ce sont deux vrais jumeaux. L'émir est descendu de cheval
dans un pré et pour le petit Godin il a fait faire un chau-
deau (1), mais il n'a pas voulu seulement en goûter. En
revanche il mangea tout le blanc d'un chapon. On apporta
8664. du vin dans un petit tonneau et il en but une coupe toute
pleine. Aussi l'émir s'exclame : « Quel rude gourmand ! »

---

(1) Sorte de brouillet ou de bouillon chaud.

II. - LE RÊVE D'ESCLARMONDE

Le jour du rapt de l'enfant une chaleur torride a plongé le palais dans le sommeil ou la torpeur. Huon, ses compagnons, ses gardes sont tous endormis ou assoupis. Esclarmonde elle aussi dort, mais d'un mauvais sommeil traversé de cauchemars.

— IV —

8532. Avis li fu en dormant, au songier,
qu'ele veoit lés sen fill .i. levrier
se li sanloit qu'i le vausist mengier.
Dont li veoit le viaire lekier
8536. et humlement vers li humelier.

— V —

Si faitement la roïne sonjoit
Avis li fu que lés sen fil veoit
.i. grant levrier qui le geule beoit ;
8540. bien li sanbloit que mengier le voloit,
mais li levriers doucement le lechoit
et a l'enfant Godin s'umelioit.
De la pavor la dame s'esvelloit,
8544. ses chamberieres doucement apelloit,
l'enfant Godin aporter leur rouvoit.
Quand ele vit c'on ne li aportoit :
« E Dius, dist ele, baus peres, que ce doit ?
8548. « Est mes fieus mors ? Vir le vuell orendroit. »
Li une d'elles le meschief li contoit
et, quant de voir seut que perdus estoit,
mout tenrement de ses biaux ieus plouroit,
8552. sen fil Godin en plourant regretoit,
de la dolour ses paumes detorgoit ;
assiés de fois illuecques se pasmoit,
ses grans mechiés li cuers li tresaloit,
8556 Uns escuiiers la dolour escoutoit ;
a sen segnor en vint se li contoit
le tres grant duel que la dame faisoit
et que l'enfant Godin perdu avoit.
8560. Li rois l'entent, de cuer en soupiroit,
l'iaue des ieus le fache li moulloit,
grand duel menoit, que l'enfant mout amoit.

— IV —

8532. Il lui semble pendant son sommeil et dans un rêve qu'elle voit auprès de son fils un lévrier qui, croit-elle, voudrait le manger. Puis elle le voit lécher le visage du bébé et,
8536. plein d'humilité, s'incliner devant lui.

— V —

Tel est le rêve de la reine. Il lui semble que près de son
8540. fils elle voit un grand lévrier gueule béante. Elle a bien l'impression qu'il veut le dévorer mais ensuite le lévrier le lèche avec douceur et s'incline devant le petit Godin.
8544. De frayeur la dame s'éveille et à voix basse appelle ses chambrières. Elle leur demande de lui apporter le bébé. En voyant qu'on ne le lui apporte pas, elle s'écrie : « Dieu,
8548. notre Père, que peut-il bien y avoir ? Mon fils est-il mort ? Je veux le voir tout de suite. » Une des servantes lui raconte le malheur, et quand Esclarmonde a acquis la certitude
8552. que son fils est perdu, très tendrement de ses beaux yeux elle pleure. Dans ses larmes, elle se lamente sur la disparition de son fils Godin et de douleur elle se tord les mains. Bien souvent elle s'évanouit sur place car son cœur défaille
8556. dans sa profonde détresse. Un écuyer qui entend ses cris de douleur vient dire à son maître le désespoir de la dame et la disparition du petit Godin. Le roi l'écoute bien, son
8560. cœur soupire, de ses yeux les larmes coulent et mouillent son visage. Il manifeste une profonde douleur car il aime

         Plus tost qu'i pot, en la cambre acouroit,
8564. sa femme vit qui pasmee gisoit ;
      entre ses bras le prist si l'enbrachoit,
      au mieus qu'i peut, la dame confortoit.

— VI —

      Li rois Hues ot mout le cuer dolant
8568. quant la nouvele oï de son enfant,
      qu'il iert emblés ; ses poins va detordant,
      mout tenrement va du cuer souspirant ;
      l'iaue des ieus li va le vis moullant
8572. que dusqu'es piés li vait jus degoutant.
      « Dieus, dist li rois, pour quoi vois or plourant ?
      « Car je sai bien le voir de mon enfant,
      « que l'aumachour l'a emblé vraiement
8576. « et si l'emporte par mi le mer nagant.
      « Ensi le veut li Peres raemant. »
      Li escuiers li a dit maintenant
      qu'Esclarmonde faisoit .i. duel si grant
8580. c'ainc ne vit tel en trestout son vivant.
      Li rois l'entent, mout s'en va esmaiant,
      car acouchie estoit le jour devant.
      Ens en la cambre s'en vint tost acourant,
8584. Esclarmonde vit pasmee gisant ;
      mout doucement va la dame enbrachant,
      au mieus qu'i pot le vait reconfortant.
      « Bele, dist il, alés vous apaisant.
8588. « Trop me fait mal ce que vous voi plourant.
      « Ne faites duel. De ce vous voi proiant,
      « car je sai bien comment est a l'enfant.
      « Li aumachours l'a enblé vraiement
8592. « et si l'enporte par haute mer nagant ;
      « dusque a Roches ne seront arestant.
      « La sera rois, ce sachiés vraiement ;
      « de Babiloine sera encor soudant.
8596. « Ensi le veut li Peres tous poissant
      « et je nel puis contrester autrement. »

beaucoup l'enfant. Le plus vite possible il accourt dans la
8564. chambre et voit sa femme évanouie. Il la prend dans ses
bras, la serre et la réconforte de son mieux.

— VI —

8668. Le roi Huon eut le cœur bien affligé en apprenant l'enlèvement de son fils. Il ne cesse de se tordre les mains. Il soupire très tendrement et les larmes qui mouillent son visage tom-
8672. bent à terre jusqu'à ses pieds. « Dieu, dit le roi, pourquoi continuer à pleurer ? Car je suis certain que l'émir a bien
8576. enlevé mon fils et qu'il l'emporte dans son navire en pleine mer. Telle est la volonté de Dieu rédempteur. » Mais aussitôt l'écuyer lui apprend qu'Esclarmonde manifeste une douleur
8580. telle que jamais il n'en a vu de semblable de toute sa vie. A ces mots, le roi est très ému car sa femme avait accouché
8584. la veille. Vite, il se précipite dans la chambre et voit Esclarmonde étendue évanouie. Avec une grande douceur il prend et garde la dame dans ses bras, la réconfortant de
8588. son mieux. « Mon amie, lui dit-il, calmez-vous, c'est pour moi une douleur insupportable de vous voir pleurer. Ne vous désolez pas ainsi. Je vous en prie car je sais bien ce
8592. qu'il en est de l'enfant. L'émir l'a enlevé, c'est bien vrai, et il l'emporte en haute mer dans son navire, sans s'arrêter,
8596. jusqu'au château des Roches. C'est là qu'il sera roi, sachez-le bien, et aussi sultan de Babylone. Telle est la volonté du Père tout puissant et je ne peux m'y opposer. »

III. - L'APPARITION DU CERF MERVEILLEUX

Godin grandit et il est toujours l'objet des attentions de l'émir des Roches. Celui-ci lui fait donner la même éducation qu'à ses deux fils (Abel et Sobrin) et il confie les jeunes gens à trois savants professeurs. Mais Godin dépasse nettement ses deux camarades d'études car Huon son père lui a envoyé le lutin magicien Malabron pour « parfaire sa culture ». Avant de se retirer, sa tâche terminée, Malabron révèle à Godin qu'un traître se cache aux Roches et qu'il a tout lieu de le craindre. Mais les seigneurs unanimes jurent de défendre Godin. Peu après, le traître qui est Seguin réunit les siens et les associe par serment à son dessein de tuer Godin. Tous le jurent à l'exception de son frère Rénier. Mais Seguin a réussi à gagner à son plan criminel son oncle le vieil Henri en qui Godin avait toute confiance et surtout il est parvenu à s'assurer l'appui de l'oncle d'Esclarmonde, Yvorin, roi de Monbranc. C'est le vieil Henri qui tend l'embuscade en déclarant à Godin qu'il a vu un sanglier dans la forêt et qu'il convient de partir en chasse. Alarmé par un songe prémonitoire, Godin part, mais accompagné d'Abel, de Sobrin et d'une centaine d'hommes en armes. D'un autre côté, Seguin s'est engagé dans la forêt avec sept cents barons armés. Le vieil Henri, lui, est en tête avec les chiens de Godin, mais il ne songe qu'en apparence à débusquer un sanglier.

— LXXX —

    Henris el bos est entrés por cacier
10788. et si .iii. fil et li .vi. escuier ;
    par le veneur font les kiens desloier.
    Qui dont oïst Henri les kiens huchier,
    quant les ooit glatir et abaiier,
10792. dire peüst : « Cis fet bien le mestier. »
    Ne nus n'osast le traïson cuidier
    q'il pourcachoit por Godin empirier.
    Aucune fois, commencoit a huchier

— LXXX —

Henri est entré dans le bois pour chasser avec ses trois fils et six écuyers, puis ils font libérer les chiens par le veneur. A entendre Henri appeler les chiens quand ils jappent et qu'ils aboient, on aurait pu dire : « En voilà un qui remplit bien sa charge. » Mais personne n'aurait osé imaginer la trahison qu'il machinait pour perdre Godin. Parfois il se

10796. por plus Seguin le cuivert esforcier.
Les kiens mena tant avant et arier
k'il ont trové, par dalés un rochier,
.i. chierf qui mout faisoit a mervillier.
10800. .XXXII. rains portoit, s'ot un quartier
devant plus blanc que n'est nege en fevrier :
c'ert li destre ; et s'ot le senestrier
rouge con sanc, ce vous puis tesmongnier ;
10804. l'autre moitie toute par de derier
plus noire estoit que moure de mourier.
Le chierf prisent li kien a encaucier.
Et quant li cierf se vit si aigriier,
10808. vers Henri vint, ne se vaust atargier.
.I. saut salli, qant vint a l'aprochier,
qi durement fist le cierf esmaier,
car il salli tout outre son destrier ;
10812. por poi ne fist le cuivert trebuscier.
Henris adont se prent a corochier,
a ses enfans conmence a consillier :
« Cornés por plus Seguin certefiier
10816. « que de Godin se puet ichi vengier. »

— LXXXI —

Henri li vius fu plains de grand aïr
quant vit le cie(r)f si faitement salir.
A ses enfans fait leur cornes bondir
10820. et cil braket commencent a glatir
si fort que tout le bos font retentir.
Seguins adont prent la noise a oïr ;
toute sa gent fait cele part vertir,
10824. car de Godin ochire a grant desir.
Mais n'ira pas du tout a son plaisir,
car hors du bos prent li ciers a fuïr.
Et li braket ne le veullent guerpir,
10828. ainsi le sivent ; bien le cuident fenir.
Mais li chiers fuit, bien se set garandir,
hors du bos ist, dont conmence a courir ;
ou voit Godin, vers lui vient sans faintir.
10832. Et quant Godins le voit vers lui venir,
son cor sonna por lez kiens esbaudir.
Mais li ciers point ne se vaut alentir,
entour Godin commence a poursalir,
10836. ne resongna point les kiens pour morir ;
environner se laissa asallir.
Bien vit Godins les kiens vers lui venir
qui le firrent a la terre flatir.

PLANCHE VII

LE CERF MERVEILLEUX
LA VISION DE SAINT HUBERT
(Très riches Heures d'Anne de Bretagne 15ᵉ S.)

PLANCHE VIII

COMMENT FRAPPENT LES SAINTS DANS LES COMBATS
Saint Michel et ses anges terrassent les dragons
(Manuscrit de l'Apocalypse - 14ᵉ S.
Metropolitan Museum - New-York).

mettait à crier pour presser davantage le traître Seguin.
10796. Henri fit tellement tantôt avancer et tantôt reculer les chiens qu'ils ont découvert tout près d'un rocher un cerf vraiment admirable. Il avait trente-deux bois et sur le poi-
10800. trail à droite une large tache plus blanche que neige de février. A gauche, il était rouge sang, je peux le certifier. L'autre moitié, tout l'arrière-train, était plus noire que
10804. mûre de mûrier. Les chiens alors se mettent à poursuivre le cerf qui, se voyant ainsi harcelé, court aussitôt vers Henri.
10808. Celui-ci, à son approche, fait un écart qui effraye terriblement le cerf. D'un bond il saute par-dessus le cheval et
10812. pour peu il aurait fait culbuter le traître. Henri à ce moment se met en colère et lance ses injonctions à ses fils : « Sonnez du cor pour confirmer à Seguin qu'il peut
10816. ici tirer vengeance de Godin. »

— LXXXI —

Le vieil Henri fut rempli d'une grande colère quand il vit le cerf bondir de la sorte. Il dit à ses fils de faire retentir
10820. leurs cors et les chiens se mettent à aboyer si fort que tout le bois en résonne. Seguin alors entend ce tapage et dirige tous ses hommes de ce côté, car il a grande envie
10824. de tuer Godin. Mais les choses ne se passeront pas entièrement selon ses vœux, car voilà que le cerf se met à fuir hors du bois et que les chiens ne voulant pas l'abandon-
10828. ner, le poursuivent. Ils pensent bien le tuer, mais le cerf s'enfuit et, les évitant avec adresse, il sort du bois et alors il commence à courir. A la vue de Godin il se dirige
10832. vers lui sans hésiter. En le voyant s'approcher, Godin sonne du cor pour exciter les chiens. Mais le cerf ne veut pas ralentir sa course et il se met à faire des bonds tout
10836. autour de Godin sans craindre que les chiens le mettent à mort. Il se laisse cerner et assaillir. Godin voit bien les

10840. La vint Godins quant le cierf vit caïr
se le cuida d'un roit espiel ferir ;
dont regarda et vit la terre ouvrir
et par dedens le cierf esbanuïr
10844. Et une vois oï en haut tombir :
« Gart toi, Godin, et saces sans mentir
«qu'i te convient mout grant paine souffrir. »

10840. chiens courir sur lui et le faire rouler à terre. Godin
s'approche quand il voit tomber le cerf et il pense le frapper d'un coup de lance. Mais il regarde, voit la terre qui
10844. s'entrouve et engloutit le cerf. Puis il entend retentir une
voix forte : « Prends garde à toi, Godin, et sache en vérité
qu'il te faut supporter de grandes souffrances. »

IV. - LE CHOIX DIFFICILE D'UN MESSAGER PENDANT LE COMBAT

Le cerf une fois disparu, Godin se rappelle la révélation prophétique de Malabron : il y a dans son entourage un traître qui veut sa perte. Pour découvrir ce traître, Godin demande aux hommes qui l'accompagnent si quelqu'un parmi eux a connaissance d'un danger qui le menace. Mais personne ne peut l'éclairer. C'est alors qu'il entend un vacarme insolite du côté où le vieil Henri sonne du cor. Pressentant une attaque, Godin groupe ses hommes autour de lui et les exhorte à bien se battre. Mais par un curieux paradoxe, leur ardeur à la lutte risque de se retourner contre eux.

— LXXXV —

« Sire Godin, dist Corneüs, oiiés !
« Se vous volés, bien serés consilliés.
« A l'aumachour un vassal envoiés :
10940. « q'il vingne a vous d'armes aparilli (é)s,
« s'amaint o lui trestous les plus prisiés
« qui par vo gré de lui tiennent leur fiés,
« et bien li soit li voirs certefiiés
10944. « comment Seguins, li cuivers renoiés,
« o ses parens s'est u bos enbusciés.
« Se tost ne vient, si iert grans li mesciés
« que ja de nous n'en estordera piés. »
10948. A ce conseil s'est Godins apoiés :

« Baron, dist il, mout fera qu'ensaigniés
« chus par cui iert cis messages nonciés. »
Mais ains nus d'iaus ne s'i est otriiés ;
10952. voi(t) le Godins, mout s'en est mervilliés.
Maintenant fu Abiaus de lui huciés
et bonement par bonne amour proiés
que de lui soit cis besoins porcachiés.
10956. Abiaus forment fu de çou corociés :
« Sire Godin, dist il, poi me prisiés.
« Grasse Mahom, se sui ge tous haitiés
« et sui mout bien armés et haubregiés.
10960. « Vos anemis voi pres de chi rengiés :
« soiés certains, bien voel que le saciés,
« que j'aimme mius estre tous detrenciés
« q'a aus ne soit li miens cors assaiés.
10964. « De vous i soit uns autres envoiés,
« se vous Seguin et les siens resongniés :
« (car) de vous n'iert hui li miens cors eslongiés. »

— LXXXVI —

Quant Godins voit c'Abiaus se couroca,
10968. et Tervagant et Mahon en jura
qu'il a Rochiel ses piés ne portera,
conment q'il voist, avoec lui demoura,
dedens son cuer durement l'en ama
10972. et nonpourquant nul sanblant n'en moustra,
ains fist sanblant que mout s'en aïra.
L'enfant Sorbrin delés lui resgarda,
par bonne amour doucement li pria :
10976. « Conpains, dist il, par amours, car i va. »
Sorbrins l'entent, de mautalent froncha.
« Sire Godin, dist il, poi me prisa
« qi vous pour moi honnir ce consilla.
10980. « Mais, par Mahom qui le mont estora,
« mes cors de chi jamais ne partira
« tant con jones ne vius en camp sera.
« Vostre anemi sont tout cil que voi la
10984. « et aus premiers li miens cors jousters
« et ce mien branc si s'i esprouvera
« qu'en maint cervel, je croi, se bagnera.
« Maudis soit cis qui premiers s'enfuira
10988. « et li miens cors quant ja paour ara !
« Se Seguins chi ses parens amena
« et il nous het, crueus nous trovera,
« car, par Mahom, ne vous celerai ja :
10992. « ce poise moi que si poi en i a.

« Se Corneüs vous dist et devisa
« que vous avés poi de gens par decha,
« querés autrui qui a Rociel ira,
10996. « car ja par moi li secours ne venra. »

— LXXXVII —

Dont apela Godins .i. damoisel,
fil Bondifer. En lui ot bel tousel,
cousins germains ert Sorbrin et Abel,
11000. niés l'aumachour de Rociel le castel ;
par son droit non le nomoit on Pinel.
« Pinel, amis, dist Godins, s'il t'ert bel,
« par fine amour, car t'en va a Rociel.
11004. « Di l'aumachour qu'a nous s'en vingne isnel,
« pour les barons face sonner l'apiel.
« Qu'el castel n'ait viellart ne jovencel,
« se porter puet hace, espee u coutel,
11008. « qui bien armés ne vingne a cel cembel. »
Piniaus respont : « Por men diu Jupinel,
« ne voi jou (la) laguin o maint quael ?
« Voiés con il demainne grant revel !
11012. « Il cuide bien de nous faire maisel,
« mais je leur cuic esmouvoir tel caudel
« a cel mien branc esmolu de nouvel
« c'ains la nuit iert baigniés en maint cervel. »
11016. Godins respont : « Ce sont cruel morsel. »
Dont dist Piniaus : « N'ai cure de favel.
« Veés vous la cel plus espés moncel ?
« Illuec se tient Seguins au fel monsel ;
11020. « la vaurrai jou departir maint harel.
« Ja sui je armés et si ai bon poutrel
« n'encore n'ai entamee la pel ;
« ains puisse je ronpre le haterel
11024. « que jou premiers parte de cel vaucel.
« Ne me tenront a couart cil bedel,
« que ne les pris vallissant un navel. »

— LXXXVIII —

L'enfes Godins fu plains de grant voisdie
11028. quant de Pinel a la parole oïie.
Dalés lui voit Corneüm se li prie
c'a Rochiel voist s'amaint la baronnie.
« A l'aumachour soit la cose nonchie
11032. « comment Seguins, li cuivers plains d'envie,

« a amené contre nous sa lingnie
« et s'est a nous l'uevre si mal partie
« que .iii. tans sont en lor conpaignie
11036. « que ne soions. Mahonmés les maudie.
« S'il ne nous fait prochainnement aiie,
« ne croi que nus de nous emport la vie. »
Corneüs l'oit, durement s'en gramie,
11040. mais Godins tant envers lui s'umelie
que Corneüs telement li otrie
que la bataille iert ancois conmencie,
ses espius rons et sa targe perchie
11044. et sa chars ert en .iii. lius blechie
et s'espee iert en sanc tainte et moullie
et tant sera la gens afoibliïe
qu'en mi le camp en gerra la moitie.
11048. « Godin, dist il, bien sai, coi que nus die,
« qant ensi ert ma proece asaiie,
« s'a Rochiel vois, n'i ara vilonnie. »
Godins de chou grandement l'en merchie.
11052. Ja ot Godins sa gent tant avanchie
qu'entreferir se vont de tel bondie
que tous li bos en resonne et fremie.
La veïssiés mainte lanche croissie.
11056. Mains bons vassaus la selle i a vuidie.

V. - LAMENTATION FUNÈBRE DE DINOT DEVANT LE CADAVRE DE SON FRÈRE

La lutte continue farouche et acharnée entre les hommes du traître Seguin et ceux de Godin. Ce combat, à dire vrai, se résout le plus souvent en une série d'affrontements individuels qui projettent la lumière et orientent l'intérêt sur les chefs des deux groupes. Il y a par exemple un duel Godin - Rohart (frère de Seguin), un autre Dinot (neveu de l'émir) - Seguin. Ces actions rebondissent sans cesse, car après la défaite du vaincu, un membre de sa famille, ivre de vengeance, ne manque pas de se précipiter sur le vainqueur ou l'un de ses parents. C'est ainsi que le vieil Henri, adversaire malheureux de Cadot (autre neveu de l'émir) est vengé par son fils Gui qui tue Cadot. Dinot, devant le cadavre de son frère, s'abandonne à la douleur. Ce genre de lamentation (planctus ou deploratio) nous est familier. Mais il faut reconnaître que le « regret » de Dinot est, dans sa brièveté, d'un intérêt peu commun. L'amitié brisée du frère s'exprime en des paroles touchantes. Au calme résigné des premières phrases succède une émotion qui croît au fur et à mesure de l'évocation du disparu. La douleur devant le sang qui coule s'élargit en vision d'épouvante et Dinot croit voir des flots de sang creuser des sillons dans la plaine.

— CIV —

Qant Brustans voit que Cados fu ocis,
11508. il et Hakins ont les espius saisis,
puis ont brociet les bons chevaus de pris.
Sur leur escus ont leur espius assis ;
perchiés les ont, mais les haubers treslis
11512. n'ont empiré vaillant .ii. paresis ;
leurs espius ont tout en .ii. tronchons mis,
puis ont sakiés les brans d'acier forbis.
Hakins fu fiers et Brustans fu hardis
11516. et de Cadot vengier fu tollentis.
Vers Hakin vient, cruelment l'a requis ;
mais Hakins point, pour lui ne s'est guencis ;
vigreusement fu de lui recuellis.
11520. Mais Brustans ert plus fors et plus furnis ;
de son branc fu Hakins si consivis
que de ce caup fu forment estourdis.
L'elme ot ronpu et navrés fu el vis ;
11524. poi en falli qu'il ne fu malbaillis.
Ja li venist, je croi, de mal em pis
quant au secours li vint Harpins et Guis,
Rogiers et Guis, Bruns et Bos et Baudris.
11528. En lor compaigne orent de lor amis,
mien essiant, plus de .lx. et .dis.
D'autre part vint Dinos mout bien garnis ;
o lui avoit de ses gens .xxxvi.
11532. La veïssiés un mortel pongneïs.
Mais a Dinot ert li jus mal partis
et, nonpourquant, ne s'en est pas fuïs :
au branc d'acier rechoit ses anemis.

11536. Ja ne fuira, ce dist, en son païs,
ains soustenra s'onnour, s'il puet, tous dis.

— CV —

A Hurtevent, lés l'oriere du bos,
en mi l'estour gisoit tous mors Cados.
11540. Plus que nus hons en fu dolans Dinos.
« Frere, dist il, vous estiés li estos
« de tout le mont de bien, car bien dire os
« c'onques de vous n'issi nus vilains mos.
11544. « Quant vous perdons, trop abaisse nos los.
« Sages, larges, dous et de bon pourpos,
« k'est devenus chis nobles cors mignos ?
« De vous veïr estoit uns drois repos ;
11548. « or vous voi mort, dont j'ai le cuer mout gros.
« Las, pour coi est cis haubers si desclos
« dont vostre sanc voi issir par ruissos ?
« Trop me fa(i)t mal quant j'en regart les flos
11552. « foitier u camp. Si fai ge mout que sos
« quant ne me garc, car chi me voi enclos
« de ces cuivers : chi vient Seguins et Bos
« et leur parent ; forment grievent les nos.
11556. « Ains d'iaus vengier grainde volenté n'os :
« faire nel puis, car trop est grans cis hos.
« Or lor aït Jupiter et Margos.
« Chi voi pongnant Hermer tous les galos. »
11560. Dinot choisi qui des siens ert enclos,
d'un fort espiel le navra mout u dos
et Dinos si li lancha .ii. estos
qu'en la cuisse li rompi le maistre os.
11564. Hermers caï, car tous fu ediés ;
tout son vivant ala puissedi clos.
« Glous, dist Dinos, ne vous pris .ii. civos.
« Crueusement est paiiés vos esquos. »

VI. - COMMENT FRAPPENT LES SAINTS DANS LES COMBATS

La bataille allait tourner en défaite pour Godin et les siens. Mais l'émir, appelé au secours par Corneu, arrive à temps pour les sauver. La lutte contre Seguin continue longue et indécise, s'étirant en de multiples épisodes. L'auteur lui-même semble comprendre qu'il est grand temps d'apporter un élément de variété et il revient à Huon et Esclarmonde. Huon annonce sa décision d'apporter son aide à son fils qu'il n'a pas revu depuis vingt ans. Le roi sonne du cor magique et aussitôt accourt l'armée des chevaliers « enchantés » d'Obéron. Godin et l'émir s'effrayent devant cette multitude d'inconnus, mais Malabron va les rassurer et leur révéler les desseins d'Huon qui deviendra leur allié si Godin renie les dieux païens. Cela ne présente aucune difficulté car Godin est aussitôt touché par la grâce. L'atmosphère est d'ailleurs aux conversions et l'émir se fait chrétien par amitié pour Godin. Puis la lutte reprend et elle serait incertaine si Godin n'avait dans ses rangs deux auxiliaires célestes : Saint Georges et Saint Maurice qui ne se servent pas de leurs mains pour bénir.

18732. Si con Rohars dut .i. tertre avaller,
a il perchut roi Huon le menbré
qui ert au pont o ses rices barnés,
vit tante tente, pavillon et tant tré.
18736. Rohars le voit s'en fu tous effraés ;
a Renier dist : « Pour Mahon, esgardés.
« Vés vous ces tentes que je voi la ester ?
« Mes cors en est durement effraés. »
18740. Et dist Reniers : « Nous avons tout allé.
« C'est li rois Hues qui bien set no pensé. »
A tant retournent sans plus de demorer.
Si con il durent le mont amont monter,
18744. l'amiral ont en lor voie encontré,
le roi Godin et Yvorin le ber
et le barnage qui es(t) grans asanlés.
Cil les percoivent si les ont escriés :
18748. « Ahi, glouton, certes n'i garirés.
« Lonc tans avés mené vo folleté :
« hui est li jours que vous le conperrés. »
Entr'iaus se fierent conme chiens au sengler,
18752. lance bassiee, les frains abandonnés.
A icest cop en i a des versés.

— CCCXXXVIII —

Li bons rois Hues forment les regarda :
mellés les voit et decha et dela.
18756. « E Dius, dist Hues, vrais rois qui me fourma,
« je me souhaide a la bataille la. »
Tant tos(t) i fu que Dius li otria.
Sains Jorge i fiert, mie nes espargna,
18760. et sains Meurisses si grans cos i donna
et sains Domins mie n'en recula
et Glorians, li chevaliers loial,
i fert grans cos sour la gent paienal
18764. que d'uns que d'autres ont couvert le teral.
Seguins, Reniers et li felles Rohars
ont fait as gens Godin grant batestal.

18732. Quand Rohart dut descendre d'un tertre, il découvrit le sage roi Huon qui était près du pont avec ses puissants barons. Rohart a sous les yeux tellement de tentes de toute
18736. nature qu'il en est rempli d'effroi. Il s'adresse à Rénier : « Par Mahomet, regardez. Voyez-vous ces tentes plantées là ? J'en suis tout effrayé. » Et Rénier lui répond : « Nous
18740. sommes complètement perdus. Voici le roi Huon qui pénètre nos pensées. » Alors ils retournent sur leurs pas en toute hâte. Au moment où ils ont à gravir la pente de la
18744. colline, ils trouvent sur leur chemin l'émir, le roi Godin et le brave Yvorin avec tous leurs barons rassemblés. Ceux-ci, dès qu'ils les aperçoivent, leur crient : « Ah, vauriens !
18748. Pour sûr, vous n'en réchapperez pas. Vous avez assez longtemps fait vos mauvais coups. C'est aujourd'hui le moment de payer. » Ils se battent alors comme chiens et
18752. sangliers, lance basse, bride abattue. Pour le coup il y a des culbutes.

— CCCXXXVIII —

Le brave roi Huon les contemple attentivement. Il voit les
18756. combats qui se livrent de tous côtés. « Ah, Dieu, dit Huon, vrai roi qui me créa, je souhaite me trouver à cette bataille-là. » Il s'y trouva tout aussitôt car Dieu le voulut
18760. bien. Saint Georges y frappe sans épargner personne, Saint Maurice donne des coups très violents, Saint Domin ne recule pas d'un pouce et Gloriant le loyal chevalier
18764. tape fort sur la race des païens tellement que des uns et des autres ils ont jonché le terrain. Cependant Seguin, Rénier et le traître Rohart ont fait un carnage des hommes

Mout en ocient et les fierent a tas,
18768. mais ne lor vaut la montance d'un ail
c'ains qu'il soit vespres, morir les couvenra.
Voi(t) le Godins, a poi qu'il n'esraga ;
devant son pere ala ferir Cronpart,
18772. la teste em prent, l'ame du cors se part ;
refiert .i. autre et le tierc et le quart,
tous les ocist, a terre les abat.
Li amiraus mout bien s'i esprouva
18776. et Yvorins n'i refu mie quas ;
Sorbrins, Abiaus, cascuns grans cos donna,
les gens Rohart ocient a grans tas :
couvert en sont et li pui et li val.
18780. Es vous sains Jorge desus .i. grant cheval.
Rohart coisi qui s'enfuit tout .i. val,
celle par trait, plus tost va que le pas ;
a hautes vois hautement li cria :
18784. « N'i garirés, fel cuivers desloial ;
« Le fil roi Hue, Godin, avés fait mal :
« hui est li jours que vengiés en sera. »
Fiert le glouton sur le hiaume a esmal,
18788. tout le pourfent desi que el nasal ;
estort son cop et l'espee coula,
lui et cheval trestout par mi copa.
Cel cop a vut de Rocel l'amiral
18792. et Yvorins de Monbranc li vasal
et li rois Hues qui decoste iaus esta ;
dient entr'iaus : « Bon chevalier i a. »
Et dist rois Hues : « Ne le celerai ja,
18796. « cou est sains Jorges que Jhesus m'envoia. »

18768. de Godin. Ils en tuent un grand nombre et les abattent en masse, mais cela ne leur rapporte pas la valeur d'une gousse d'ail car avant le soir il leur faudra mourir. Godin
18772. qui voit ce massacre est près d'en devenir fou de rage. Sous les yeux de son père il va frapper Cronpart, lui emporte la tête et l'âme du païen s'en va. Il en frappe encore un second, puis un troisième, puis un quatrième, les tue tous et les jette à terre.

L'émir y fait fort bien ses preuves et Yvorin de son côté
18776. ne reste pas inerte. Sorbrin et Abel qui donnent chacun de grands coups tuent en masse les hommes de Rohart. Montagnes et vallées en sont couvertes. Mais voici Saint
18780. Georges monté sur un grand cheval. Il voit Rohart qui s'enfuit à travers la vallée. Il se dirige vers lui à toute vitesse et s'écrie d'une voix forte : « Tu n'en réchapperas
18784. pas, sale traître déloyal. Tu as fait du mal à Godin le fils du roi Huon, mais c'est aujourd'hui le jour où il sera vengé. » Il frappe le vaurien sur son casque à pierres pré-
18788. cieuses et le fend complètement jusqu'au nasal (1). Il assène son coup et l'épée qui s'abat pourfend l'homme et le cheval. A ce coup qu'ils ont vu, l'émir des Roches, le
18792. brave Yvorin de Monbranc et le roi Huon à cheval à leurs côtés se disent entre eux : « Voilà un rude chevalier. » Alors le roi Huon ajoute : « Je ne vous le cacherai pas
18796. davantage. C'est Saint Georges que Jésus m'a envoyé. »

---

(1) Partie du heaume qui protège le nez.

SUR LES THEMES
―

SUR LES THÈMES.

Texte I. - LES SARRASINS ENLÈVENT ET ÉLÈVENT UN BÉBÉ CHRÉTIEN.

L'enlèvement d'un bébé chrétien par les Musulmans ne constitue pas, à proprement parler, un thème épique. Le récit d'un fait de cette nature se rencontre ailleurs que dans les Chansons de Geste et on le comprend aisément. A dire vrai, aux XII° et XIII° siècles ce thème littéraire pouvait trouver dans la réalité un soutien effectif. Mais chaque genre devait traiter ce thème selon sa manière propre. Dans l'épopée conforme à la tradition, l'enfant enlevé deviendra un héros dont la valeur guerrière fera trembler les ennemis. Dans l'épopée influencée par le roman, cet enfant trouvera chez les Musulmans une compagne énergique qui, une fois convertie, luttera avec lui dans les épreuves que tous deux surmonteront par la force. Dans le roman, l'enfant a des chances de devenir un héros d'idylle : il découvre l'amour dans le camp opposé et la pure passion des deux jeunes gens attendrira les cœurs. La Chanson de Godin nous offre un traitement épique du thème. Les deux extraits suivants des Enfances Rénier (épopée de la deuxième moitié du XIII° siècle) et de Floire et Blancheflor (roman du XII° siècle) illustrent les deux autres tendances.

L'ENLÈVEMENT ET LE SORT DE RÉNIER
DANS LES ENFANCES RÉNIER

Rénier à l'âge de deux ans est enlevé à sa mère Florentine (épouse de Maillefer, fils de Renouart) par un voleur sarrasin du nom de Grimbert.

> « Le voleur est monté dans la salle du haut. Il fouille partout, dans les chambres et tout autour. Mais il trouve les coffres verrouillés et fermés. Quand il s'en rend compte, il est très en colère. Il pénètre dans une salle basse où il trouve l'enfant que vous connaissez ainsi que sa nourrice à ses côtés. Alors, le voleur criminel pense qu'il pourra disposer de l'enfant à son gré. Il prononce une incantation qui a le pouvoir d'endormir la nourrice. Grimbert, le voleur, enveloppe bien vite l'enfant, s'enfuit et l'emporte. Il sort de la ville (que Dieu le maudisse), entre dans un bois et marche pendant toute une journée. Le petit Rénier pleure, pousse souvent des cris et souffre beaucoup de la faim. Il en mourra si Dieu ne le prend pas en pitié. »

Grimbert se dirige ensuite avec son larcin vers Marseille où il vend le bébé à Gire, marchand vénitien, qui le cède lui-même à Brunamant, l'émir de Venise. Or cet émir a la pieuse habitude de faire dévorer chaque année un enfant chrétien par ses deux lions familiers. En recevant le petit Rénier des mains du marchand, il donne donc au gardien des lions l'ordre rituel et il précise :

> « Les lions ont jeûné deux jours consécutifs. Le garçon sera dévoré avant peu. » Et le serviteur répond : « Ce sera vite fait. » Il prend l'enfant, l'emporte en courant, va à la pièce aux lions dont il ouvre le portillon et il pousse l'enfant vers les bêtes. Puis il referme la petite porte derrière lui et s'en retourne. Les lions accourent vers l'enfant, le flairent longuement et par derrière et par devant, mais sans lui faire aucun mal. Puis ils se couchent à côté de lui et se mettent à le lécher. Quant au jeune

Rénier, il les caresse et s'endort au milieu du danger. Je vous dirai maintenant, si vous le désirez, comment il grandit et échappa à l'émir païen. Mais aucun jeune homme ne traversa autant d'épreuves que ce Rénier dont je vais vous parler. Un Sarrasin avait remarqué l'enfant et sa beauté l'émut. Il va à la pièce aux lions, regarde à l'intérieur car il croyait bien que les bêtes allaient le dévorer. Or, non seulement elles ne l'ont pas blessé si peu que ce soit, mais elles le lèchent avec une grande douceur. C'est bien là le destin de Rénier tel que l'ont voulu les fées présentes à sa naissance. »

— XLVIII —

« Quand le païen voit l'enfant endormi, il voudrait bien le prendre. Mais il n'ose ouvrir le portillon à cause des lions qu'il a bien raison de craindre. Alors Murgales de Montir (1) réfléchit à ce qu'il pourra faire pour sauver le bébé... »

Le résultat de cette réflexion est qu'il ira tout raconter à sa jeune maîtresse, la fille de l'émir, et qu'il la conduira voir le prodige des bêtes féroces devenues caressantes et maternelles.

« Ils sont aussitôt allés à la pièce aux lions. La jeune fille a ouvert le portillon et les lions se sont levés à sa venue. Ils lui font des démonstrations de joie et d'amitié car elle les avait nourris quand ils étaient petits. La jeune fille a porté ses regards sur l'enfant qu'elle soulève et prend dans ses bras. Elle le trouve si beau qu'elle l'aime beaucoup. Rénier alors s'éveille, se met à sourire et la jeune fille lui adresse la parole : « Enfant, ta beauté est grande. En raison de ta noblesse et de ton haut lignage, je te fais un don, témoignage de mes bonnes intentions :

---

(1) C'est le nom du serviteur de l'émir et de sa fille Ydoine alors âgée de douze ans.

je t'aiderai toute ma vie, aussi longtemps que tu voudras bien te conformer à mes désirs et je te ferai bien nourrir, dans ma chambre, en cachette puisque tu es païen (1). » Elle s'en retourne tout en emportant l'enfant. Elle fait aussi un riche cadeau à Murgales en le priant de ne dire mot et elle lui en sera toujours reconnaissante. De son côté Murgales lui a promis que jamais elle ne serait accusée par lui. Maintenant, grâce à Dieu, l'enfant a retrouvé quelqu'un qui s'occupe de lui et le matin et le soir. »

Dix ans après........ Rénier, inquiet sur son origine, interroge Ydoine qui veille sur lui avec tant de soins. Voici la réponse d'Ydoine :

« Pourquoi chercher à savoir ce qu'il en est ? Peu vous importe votre pays. Vous êtes mien et de même je suis vôtre. Durant toute ma vie vous vivrez dans l'abondance. Jamais ne vous manqueront ni or fin, ni argent, ni belles armes, ni cheval. Ma personne même est toute entière à votre disposition, mais vous êtes encore un peu jeune. » L'enfant lui répond : « Je vous dis cent fois merci et il est grand le cadeau que vous me promettez. »

Enfances Rénier, Éd. par Carla Cremonesi - Instituto editoriale cisalpino - Milano. Varese 1957 - V. 1231-1324 et 1748-1857.

L'ENLÈVEMENT ET LE SORT DE BLANCHEFLEUR

Une troupe de pèlerins chrétiens en route pour Saint-Jacques-de-Compostelle est soudain attaquée par les soldats du roi païen Fénix venu d'Espagne. Parmi ces pèlerins se trouvait un chevalier français accompagné de sa fille. Celle-ci s'était consacrée récemment à Saint Jacques,

---

(1) Comprendre chrétien puisque c'est une musulmane qui parle.

après le décès de son mari dont elle attendait un enfant. Lorsque les païens attaquent le chevalier français........

« Le chevalier veut se défendre mais il leur importe peu de le prendre vivant. Ils le tuent donc et abandonnent son cadavre. Mais ils emmènent au port la jeune femme dont ils font cadeau au roi Fénix. Le roi l'a beaucoup regardée. Son visage montre bien qu'elle est de haute naissance. Fénix se dit que, s'il le peut, il l'offrira en présent à la reine, car elle lui adressa une demande à ce sujet quand il partit en expédition en mer pour aller faire du butin. Alors les païens se rembarquent, hissent leurs voiles et, avec un bon vent qui les pousse bien, ils s'en retournent joyeux et contents. Après avoir navigué moins de deux jours, ils abordent dans leur pays. Alors le roi et tous ses barons sortent sur le rivage. A Naples, la belle cité, est parvenue la nouvelle du retour du roi. Cette nouvelle, heureuse et joyeuse, ceux des premiers rangs l'annoncèrent. Les gens de la ville venus à leur rencontre manifestent une grande joie en les retrouvant. Tous sont enchantés de revoir leurs amis débarqués dans le pays. Voici le roi qui dans la ville a convoqué tous ses barons auxquels il distribue généreusement son butin car il était très courtois. Et, à la reine, comme part de butin, il donne la jeune femme. La reine s'en va toute joyeuse et l'envoie dans ses chambres. Elle lui permet de conserver sa religion et la fait servir et honorer. La jeune Française, courtoise et sage, se fait aimer de tous. »

Les semaines passent et le moment se précise où naîtra l'enfant de la captive chrétienne. Ce sera le dimanche des Rameaux (« La Pasque fleurie ») et ce jour-là, elle ne sera pas seule à souffrir, car la reine, sa maîtresse, accouchera également. La servante chrétienne a une fille qui sera baptisée Blanchefleur et la reine musulmane un fils qu'on nommera Floire. Les deux bébés, nés le même jour, sont élevés ensemble et prennent en même temps leurs repas. Cinq ans après......

« A cinq ans les deux enfants étaient robustes et déjà grands. En aucun pays on n'aurait pu trouver de plus beaux enfants de leur âge. Quand le roi voit que son fils est, pour son âge, un si bel enfant et qu'il se rend compte qu'il est à même de comprendre, il veut le mettre aux études. Il le recommande à un maître, Gaidon ; c'était un bon clerc et de bonne naissance. Il était de sa famille et de plus instruit et réputé. Le roi donc a invité son fils à étudier. Mais Floire répond tout en larmes : Seigneur, que fera Blanchefleur ? Ne fera-t-elle donc pas d'études ? Sans elle je ne pourrai pas plus apprendre que réciter une leçon sans livre. » Le roi lui répond alors : « Par amour pour toi, je donne aussi l'ordre à Blanchefleur d'aller étudier avec toi. » Ces paroles causèrent une grande joie à Floire. Les deux enfants ensemble vont, ensemble viennent et s'abandonnent à la joie d'aimer. Chacun d'eux apprenait tant à cause de l'autre que c'en était merveilleux. Les deux enfants s'aimaient beaucoup et leur beauté les faisait se ressembler. Ils étaient désemparés quand ils ne se voyaient pas. Dès que la nature le permit, ils s'appliquèrent à l'amour. Ils avaient de bonnes dispositions pour apprendre et de meilleures pour retenir...... Ensemble ils lisent, ensemble ils apprennent et aspirent à la joie de l'amour. Au retour de l'école, ils s'embrassent et se prennent par le cou. Ensemble ils vont, ensemble ils viennent et ils s'abandonnent à la joie d'aimer. »

Floire et Blanchefleur, éd. par Margaret Pelan - Paris - Les Belles Lettres, 1956 - V. 101-140 et 191-238.

Texte III. - L'APPARITION DU CERF MERVEILLEUX.

Godin et Henri ont été stupéfaits en voyant surgir ce cerf étonnant au pelage étrange qui apparaît soudain puis disparaît mystérieusement dans un gouffre d'où il lance à

Godin un avertissement inspiré. Mais il n'est pas certain
que le lecteur médiéval ait partagé cette stupéfaction. Cerfs
ou biches doués de pouvoirs surnaturels ou messagers du
ciel ne sont pas des inconnus pour lui, à beaucoup près.
La littérature du Moyen Age occidental, et plus particulière-
ment, semble-t-il, quand elle est d'inspiration celtique, fait
appel au cerf ou à la biche qui apporte un élément de
merveilleux et enrichit le récit d'un symbole plus ou moins
transparent. On connaît l'épisode de la « chasse au Blanc
Cerf » dans Erec et Enide de Chrétien de Troyes. Le thème
du cerf ou de la biche s'est donc largement répandu dans
la littérature médiévale où on le rencontre dans des genres
très différents.

LE CERF DE REDYMRE DANS LES MABINOGION

Les Mabinogion sont un recueil très important de contes
celtiques, et plus exactement gallois, composés entre le X°
siècle et le premier tiers du XIII° siècle. La date de compo-
sition varie avec chaque conte. Ainsi le Mabinogi de
Kulhwch et Obwen semble de la première moitié du XII°
siècle mais remonte à une tradition plus ancienne. Dans
ce conte on voit le jeune homme, Kulhwch, soumis par le
père d'Obwen, la jeune fille qu'il convoite, à une série
d'épreuves probatoires. Parmi ces épreuves figure la recher-
che de Mabon, fils de Modron, « enlevé la troisième nuit
de sa naissance, d'entre sa mère et le mur ». Kulhwch et
ses compagnons de la maison d'Arthur qui l'aident dans
cette quête vont se renseigner auprès de divers animaux :

> « Ils allèrent jusqu'à l'endroit où se trouvait le cerf de
> Redymre. « Cerf de Redymre, nous voici venus vers toi,
> nous messagers d'Arthur, parce que nous ne connaissons
> pas d'animal plus vieux que toi. Dis, sais-tu quelque chose
> au sujet de Mabon fils de Modron qui a été enlevé à sa
> mère la troisième nuit de sa naissance ?. — Lorsque je
> vins ici pour la première fois, dit le cerf, je n'avais qu'une

dague (1) de chaque côté de la tête et il n'y avait ici d'autre arbre qu'un jeune plant de chêne. Il est devenu un chêne à cent branches. Le chêne est tombé et aujourd'hui ce n'est plus qu'une souche rougeâtre et pourrie. Quoique je sois resté ici tout ce temps, je n'ai rien entendu au sujet de celui que vous demandez. Cependant, puisque vous êtes des messagers d'Arthur, je serai votre guide jusqu'auprès d'animaux que Dieu a formés avant moi. »

Les Mabinogion, par J. Loth - Paris - Fontemoing, 1913, tome I, p. 324.

LA BICHE DE GUIGEMAR

Marie de France, la plus ancienne poétesse de la littérature française, a écrit les Lais de 1160 à 1170 environ. Ces contes plus ou moins étendus et pénétrés en général de courtoisie restent cependant très accueillants au merveilleux, ceux d'origine celtique en particulier. Parmi ces lais celui de Guigemar, du moins dans sa première partie, accorde une large place au surnaturel.

Guigemar, jeune seigneur de Bretagne armoricaine, parti servir à l'étranger, se distingue non seulement par sa beauté et sa vaillance, mais aussi par son indifférence vis-à-vis des femmes et de l'amour. Son existence semblait vouée à la solitude lorsque survint un étrange événement.

« Dans la fleur de sa renommée, le baron revient en son pays voir son père et seigneur, sa mère très bonne et sa sœur qui tant avaient désiré son retour. Avec eux il a séjourné, je crois bien un mois entier. Alors l'envie l'a pris d'aller à la chasse ; pendant la nuit il alerte ses chevaliers, ses veneurs et ses valets de chiens. Au matin il s'enfonce dans la forêt ; comme il goûte ce plaisir ! Les

---

(1) La deuxième année il pousse sur la tête du cerf deux petites pointes qu'on nomme dagues (Note de J. Loth).

voilà sur la voie d'un grand cerf ; les chiens sont découplés, les veneurs courent devant, tandis que le damoiseau ne se presse point. Un valet lui porte son arc, son coutelas et son carquois : il voulait tirer quelque gibier avant de quitter l'endroit. Dans l'épaisseur d'un fourré, il aperçut une biche avec son faon. La bête était toute blanche et elle portait des bois de cerf sur la tête. L'aboiement du braque la fit bondir. Guigemar tend son arc, tire sur elle. Au sabot, il l'atteignit par devant ; elle tomba aussitôt, mais la flèche revient en arrière et transperce de telle sorte la cuisse de Guigemar qu'il doit descendre de cheval. Il tombe à la renverse sur l'herbe drue à côté de la biche qu'il a blessée ; elle souffrait, elle gémissait, puis elle parla ainsi : « Hélas, je suis morte. Et toi, vassal qui m'as blessée, que telle soit ta destinée : que rien ne puisse te guérir de ta blessure à la cuisse, ni herbe, ni racine, ni médecin, ni breuvage, jusqu'à ce que tu rencontres celle qui souffrira par ton amour des douleurs que jamais femme ne connut, comme toi, tu souffriras pour elle, au point d'émerveiller tous ceux qui aiment, auront aimé et aimeront encore. Va-t'en d'ici. Laisse-moi en paix. »

Marie de France - Guigemar - Traduction de M. J. Frappier, dans Romans courtois - Classiques Larousse, Paris, pp. 38-39.

LE CERF DE LA CHEVALERIE OGIER DE DANEMARK

Cette épopée (vers 1197) est en partie l'histoire du conflit qui oppose Charlemagne à Godefroy de Danemark. L'empereur lui a envoyé des messagers pour obtenir le paiement de la redevance due par lui. Mais les émissaires à leur retour ne peuvent que montrer les marques des outrages subis : barbe et cheveux rasés. Furieux, l'empereur se promet de venger l'offense sur la personne d'Ogier, fils de Godefroy, qu'il garde en otage. Mais une grave nouvelle l'oblige à différer l'exécution d'Ogier. Les Sarrasins viennent d'envahir Rome. Aussitôt l'empereur décide de les attaquer et son armée rassemblée à Besançon parvient bientôt à Lausanne. Mais comment franchir sans guide la barrière des Alpes ? Une ardente prière de Charlemagne, prière entrecoupée de solennelles professions de foi, suffira-t-elle à le tirer d'embarras ?

« Bon Seigneur Dieu, dit Charles le preux, aussi vrai que nous croyons au récit que nous venons de faire, conduisez mes armées au-delà de ces monts, avec les barons que nous avons amenés. » Et le Seigneur Dieu lui accorda une très grande faveur.

En deçà de Monjeu (1), Charles établit son camp. Il vit le grésil et la neige et le gel, et la haute falaise qui se dresse vers le ciel. « Ah, Dieu, implore Charles, secourez-moi donc en cette traversée qui me remplit d'effroi, car je ne vois ici ni route, ni sentier, par où je puisse ou avancer ou revenir sur mes pas. » Dieu aimait Charles et le prisait fort. Il lui envoie un messager exceptionnel : entre les tentes arrive un cerf lancé dans sa course, blanc comme neige, portant sur la tête une ramure à quatre bois. Sous les yeux des Français, il se précipite à travers Monjeu, et Charles s'écrie : « Suivez-le, chevaliers ! Voilà le messager envoyé par Dieu. » Les Français entendent l'empereur, jamais ils ne furent si joyeux. Ils se mettent en route sur les traces du cerf. Monjeu fut franchi par le roi qui tient la France sans qu'il y perdît serviteur ni chevalier, mulet ni mule, palefroi ni cheval de charge. Il mit huit jours à passer avec toute son armée. Charles a établi son camp dans la direction d'Aoste ; l'avant-garde est arrivée jusqu'à Cambre (2).

---

(1) Le Col du Grand Saint-Bernard.
(2) Au Nord d'Ivrea.

Le roi campe au-delà de Monjeu : grandes sont les armées qui ont envahi le pays. »

La Chevalerie d'Ogier de Danemarche - Édition Mario Eusebi. Milano-Varese, 1963. (Vers 257 à 286.)

LE CERF DE LA QUÊTE DU GRAAL

Animal merveilleux doué de la parole, animal symbolique qui renvoie la flèche reçue et rend au cœur les coups qu'on lui a portés au corps, animal envoyé par Dieu pour guider un souverain. Tels sont les rôles éminents et privilégiés que les textes que nous venons de lire confient au cerf médiéval. Pourtant il lui reste encore une étape à franchir dans l'ascension que lui réserve le Moyen Age. C'est à la Quête du Graal qu'il revenait de nous présenter le cerf dans sa dernière et sa plus haute fonction.

La Queste del Saint Graal (vers 1225) nous montre les compagnons d'Arthur à la recherche de l'aventure spirituelle qui les mettra en présence du saint vase et de ses merveilles. Seuls Galaad, Perceval et Bohort parviendront au but. Ce sont eux précisément que nous voyons entrer avec la sœur de Perceval dans une forêt où les attend un étrange spectacle.

« Lorsqu'ils eurent pénétré dans la forêt, ils virent venir à eux le Blanc Cerf conduit par les quatre lions, ce cerf que Perceval avait vu autrefois. « Galaad, dit Perceval, voici le moment de regarder une chose merveilleuse, car, par ma tête, jamais je ne vis aventure plus étonnante. J'ai vraiment l'impression que ces lions gardent le cerf et je n'aurai pas l'âme bien tranquille tant que je ne saurai pas la vérité à ce sujet. — Pour Dieu, répond Galaad, j'aimerais beaucoup la connaître aussi. Marchons donc derrière lui et suivons-le jusqu'à ce que nous connaissions son gîte. Car je crois vraiment que cette aventure est envoyée par Dieu. » Et ils en conviennent volontiers. Alors, à la suite du cerf ils arrivent à une vallée et, devant eux, dans un petit taillis, ils aperçoivent un ermitage où demeurait un prudhomme. Le cerf y entre ainsi que les lions, puis les chevaliers qui viennent derrière descendent de monture au pied de l'ermitage. Ils se dirigent vers la chapelle où ils voient le prudhomme revêtu des ornements de Notre Seigneur sur le point de commencer la messe du Saint Esprit. En le voyant, les compagnons se disent qu'ils arrivent juste à point et ils vont entendre la messe chantée par le prudhomme. Lorsqu'il fut arrivé au secret de la messe, les compagnons s'émerveillent plus qu'ils ne le firent jamais auparavant. Ils crurent bien voir en effet le cerf se transformer en homme véritable et s'asseoir devant l'autel sur un siège magnifique tandis que les lions étaient changés l'un en homme, l'autre en aigle, le troisième en lion et le quatrième en bœuf. Telle fut la métamorphose des quatre lions et tous avaient des ailes qui leur auraient permis de voler si telle avait été la volonté de Notre Seigneur. Puis ils se saisirent du siège, une chaire, où était assis le cerf, la prenant deux par les pieds et deux par le dossier et ils sortirent à travers une verrière placée là, mais sans la briser ni l'endommager. Après leur départ, et lorsque les compagnons ne virent plus rien, ils entendirent une voix descendre du ciel et leur dire : « C'est de cette manière que le fils de Dieu entra en la bienheureuse Vierge Marie sans causer ni mal ni dommage à sa virginité. »

A ces mots ils se précipitent face contre terre car la voix avait provoqué un tel éblouissement et un tel fracas qu'ils crurent bien que la chapelle s'était écroulée. »

La Queste du Saint Graal, éd. par A. Pauphilet Paris, Champion, 1949, pp. 234-35.

Texte VI. - COMMENT LES SAINTS FRAPPENT DANS LES COMBATS

La force des saints

Le Moyen Age croit certes à la vertu des saints, mais au sens le plus large et le plus étymologique, car il croit également à leur force physique. Les saints ont évidemment un pouvoir de persuasion qui tient à la fois à leur ascendant moral et à leurs facultés supérieures. Mais parfois cela ne suffit pas et l'on voit alors les saints renoncer, et très facilement, à la manière douce. Saint Nicolas (dans le jeu de Saint Nicolas, fin du XII° siècle) apostrophe les voleurs en des termes d'une verdeur et d'une crudité telles qu'ils ne seraient pas déplacés dans la bouche d'un truand. Violence purement verbale, dira-t-on. Sans doute, mais violence qui prépare à l'action. D'ailleurs on ne demande pas alors aux saints d'être des apôtres de la non-violence. Tout le Moyen Age croit ses saints ou ses anges capables de recourir à la manière forte et il ne les en admire pas moins pour cela ou à cause de cela. Nous demanderons des exemples de la poigne des saints à Gautier de Coinci, et à une chronique arabe.

LA FORCE DE SAINT LAURENT DANS LE MIRACLE DES DEUX FRÈRES DE GAUTIER DE COINCI (vers 1231)

Des deux frères du miracle, l'aîné, Pierre, est un très honnête homme, mais le cadet, nommé Étienne, juge cupide, rend les jugements de manière à s'enrichir en s'appropriant le bien d'autrui. C'est ainsi que, par une ruse frauduleuse, il enlève trois maisons à Saint Laurent et un grand jardin à Sainte Agnès. Pourtant cet Étienne honorait tout particulièrement Saint Prix dont il célébrait chaque année la fête pieusement et fastueusement. A la mort d'Étienne, son âme qui a pris forme corporelle, mais en plus léger, comparaît devant Dieu en présence de Saint Laurent et de Sainte Agnès :

> « Dès que Saint Laurent la voit, Saint Laurent à qui Étienne avait enlevé trois maisons par ruse et procédure, il prend un air furieux. Il saisit l'âme d'Étienne par le bras et la serre si fort par trois fois qu'il la laisse abattue et désemparée à un point tel qu'il m'est impossible de bien vous le dire. Quant à Sainte Agnès, également furieuse, elle la regarde tout de travers. »

L'âme d'Étienne, après le rappel de ses méfaits terrestres, est donc condamnée à l'Enfer. Mais Saint Prix intervient auprès de la Vierge qui à son tour obtient du Christ que l'âme du coupable soit bientôt retirée de l'Enfer et réintègre son corps qui redescendra sur terre pour trente jours. Pendant ce délai Étienne devra se réhabiliter par ses actes et aussi faire savoir ce qui lui est arrivé. Voici Étienne, redevenu homme, racontant son aventure à son évêque et au clergé qui l'entoure :

> « Tout ce qu'il a vu, sans qu'on l'interrompe, il le leur dit et le leur raconte tout en pleurant. A l'évêque il fait voir son bras qui montre et prouve parfaitement la puissance et le pouvoir de Dieu. En regardant ce bras, on peut bien comprendre toute la force de Saint Laurent. Il l'a empoigné avec une vigueur, une vivacité, une colère telles qu'Étienne en a perdu le bras et la main. Il a tellement serré le bras de l'âme qu'il en a écrasé le bras du corps et avec tant de rudesse que, selon la volonté de Dieu, il ne peut plus le faire mouvoir. Ce bras est si noirâtre, si changé et si bleuâtre aussi qu'il n'y a plus qu'os et nerfs et qu'il est desséché jusqu'à l'omoplate. Chacun en éprouve pitié et compassion ; même l'évêque en soupire. En pleurant, Étienne se met à leur dire : « D'après cela sachez bien, et nul démenti n'est possible, que tout ce que j'ai dit est entièrement vrai et qu'au trentième jour je repartirai en quittant ce monde. »

Miracles de Gautier de Coinci - Extraits du manuscrit de l'Ermitage, par Arthur Langfors - Helsinki, 1937, p. 143 - V. 105-115 et p. 148 - V. 253-276.

LA FORCE DE GABRIEL ET DES ANGES
DANS LA CHRONIQUE DE TABARI

Tabarî est le premier musulman auteur d'une chronique générale. Il vécut au IX° siècle, de 838 à 921 (de 224 à 310 de l'hégire). Son vaste ouvrage a l'ambition de raconter l'histoire du monde depuis sa création jusqu'à l'an 302 de l'hégire.

L'extrait suivant rapporte un épisode de la lutte des Musulmans contre la tribu hostile et infidèle des Koraïschites. A trois jours de marche de la Mecque une troupe de Musulmans conduite par le « Prophète » a rencontré une armée de Koraïschites trois fois supérieure. Dans cette situation critique, le « Prophète » implore Dieu qui ne reste pas insensible à sa prière :

« Gabriel vint avec mille anges, se présenta au Prophète et lui dit : « Sois content, Dieu m'a envoyé à ton secours avec mille anges. » Puis il lui récita ce verset du Coran : « Le jour où vous demandiez l'assistance de votre Seigneur il vous exauça. Je vous assisterai, dit-il, de mille anges se suivant les uns les autres. » (Sur. VIII, vers. 9)..... Le Prophète vit comment les anges se mettaient en ligne avec les Musulmans. Dieu leur avait ordonné de se tenir dans les rangs des Musulmans, car moi, leur dit-il, j'ai jeté la crainte dans les cœurs des infidèles et vous, frappez-les sur la tête, sur le cou et sur tout le corps..... Lorsque les anges se disposèrent à charger l'armée impie, le Prophète ramassa une poignée de poussière et la jeta contre les infidèles qui en furent aveuglés. Chargés par les anges qui étaient en avant des fidèles, ils se mirent à fuir. Les anges les poursuivirent, les frappèrent de leurs bâtons et les firent tomber. Chaque coup qu'un ange portait à un infidèle lui brisait tous les os de son corps, depuis la tête jusqu'aux pieds et lui rompait les veines et les nerfs. L'homme tombait et remuait convulsivement sans qu'aucune blessure fût visible sur son corps et sans que son sang coulât. Quand les fidèles arrivaient, ils attaquaient les hommes ainsi frappés, leur faisaient des blessures et faisaient couler leur sang. Les compagnons du Prophète ont raconté : Il y eut des hommes dont la tête fut séparée du corps et la nuque brisée avant que notre épée les eût atteints. Il y en avait d'autres, qui, lorsque nous les attaquâmes, étaient étendus par terre, agonisants, mais sans blessures. Leurs corps étaient brisés mais la vie ne les avait pas encore quittés. Nous reconnûmes que cela n'était pas de notre fait, mais l'œuvre de Dieu. »

Chronique de Tabarî, traduite sur la version persane par M. Hermann Zatenberg - Paris - Maisonneuve, t. II, 1958, pp. 504-506.

LA CHANSON DE GAYDON

GAYDON

Gaydon est un long poème épique de 10.887 décasyllabes, écrit dans la première moitié du XIIIe siècle. L'auteur, un anonyme, a peut-être repris et refondu un texte antérieur. En tout cas il a voulu à la fois se rattacher à la Chanson de Roland et s'en dégager. Son héros est Thierry d'Anjou que nous avons vu dans la Chanson de Roland vaincre Pinabel, neveu et défenseur du traître Ganelon. Mais il a été appelé Gaydon depuis le jour où un geai est venu se poser sur son heaume. Dans le poème auquel il a donné son nom, il commence et finit sa carrière en chaud partisan et fervent défenseur de Charlemagne. En ce sens, Gaydon entre dans le cycle du Roi, « cycle unitaire » où l'union se réalise autour du grand empereur. Cependant cette même épopée brise l'unité du cycle dans la mesure où le personnage central se révolte contre Charlemagne tout en restant célébré par le poète. Or, c'est un fait qu'une large part du texte vante les exploits de Gaydon en lutte contre son suzerain. Par cet aspect, le héros prend place dans la galerie des vassaux rebelles, aux côtés de Renaud de Montauban. C'est dire qu'on peut aussi bien ranger Gaydon dans les Chansons sur Charlemagne, comme le fait M. Martin de Riquer, que dans les Chansons contre Charlemagne. Cette place singulière de Gaydon, qui reste en partie dans la tradition d'un cycle épique sans pourtant s'y inscrire, lui vaut une incontestable originalité. A ce premier mérite s'en ajoutent d'autres plus proprement littéraires, par exemple la nature et l'intérêt des sujets abordés.

I. - UNE TENTATIVE D'EMPOISONNEMENT

Charlemagne est encore en Espagne où son armée piétine sous les murs de Nobles qu'il assiège en vain. Cette inaction marque les limites de sa puissance militaire. Celle-ci, déjà ébranlée par la perte de Roland et de l'arrière-garde, l'est également par les rancunes qu'a suscitées le châtiment de Ganelon. La redoutable famille des Hautefeuille n'a oublié ni l'humiliante punition infligée à son chef Ganelon ni la mort de Pinabel, son neveu, tué par Gaydon le duc d'Anjou (alors appelé Thierry). Ce sont précisément les parents de Ganelon qui au début du poème sont réunis près de Nobles sur une colline. De là ils contemplent la multitude des tentes et des pavillons qui se déploient sous leurs yeux. Ce spectacle, image de la force de Charlemagne, réveille leur ressentiment. Mais, est-ce bien l'empereur qu'ils doivent haïr ou l'un de ses favoris ? Thibaud d'Aspremont, frère de Ganelon, et ses cousins Alori, Hardré, Gui d'Hautefeuille sont en train d'en discuter avec âpreté, lorsqu'Alori intervient vigoureusement.

V. 57. Dist Auloris : « Tout ce laissiez ester ;
 « Ce fait Gaydons, nostre annemis mortex,
 « Il et ses oncles, dus Naynmes li senez,
  60. « Et li Danois, cui Dex puist mal donner !
 « Cil sont dou roi del tout issi privé
 « Que ses conseuls ne puet sans euls finer.
 « Véez lor tentes (toz les confonde Dés !)
 « Com il sont prez de cel demainne tref.
  65. « Mais qui porroit .I. bon conseil donner,
 « Que poïssiens Gaydon au roi mesler,
 « Nostre annemi qui tant noz a grevé,
 « Si le nos die, por Deu de majesté. »
 Thiebaus a dit : « Or oiez mon pansé »
  70. « Quant fui petis, dès que je soi aler,
 « Mis fui as laittres, por iestre plus senez ;
 « A Saint Denis fui bailliez à l'abé,

V. 57. Mais Alori réplique : « Laissez donc toutes ces histoires. Le mal est fait par Gaydon notre ennemi mortel, lui et son
60. oncle, le prudent duc Naimes ainsi que le Danois (1) (Dieu puisse l'accabler). Voilà les plus intimes conseillers du roi, à tel point que sans eux, il ne peut mener à bien ses projets. Voyez leurs tentes (que Dieu les confonde tous) si proches de
65. la tente impériale. Mais si quelqu'un est capable de nous donner un bon conseil, grâce auquel nous pourrions dresser contre le roi Gaydon, notre ennemi, qui nous a causé tant de mal, qu'il nous le dise, par le Dieu de majesté. » Thibaut
70. a répondu : « Écoutez donc mon plan. Dans mon enfance, dès que je pus marcher, on me mit à l'école pour que je sois plus instruit. Je fus confié à l'abbé de Saint Denis,

---

(1) Ogier le Danois.

« Le plus saige home de la crestienté.
« Mes oncles fu, si m'ot en grant cherté ;
75. « Plus savoit d'art et de l'autorité
« De nyngremance, plus que hom qui soit nés.
« Tant m'en aprinst que g'en soi à plenté ;
« Car aprez lui cuida que fuisse abez,
« Ou à Paris à evesques posez.
80. « Ganes mes freres ne le volt endurer :
« En Espolisce me fist à lui mander,
« Là me fist il chevalier adouber,
« Et me donna Montaspre an herité,
« Et Hautefoille, qui tant fait à loer.
85. « Encor n'ai pas mon grant sen oublié ;
« Encor ai je tel herbe mecinnel
« En .I. escring, en mon demainne tref,
« Qui l'averoit en un mortier triblé,
« Et de blanc vin si l'éust destrempé,
90. « On en porroit parmains si meciner
« Dex ne fist home qui de mere soit nés,
« S'il en avoit .I. poi le col passé,
« Confession li léust demander,
« Les iex dou chief ne li face voler,
95. « Le cuer dou ventre et partir et sevrer.
« G'en ferai ja .I. bel present porter
« A Karlemaine, nostre emperere ber,
« De par Gaydon cui il puet tant amer.
« Il n'i a home où miex se puist fier ;
100. « Il l'ainme tant, ne s'en porra garder
« Qu'il n'en menjust : ce porra lui peser.
« Lors sera mors, ne porra plus durer.
« Roi me ferez en France coronner ;
« Si voz donrai les riches heritez,
105. « Orliens, et Rains, et Biauvais la cité.
« Nostre annemi sont en mal an entré :
« Ogiers et Naynmes seront ars en un ré,
« Gaydes sera à chevax traïnnez. »
Et cil respondent : « Or avez bien parlé ;
110. « Cist conseuls iert tenus et créantez. »
A ces paroles ont le pui avalé,
Isnellement en sont venu as trés.
Son seneschal a Thiebaus apellé :
« Amis, fait il, mon tref me delivrez,
115. « Que n'i demort nus hom de mere nés,
« Ne clers, ne prestres, ne moinnes, ne abez ;
« Et vos méismez voz irez deporter,
« Car tel mal ai que je ne puis durer.
— Sire, fait cil, si com voz commandez. »

l'homme le plus savant de toute la chrétienté. C'était mon oncle et il m'aimait beaucoup. Il avait plus de savoir et de compétence en matière de magie qu'aucun homme au monde. Il m'en a tellement appris que j'eus beaucoup de connaissances. Car il pensait qu'après lui je serais abbé ou encore nommé évêque à Paris. Mais Ganelon mon frère ne l'accepta pas. Il me fit appeler auprès de lui en Espolisce et là me fit armer chevalier. Il me donna Montaspre en héritage ainsi qu'Hautefeuille qui mérite tant d'être admirée. Cependant je n'ai pas perdu mon grand savoir et je conserve en un coffret, dans ma tente personnelle, une certaine plante médicinale. Une fois broyée dans un mortier, et après avoir macéré dans du vin blanc, elle pourrait traiter des pommes de telle manière qu'aucun être humain fait par Dieu, s'il en avalait à peine une bouchée, n'aurait le loisir de demander la confession avant que les yeux lui sortent de la tête et que le cœur n'éclate dans sa poitrine. Ces pommes feront un beau cadeau que je ferai porter à Charlemagne notre grand Empereur, de la part de Gaydon qu'il aime tellement. Il n'y a pas d'homme en qui il puisse avoir plus de confiance. Il l'aime tellement que rien ne le détournera d'en manger et cela pourra lui peser lourd. Alors il mourra sans pouvoir résister. Puis vous me ferez en France couronner roi et je vous ferai donner les riches domaines héréditaires d'Orléans, Reims et la Cité de Beauvais. Nos ennemis sont dans un mauvais pas. Ogier et Naimes seront brûlés sur un bûcher et Gaydon traîné à la queue d'un cheval. » Les traîtres lui répondent : « Voilà qui est bien parlé. Ce projet sera retenu et approuvé. » Sur ces mots ils ont dévalé le tertre et ont gagné rapidement les tentes. Puis Thibaut appelle son sénéchal : « Ami, lui dit-il, faites évacuer ma tente de manière que n'y reste absolument personne, ni clerc, ni prêtre, ni moine, ni abbé. Quant à vous, vous irez vous distraire, car je ressens un mal que je ne puis supporter. — Seigneur, répond le sénéchal, tout à vos ordres. » Le sénéchal fait

120. Li seneschaus fist le tref delivrer ;
Li traïtor s'assistrent lez à lez.
Thiebaus lor va les herbes aporter ;
En .I. mortier les ont fait pesteler,
Et de blanc vin l'ont moult tost destrempé.
125. Trente parmains en ont si mecinez
Dex ne fist home qui de mere soit nés,
S'il en avoit .I. poi le col passé,
Confession li léust demander,
Les iex dou chief ne li face voler,
130. Le cuer dou ventre et partir et sevrer.

. . . .

140. Auloris garde, li traïtres punais,
Voit un garson qui fu et ors et lais ;
De la cuisinne ist lassez et estrais.

De la cuisinne ez issu le garson,
.I. Prouvenciaus, qui le cuer ot felon.
145. Voit le Auloris, si l'a mis à raison :
« Amis, dist il, tes peres fu preudom ;
« Tu porteras cest present à Karlon.
« Ne dire pas que nouz li envoionz,
« Mais de la part au riche duc Gaydon,
150. « Le fil Joiffroy l'Angevin, le baron,
« Qu'il ainme mieus c'omme de sa maison.
« Au revenir, auraz gent guerredon :
« Je te donrai mon hermin pelison,
« Mon palefroi et mon esmerillon.
155. — Vostre merci, sire », dist li garsons.
Auloris prinst .I. bliaut à girons,
Vestir li fist sans point d'arestison :
Plus bel ira au roial pavillon
Sa raison dire, devant le roi Karlon.

160. Quant li garsons se fu appareilliez,
Chauces de paile de cordoan chauciez,
Prent la toaille, à son col la pandié,
Et prent la guiche, an destre poing la tient,
An cheval monte, Auloris tint l'estrier ;
165. Au tref roial s'est li gars adreciez.
Par devant l'uis encontre .I. escuier :
« Amis, fait il, est or li rois couchiez ? »
Et cil respont que n'i volt atargier :

120. évacuer la tente et les traîtres s'asseyent côte à côte. Thibaut va leur chercher les herbes qu'ils font piler dans un mortier et aussitôt après infuser dans du vin blanc. Avec
125. cette macération, ils ont traité trente pommes de telle manière qu'aucun être humain fait par Dieu, s'il en avalait à peine une bouchée, n'aurait le loisir de demander la confession avant que les yeux lui sortent de la tête et que le
130. cœur n'éclate dans sa poitrine.

. . . .

140. Aloris le traître puant regarde et voit un valet sale et laid qui sort de la cuisine, fatigué et à bout de forces. Voilà le valet sorti de la cuisine. C'est un Provençal au cœur de
145. traître. Aloris le voit et lui adresse la parole : « Ami, dit-il, ton père fut un homme de bien. Tu vas porter ce cadeau à Charles. Ne dis pas que nous le lui envoyons, mais que c'est
150. de la part du puissant duc Gaydon, le fils de Geoffroy l'Angevin, le seigneur qu'il aime le plus parmi tous ceux de son entourage. A ton retour tu auras une belle récompense : je te donnerai ma pelisse d'hermine, mon cheval de voyage et mon émerillon.
155. — Tous mes remerciements, seigneur, » dit le valet. Aloris prend une tunique à pans qu'il lui fait revêtir aussitôt. Il sera plus beau pour se rendre au pavillon royal dire son compliment devant le roi Charles.
160. Le valet, après s'être préparé et avoir passé des chausses d'étoffe de Cordoue, prend la serviette (1), la suspend à son cou, puis saisit la courroie qu'il garde dans sa main
165. droite. Il monte à cheval tandis qu'Aloris tient l'étrier. Le valet se dirige vers la tente royale où il trouve un écuyer tout devant la porte. « Ami, lui dit-il, le roi est-il couché maintenant ? ». L'autre lui répond qu'il ne va pas tarder :

---

(1) La serviette dans laquelle sont enveloppées les pommes.

« Nenil, fait il, on le doit deschaucier ;
170. « Li chambellain parolent dou couchier.
— Amis, fait il, or tenez cest destrier,
« Tant que je aie icest present baillié ;
« Se g'i gaaing, certez, mieus voz en ier.
— Vostre merci, sire », dist l'escuiers.
175. Il descendi, et cil li tint l'estrier.
En maistre tref s'en vait li pautonniers,
Treuve le roi et maint bon chevalier.
Quant il parla, bien fu qui l'entendié :
« Cil Danmledex, qui tout a à baillier,
180. « Cil saut le roi, par la soie pitié,
« Et avec lui ses privez conseilliers,
« De par Gaydon, le fil Joiffroi d'Angiers,
« Qui voz envoie dou fruit, si en mengiez.
« Parmains i a, qui moult font à prisier,
185. « Et bon claré, qui n'a meillor soz ciel.
— Moult grans mercis, li rois li respondié,
« Le sien present doi je moult avoir chier.
« Encor n'a gaires donna moi .XX. destriers ;
« Par saint Denis, je li merirai bien.
190. — Sire, fait cil, or me donnez congié
« Qu'à mon seignor soie à son deschaucier.
— Amis, dist Karles, bien fait à otroier.
« Le matin soiez à mon appareillier :
« Se sers por armes, ferai toi chevalier,
195. « Et se tu iez sergans d'autre mestier,
« Tant te donrai et argent et ormier
« Toz tes lingnaiges i aura recovrier.
— Grans merci, sire », ce dist li pautonniers.
Isnellement revint à l'escuier.
200. Tost est montez, et cil li tint l'estrier.
Au tref Thiebaut est li gloz repairiez ;
Mais Auloris à l'encontre li vient,
L'un de ses bras au col li a ploié :
« Amis, dist il, comment as esploitié ?
205. — En non Deu, sire, ce dist li garsons, bien ;
« [Le claré] vi de main en main puirier
« Et les parmains donner as chevaliers. »
Dist Auloris : « Tu as bien esploitié. »
I. parmain tint que il ot afaitié :
210. « Tien cestui, frere, je te l'ai estuié. »
Et cil le prinst, qui ne s'i sot gaitier
Que n'en menjast à son grant encombrier.
Il n'en ot pas passé le col très bien
Que li volerent andui li oil dou chief ;
215. Li cuers dou ventre li part en .II. moitiés,

170. « Non, dit-il, on doit le déchausser. Les chambellans s'entretiennent de son coucher. — Ami, reprend le valet, tenez-moi donc mon cheval jusqu'à ce que j'aie porté ce présent. Si la commission me vaut quelque gain, certes vous vous en trouverez mieux. — Tous mes remerciements, seigneur », répond
175. l'écuyer. Il descend, le valet lui tient l'étrier et le vaurien se dirige vers la tente principale où il trouve le roi et quantité de braves chevaliers. Quand il parla, nombreux furent ceux qui l'entendirent : « Que Dieu tout-puissant dans sa bonté
180. garde le roi et avec lui ses conseillers privés. Voici des fruits de la part de Gaydon, le fils de Geoffroy d'Angers, qui vous les envoie : goûtez-les. Il y a d'excellentes pommes et le
185. meilleur claré du monde. — Grand merci, répond le roi. Je dois bien priser son cadeau. Naguère encore il me donna vingt chevaux de combat. Par Saint Denis je l'en récompenserai bien. — Sire, dit le valet, permettez-moi de me reti-
190. rer pour que je sois présent au coucher de mon maître. — Ami, répond Charles, je dois bien te l'accorder. Mais demain matin viens à mon lever. Si tu apprends le métier des armes,
195. je ferai de toi un chevalier et si tu apprends un autre métier, je te donnerai tant d'argent et d'or pur que tous les tiens y trouveront leur profit. — Grand merci, seigneur », répond le vaurien. Rapidement il revient auprès de l'écuyer et vite il
200. remonte à cheval tandis que celui-ci lui tient l'étrier. Voilà le scélérat revenu à la tente de Thiebaut. Mais Aloris vient à sa rencontre et lui passe un bras autour du cou : « Ami,
205. dit-il, comment as-tu mené l'affaire ?. — Au nom de Dieu, seigneur, répond le valet, bien. J'ai vu offrir de main en main le claré et j'ai vu donner les pommes aux chevaliers. » — Aloris reprend : « Tu as bien travaillé. » Il tenait à la
210. main une pomme qu'il avait préparée : « Prends celle-ci, ami, je te l'ai mise de côté. » Alors le valet la prend, lui qui ne pouvait soupçonner qu'il en mangerait pour son malheur. Il n'avait pas encore bien avalé que les yeux lui
215. sortent de la tête et que son cœur se fend en deux dans sa

Par devant lui chaï mors à ses piés.
Voit le Auloris, onques ne fu si liés.
« Avois ! s'escrie li cuivers renoiez.
« Par Deu, dist il, nos puisons viennent bien ;
220. « S'or en menjüent li rois ne li princier,
« Ainz la complie sera Ganes vengiez. »

OIEZ, seignor, com Dex ot Karlon chier,
Qu'il nel laissa honnir ne vergoingnier.
Ez voz entré .I. danmoisel legier ;
225. Fiz fu .I. conte qui moult fist à prisier,
En sa main porte .I. bon coutel d'acier ;
Parmains paroit, tex iere ses mestiers.
Devant le roi s'estoit agenoillez.
Li rois l'anmoit et si le tenoit chier ;
230. Cortoisement l'en prinst à arraisnier ;
« Par Deu, sire anfes, moult voz voi volentiers.
« Voz fustez fiz au riche duc Gaiffier,
« Qu'an Ronscevaus se laissa detranchier
« Avec Rollant et Olivier.
235. « J'amai le pere, si tenrai le fil chier.
« Par saint Denis, gel voz merirai bien ;
« De .II^c. homes voz acrois vostre fief.
— Grans mercis, sire », li anfes respondié.
Et Karlemaines, par moult grant amistié,
240. Tint .I. parmain, à l'anfant l'a baillié.
Et cil le prinst, qui ne s'i sot gaitier
Que n'en menjast à son grant encombrier.
Il n'en ot pas passé le col très bien
Que li volerent li bel oil de son chief ;
245. Li cuers dou ventre li parti et fandié,
Devant le roi chaï mors à ses piés.
Li rois le voit, n'ot en lui qu'aïrier ;
Entre ses bras l'en ala redrescier ;
Puis le resgarde et avant et arrier.
250. Quant sain le voit, moult s'en est merveilliez,
Fors que des iex qui volerent dou chief.
Adonques primes s'aperciut li rois bien
Par le mes fu c'on li ot envoié ;
Adont s'escrie li riches rois proisiez :
255. « Par Deu, seignor, tuit iestez engingnié,
« Trestuit icil qui dou fruit ont mengié.
— Avois ! s'escrient li baron chevalier,
« Chascuns de noz tient le sien tot entier. »
259. Lors en aorent le Glorioz dou ciel.

Gaydon, publié par M.-F. Guessard, Paris, Franck, 1862.

poitrine. Il tombe mort aux pieds même d'Aloris qui en le voyant est plus heureux qu'il ne le fut jamais. « Eh bien,
220. s'écrie le misérable renégat, par Dieu, nos poisons réussissent ! Si maintenant le roi et les princes en prennent, avant ce soir, Ganelon sera vengé. »

Sachez, Seigneurs, toute l'amitié de Dieu pour Charles puisqu'il ne le laissa pas sombrer dans la honte et le déshonneur.
225. Mais voici qu'entre un souple jeune homme, fils d'un comte réputé. Il tient à la main un fort couteau d'acier et pèle les pommes, car c'était là sa fonction. Il s'est agenouillé devant le roi qui l'aimait et le chérissait. Avec douceur
230. Charles lui adresse la parole : « Par Dieu, jeune seigneur, je vous vois avec grand plaisir. Vous êtes le fils du puissant duc Gaiffier qui à Roncevaux se fit tuer aux côtés de Roland
235. et d'Olivier. J'ai aimé le père et j'aurai de l'amitié pour le fils. Par Saint Denis je vous récompenserai bien : de deux cents hommes j'accrois votre fief. » Le jeune homme répond :
240. « Sire, grand merci. » Puis Charlemagne, qui tenait une pomme, en témoignage de grande amitié la donne à l'adolescent. Il la prend, lui qui ne pouvait soupçonner qu'il en mangerait pour son malheur. Il n'avait pas encore bien avalé que ses beaux yeux lui sortent de la tête et que son
245. cœur éclate dans la poitrine. Il tombe mort aux pieds du roi qui en le voyant est fou de colère. Il va le relever en le prenant dans ses bras puis l'examine et de face et de dos.
250. Quand il constate que le corps est intact, à l'exception des yeux exorbités, il reste stupéfait. Alors pour la première fois, il comprend bien que, si le jeune homme est mort, c'est à cause du messager qu'on lui a envoyé. Et le roi puissant et
255. réputé s'écrie : « Par Dieu, Seigneur ! vous êtes tous pris au piège, vous tous qui ici avez mangé des fruits. — Grand Dieu ! s'exclament les vaillants chevaliers, chacun de nous a son fruit intact. » Alors ils rendent grâces au glorieux seigneur du ciel.

II. - LES SERMENTS AVANT LA BATAILLE

Après avoir reçu les cadeaux empoisonnés, Charles est convaincu de la traîtrise de Gaydon. Aussi, le lendemain, lorsque celui-ci vient le trouver, il entre dans une violente colère, l'accuse d'avoir voulu sa mort et il le frapperait s'il n'était retenu par Naimes. Gaydon proteste vivement de son innocence et rappelle son passé de dévouement à l'empereur, en particulier à Roncevaux où il fut un des tout derniers compagnons de Roland. Mais Charles s'en tient aux faits récents : les pommes meurtrières ont été présentées de la part de Gaydon. Thibaut s'en porte garant et assure que, la veille au soir, il a vu un valet de Gaydon offrir une pomme à un autre valet qui s'écroula aussitôt. Thibaut est d'ailleurs prêt à prouver en combat singulier la culpabilité de Gaydon qui naturellement relève le défi. Avant la bataille (duel judiciaire), les deux adversaires sont invités à déclarer leur innocence par serment. Cette déclaration doit se faire dans les formes rituelles auxquelles Thibaut préfèrerait se dérober.

1305. Car l'empereres fist Joiouse aporter,
      Ce est l'espée où moult se pot fier.
      Enz el poing d'or avoit ensaielé
      Bonnes reliques dou cours saint Honoré,
      Dou bras saint Jorge, qui moult fait à loer,
1310. Et des chevox Nostre Dame à plenté.
      Thiebaus la voit, as sains s'est arrestez ;
      Et dist Thiebaus : « Biaus sire, or entendez
      « Que li dus Gaydes a dit et pourparlé,
      « Et de son tref en vi celui aler,
1315. « Et de sa bouche le vi à lui parler,
      « Et de son cors vi celui dessevrer
      « Qui le present aporta à cest tref,
      « Par coi li home sont andui mort gieté.
      — Gloz, dist Riolz, trop vos iestez hastez ;

1320. « Les meillors mos avez entroublier.
« Hom sui au duc, nel voz quier à celer,
« Mon enciant .C. yvers a passez,
« Voire .VII^{XX}., car, gel sai de verté,
« En toute France n'a nul de mon aé.
1325. « Mais nonpourquant ce devez vos jurer
« Dont voz avez mon seignor encorpé,
« Si t'aït Dex et la soie bontez,
« Com l'a mes sires et dit et pourparlé,
« Et de sa main li véistez livrer
1330. « Qui le present aporta en cest tref,
« Par coi li home sont andui mort gieté,
« Et que Karlon fu par lui presenté,
« Pour lui ocirre et pour lui enherber.
— Par Deu, dist Karles, Riolz dist verité.
1335. « N'a home el mont qui l'en puisse grever. »

Et dist Thiebaus : « Bien ai Riol oï.
« Le sairement ai moult bien eschevi,
« Se Dex m'aït et li saint qui sont ci,
« Et tuit li autre qui por Deu sont sainti,
1340. « Que li dus a et porparlé et dit,
« Et de sa bouche li vi parler à lui,
« Et de sa main li vi livrer celui
« Qui le present au roi Karlon tramist,
« Par coi li home sont malmis et ocis.
1345. — Glouz, dist li dus, voz y avez menti,
« Si m'aït Dex, qui en la crois fut mis,
« Et tuit li saint, qui sont en paradis !
« Que je ne l'ai ne porpensé ne dit,
« Ne de ma part li presens ne vint ci,
1350. « Ne de ma bouche ne parlai à celui
« Que traïsisse l'empereor ainsiz,
« Qui m'a bien fait et maintes fois chieri,
« Et je l'avoie moult volentiers servi. »
Gaydes s'abaisse vers les sains benéis,
1355. Baisiez les a, et puis en piés sailli.
« Gaydes, dist Charles, voz en avez moult dit ;
« Vo sairement avez bien eschevi.
— Sire, dist Gaydes, si m'aït Jhesu Cris,
« Onques encor en pansé ne me vint.
1360. — Certez, dist Karles, tot ainsiz sera il :
« L'un de voz .II. en convenra morir. »
Les sains baisa Thiebaus, li Deu mentis ;
Quant les baisa, à poi que ne chaï.
Li dus s'avance, par le poing le retint,
1365. Puis li a dit : « Tu as ta foi menti. »

III. - DIEU DÉCIDE DU SORT DU COUPABLE

Thibaut, après un instant de honte et de trouble devant les reliques, se ressaisit et retrouve son aplomb. Il est même capable de bondir en selle sans le secours de son étrier. Gaydon au contraire, tout ému, utilise l'étrier et Naime redoute que ce manque d'assurance de son neveu ne provienne de la conscience de sa faute. Il adresse à Dieu qui fit tant de miracles une prière d'une ferveur particulière et le supplie de sauver Gaydon. En même temps il verse des larmes d'angoisse et de pitié. Son émotion gagne Charlemagne qui, pour ne plus voir souffrir Naime, propose de mettre fin au combat. Mais Ogier l'en dissuade, car il faut en finir avec les haines qui opposent les deux familles. Il est donc nécessaire de condamner le coupable. La bataille s'engage, furieuse. Gaydon, grièvement blessé, ne s'émeut pas devant ses plaies qui saignent, mais il déclare : « C'est le mauvais sang qui s'échappe de mon corps. J'en avais besoin car il y avait longtemps que je n'avais pas été saigné. » Dans ce combat où les adversaires sont également force et esprit, il semblait au jongleur que seul un Dieu juste et justicier pouvait emporter la décision finale et faire donner le coup de grâce au coupable.

      THIEBAUS li glous out le cuer moult felon ;
      L'espée tint dont à or fu li pons,
      Qui fut son père, le riche duc Grifon,
1605. Cel d'Autefoille o le flori grenon.
      Parmi son elme en va ferir Gaydon,
      Mais ne l'empire vaillissant .I. bouton,
      Car une fée l'en ot donné le don
      Qu'il ne doute arme vaillissant .I. bouton.
1610. Li cops descent par delez le menton,
      L'escu li tranche, ainz n'ot deffencion,
      Le pan li cope dou hauberc fremillon,
      La chauce trenche qu'est clere com glason,
      Et de la jambe li osta un braon,
1615. Jouste le pié li copa l'esporon.

L'espée fiert demi pié en sablon ;
Thiebaus l'en saiche qui ot cuer de lyon :
Dammaiges fu qu'il ne fu loiaus hon.
« Avois ! s'escrie, ne fui je fiz Grifon,
1620. « De Hautefoille le nobile baron ? »
Aprez a dit : « Comment voz est, Gaydon ?
« Ne fust la verge dou doré esperon,
« Trenchié éussez le pié et le talon. »
Et dit li dus : « Malement alast dont ;
1625. « Je t'en cuit rendre moult bien le guerredon,
« Tel c'on doit rendre à traïtor felon. »
« Thiebaus a dist : « Par Deu et par son non,
« Je voz donrai tele confession
« Que jamais prestres ne voz aura fuison. »
1630. Gaydes respont : « Par le cors saint Simon,
« Je voz ferai jehir la traïson
« Com li presens fu envoiez Charlon.
« Voz me haez, je sai bien l'ochoison,
« Por vostre frere, le conte Ganelon,
1635. « Por Pynabel qui le cuer ot felon
« Mis m'avez sore que je fiz la puison
« Dont furent mort ambedui li garson ;
« Mais, foi que doi au cors saint Syméon,
« Ansoiz le vespre, voz lirai tel leson
1640. « Dont vous aurez en col le chaaingnon. »
Thiebaus l'entent, s'en ot au cuer frison,
Sore li cort par grant aïrison.
Li dus l'atent comme bons champions.
Au brant d'acier font si grant chaplison
1645. Que de lor cors ist li sans à bandon.

LI baron furent enmi le pré flori,
Requierent soi com mortel anemi.
Gaydes li dus ot moult le cuer marri,
Quant voit Thiebaut, le traïtor failli,
1650. Qu'il l'ot navré, dont forment s'engrami.
Tint Hauteclere dont li brans fu forbis,
Vers Thiebaut vait, qui en pré l'atendi.
Moult par fu fiers, onques ne li guenchi ;
De son escu cointement se couvri.
1655. Gaydes le fiert, qui moult bien l'a choisi,
Cuer et talent et pooir y a mis.
Duel ot li dus, si grant cop li feri
Que son escu li trencha et fendi ;
L'iaume copa et la coiffe autressi.
1660. L'espée torne, ce l'a de mort gari ;
Et nonporquant la teste consievi,

Que de la char plainne paume en rompi.
Enz en l'espaule l'espée descendi
Jusques as os, que li sans en chaï.
1665. Enz en l'espaule l'espée descendi ;
Toute l'espaule éust copée parmi ;
Thiebaus le fuit, quant le cop a senti.
Il chancela à poi qu'il ne chaï.
Gaydes li dist : « De sà voz ai senti.
1670. « Ainz que soit vespres, aurez Karlon jehi
« Qui le present et les parmains basti. »
Thiebaus respond : « Mar m'i avez laidi ;
« Tu m'a paié, je repaierai ti. »

Li baron sont enmi le pré, à pié ;
1675. Moult ont feru et moult ont chaploié.
Requiert l'uns l'autre, com lyon enraigié.
Dou sans des cors est li prés vermoilliez ;
N'i a celui qui n'ait le cors plaié.
Thiebaus tenoit le brant d'argent seingnié ;
1680. Son escu a amont son bras haucié,
Le branc estraint, puis l'a amont drescié,
Fiert ent Gaydon, ne l'a mie espargnié,
Parmi son elme qui fu à or vergiez ;
Pierres et flors en a jus envoié.
1685. Li cops descent sor l'escu vermoillié
Que il li a en .II. moitiés trenchié,
Et le hauberc de son dos desmaillié ;
En flanc senestre li est li brans glaciez.
Li fel a si Gaydon dou cop paié
1690. Qu'à un jenoil le fist agenoillier.
« Hé las ! dit Naynmes, sor coi l'ai je plegié ?
« Par le Seignor qui pardonne pechiés,
« S'il est vaincus, mais n'aurai mon cuer lié,
« Ainz m'enfuirai quant il iert anuitié. »
1695. Fransois le voient, si en sont esmaié ;
Tuit li plusor en plorent de pitié,
Por le franc duc qui fu ajenoilliez.
Gaydes saut sus, de honte est vergoingniez.
Et Thiebaus l'a par contraire arraisnié :
1700. « Par mon chief, Gaydes, mal avez esploitié,
« Quant le present osastez envoier ;
« Voz en aurez la hart en col ploié.
— C'est tout en Deu, Gaydes li respondié.
« Ainz que voiez le soleil abaissié,
1705. « Voz aurai si par armes chastoié
« En col aurez le chaaingnon lacié. »
Dont li cort sus, le brant nu empoingnié,

                Et Thiebaus lui ; mais tant orent saingnié
                Que il sont si dou sanc affoibloié
1710.   .I. poi reposent, tant qu'il sont refroidié ;
                Puis s'entrevienent, n'i ont plus delaié.
                Li uns en l'autre trouve poi d'ammistié.
                Ainz qu'il departent, ge voz di sans cuidier
                Que l'uns aura le coraige changié ;
1715.   Qui aura droit, bien sera esclairié.

                GAYDES li dus fu forment irascus
                De ce qu'il fu à genoillons chéus ;
                L'espée tint, dont li brans fu molus,
                Envers Thiebaus en vint, les saus menus,
1720.   Le branc estraint à force et à vertu,
                Et fiert Thiebaut parmi son elme agu,
                Que flors et pierres en fait avaler jus.
                Li brans descent contreval par vertu,
                Qu'an .II. moitiés li copa son escu ;
1725.   La manche ataint dou hauberc qu'ot vestu,
                Le bras li tranche, onques n'i arrestut :
                A terre chiet li bras à tout l'escu.
                Voit le dus Naynmes, grant joie en a éu.
                Se il osast, il parlast ja au duc ;
1730.   Mais trop redoute l'emperéor chenu
                Por ce le lait qu'il ne l'a mentéu.
                Mais de Thiebaut ne sot pas la vertu,
                Qui el poing destre tenoit le brant molu.

                QUANT Thiebaus voit que de son bras n'a mie,
1735.   Qu'il jut à terre sor l'erbe qui verdie,
                Li cuers li ment, ne puet avoir baillie.
                Lors se porpanse d'une grant baronnie.
                Poi est des homes qui le pensaissent mie :
                Ainz que dou cors li departe la vie,
1740.   Fera au duc ancor une envaïe.
                Il trait l'espée el poing qui reflambie,
                S'en fiert Gaydon sor l'elme qui verdie,
                Que flors et pierres tout contreval en guie.
                L'elmes est bons, n'empira une aillie,
1745.   Et li cops grans, que nel pot porter mie ;
                Envers l'abat enmi la praerie.
                Fransois cuidierent la teste éust tranchie.
                Li dus saut sus, ne s'asséura mie :
                « Avois ! escrie, Sainte Marie, aïe ! »
1750.   Tint Hauteclere, une espée saintisme :
                En pomel d'or avoit bonnes reliques
                Dou bras saint Jorge et dou corps saint Denise ;

Fiert en Thiebaut sor l'iaume qui verdie,
Que flors et pierres tot contreval en guie,
1755. Le cercle tranche à l'espée forbie,
Devers senestre li a rese l'orille,
Et dou test prent une moult grant partie.
Li cops fu grans, si nel pot porter mie ;
Chancelant vait enmi la praerie.
1760. Li dus le hurte, si que Thiebaus souvine ;
Envers l'abat sor l'erbe qui verdie.
Gaydes le voit, Dammeldeu en mercie.

  QUANT li dus voit que Thiebaus fu versez,
N'ot mais tel joie dès l'ore qu'il fu nés ;
1765. Trait Hauteclere, sor lui s'est arrestez,
A haute vois commensa à crier :
« Par Deu, traîtres, fait il, voz jehirez
« La traïson qu'aviiez porparlé,
« Dont voz m'aviez à grant tort encorpé
1770. « Vers Kallemaine, qui tant m'avoit amé. »
Thiebaus l'entent, si n'a nul mot sonné.

  QUANT Thiebaus oit parler le duc Gaydon,
D'unne grant piece ne dist ne o ne non.
Lors se porpanse Thiebaus, au cuer felon,
1775. Se il jehist la mortel traïson,
Pendus sera Amaugins et Sansons,
Et li ostaige qui sont en la prison.
Lors dist aprez li encriemmés felons :
« Cil se garissent, se il pueent ou non,
1780. « Car je sai bien nen aurai garison. »
Où voit le duc, si l'a mis à raison :
« Certez, dus Gaydes, je fis la traïson,
« Et à mes mains destrempai la puison,
« Et le present envoiai à Charlon.
1785. « Rois cuidai iestre de France et de Loon ;
« Mais Dex ne weult, par son saintisme non.
« Nel di por ce, n'en quier avoir pardon,
« Ne vers nul prestre nulle confession ;
« Car en anfer aurai harbergison
1790. « Avec mon frere le conte Ganelon. »

IV. - DROITS ET DEVOIRS DU VASSAL
évoqués par Riol du Mans

La victoire de Gaydon convainc Charlemagne de la faute de Thibaut dont il fait pendre le cadavre. Mais il reste à punir Sanson et Amboin, garants de Thibaut avant le combat. Ils ont été gardés comme otages et ils devraient, selon la coutume, subir le sort de Thibaut. Hardré, cousin de Thibaut et de Ganelon, le sait bien. Mais il connaît aussi la cupidité de l'empereur et il va en tirer parti. Il lui envoie deux mulets chargés d'or en lui demandant de libérer les otages. Charlemagne se laisse gagner. En l'apprenant, Gaydon éclate de colère et fait porter son défi à l'empereur. Pendant ce temps Ferraut et Amaufroi, neveux de Gaydon et chargés par lui de mener un convoi d'armes et de biens dans un de ses châteaux, sont attaqués plusieurs fois par les partisans de Thibaut. Ces rencontres donnent lieu à plusieurs épisodes sans que s'apaise la haine de Gaydon contre Charlemagne. Il est prêt à partir en guerre contre son suzerain et il demande une seconde fois sur ce point le conseil de Riol du Mans. Voici ces deux avis qui font suite d'abord aux menaces sanglantes de Gaydon contre Charlemagne, puis à son projet de défi à l'empereur au milieu de sa cour.

  — Hé ! fel gloutons, dist Riolz, que dis tu ?
« Ton droit seignor, se l'avoiez feru,
« Devant celle hore que il deffiez fust,
810. « Jamais en cort ne seroiez connus
« Que chevaliers te tendist ton escu.
« Weuls tu sambler un Girbert qui ja fu,
« Qui guerroia contre le roi Jhesu ?
« Et nostre Sires, par la soie vertu,
815. « Le fist mucier dedens le crues d'un fust.
« Vois tu ces terres et ces haus mons agus ?
« Tant i a très et pavillons tendus,
« Plus que Girbers pot guerroier Jhesu
« N'auroiez tu contre Karlon vertu. »
820.   RIOLZ a dit : « Or est li tans entrez
« Que cuide faire .I. legiers bachelers
« C'uns saiges hon n'oseroit pas panser.
« Resembler weuls Girbert le desraé,
« Qui guerroia contre méisme Dé ?
825. « Et quant Jhesus l'ot ainsiz malmené,
« Ne li laissa ne chastel ne cité,
« Donjon ne ville ne borc ne fermeté,
« En crues d'un fust le fist aprez entrer ;
« Puis l'en gieta par si grant poesté,
830. « Par .I. effoudre, qu'il le fist aweugler.
« Je voz norri petit anfant, soef,
« Tant que voz oi au duc Rollant jousté,
« Soz Aspremont où il fu adoubez ;
« Parmi tout ce, mon seignor naturel,
835. « De cui je tieng toutes mes heritez,
« Et bors et villes et chastiax et citez,
« De cest baston qui gist enmi cest tref,
« Voz en alaisse parmi le chief donner. »
  Gaydes l'entent, si commence à parler :
840. « Merci, biaus sire, por Deu de majesté !
« Jamais nul jor ne le quier apenser. »

3015.   GAYDES li dus est entrez en monstier,
Et proie Deu, le pere droiturier,
Que il li doinst le sien cuer esclairier
De Karlemaine, qui tant a le vis fier,
Qui le volt faire ocirre et detranchier
3020. Par le consseil Thiebaut le losengier ;

« Holà ! méchant gredin, s'écrie Riol, que dis-tu là ? Si tu avais frappé ton seigneur légitime avant de l'avoir défié,
810. plus jamais tu ne serais reconnu à la cour et aucun chevalier ne tiendrait ton bouclier. Veux-tu ressembler au Girbert de jadis qui entra en guerre contre le roi Jésus ? Notre seigneur en vertu de sa puissance le fit se cacher dans le
815. creux d'un arbre. Vois-tu ces terres et ces montagnes aux sommets pointus ? Il y a là bien plus de tentes et de pavillons tendus que n'en put avoir Girbert pour lutter contre Jésus et tu serais sans force en face de Charles. » Et Riol a continué : « Voici maintenant que le temps est
820. venu où un jeune étourdi s'imagine pouvoir faire ce qu'un homme de bon sens n'oserait pas avoir dans l'esprit. Veux-tu ressembler à l'insensé Girbert qui entra en guerre contre
825. Dieu lui-même ? Lorsque Jésus l'eut châtié sans lui laisser ni château, ni cité, ni donjon, ni ville, ni bourg, ni forteresse, il le fit entrer au creux d'un arbre dont ensuite grâce à sa toute puissance il le fit sortir par un éclair qui l'aveugla.
830. Tout enfant, je vous ai élevé avec tendresse jusqu'au jour où je vous ai associé au duc Roland sous Aspremont où il fut armé chevalier. Mais malgré tout cela, vous, mon
835. seigneur légitime, de qui je tiens tous mes domaines, bourgs, villes, châteaux, cités, je vous frapperais volontiers sur la tête de ce bâton que voici à terre au milieu de la
840. tente. » Gaydon, à ces mots, reprend alors : « Pitié, bon seigneur, au nom de Dieu de majesté ! Plus jamais dans la suite je ne veux reprendre ce projet. »

Gaydon, en fait, ne pourra tenir sa promesse et il consultera à nouveau son conseiller Riol du Mans sur le même sujet.

3015. « Le duc Gaydon est entré à l'église et il prie Dieu, le père justicier, de soulager son cœur à propos de Charlemagne au visage si farouche, Charlemagne qui veut le faire tuer
3020. et mettre en pièces sur le conseil du traître Thibaut. Mais

Mais il en a éu mauvais loier.
Li dus en jure le cors de saint Legier,
Que moult par tans, se il puet esploitier,
Fera à Karle dammaige et encombrier.
3025. Dou monstier ist et il et si princier,
Puis sont monté enz an palais plennier.
Riol dou Mans apella sans targier.
Onques nul jor n'ot talent de boisier ;
Toz jors servi loiaument sans trichier.
3030. Faus jugement ne volt ainz otroier,
Ne gentil home ne volt ainz empirier.
Les orphelins volt de lor drois aidier ;
Ainz n'en volt nul laissier deseritier :
Moult ot en lui vigouroz chevalier.
3035. Vers les preudommes i ot trop bel parlier,
Et, quant venoit à ses armes baillier,
N'i convenoit nul meillor chevalier.
Gaydes le voit, sel prent à arraisnier :
« Gentiz hom, sire, savez moi conseillier ?
3040. « L'emperéor Karlon voil guerroier.
« Ou il fera fors de France chacier
« Les traïtors, cui Dex doinst encombrier,
« Ou il les face à ma cort envoier,
« Si les ferai ardoir ou escorchier,
3045. « Ou traïner à coes de somier ;
« Car traïtor doit on à mort traitier ;
« En riche cort ne les doit on laissier.
« S'il ne le fait, par le cors saint Richier,
« Je li cuit si ses marches acorcier
3050. « Dont il perdra maint bon chastel entier.
« Vilainnement m'a rendu le loier
« De Pynabel, l'orgoilloz et le fier,
« Que je ocis au brant forbi d'acier,
« Qui Ganelon volt de mort respitier. »
3055. Riolz l'entent, s'en a le chief hocié ;
A soi méismez a dit sans delaier :
« Cis dus voldra tel chose encommencier
« N'iert pas, ce croi, legier à apaisier.
« Dex li otroit à s'onnor commencier,
3060. « C'on ne li puist à honte reprochier ;
« Car, par celui qui tout a à jugier,
« Je li voldrai à mon pooir aidier.
« Soit drois, soit tors, s'ai oï tesmoingnier :
« Doit li hons liges son droit seignor aidier. »

3065.   QUANT Riolz ot oï le duc Gaydon,
Qui tant haoit les parens Ganelon,

celui-ci en a été mal récompensé. Le duc jure sur la relique de St Léger que, le plus souvent possible, s'il peut y parvenir, il causera à Charles dommage et ennui. Puis il
3025. sort de l'Église, lui et ses hauts dignitaires, et ils montent au grand palais. Il convoque aussitôt Riol du Mans. Jamais de sa vie cet homme n'eut désir de tromperie mais il servit
3030. toujours loyalement et sans fourberie. Jamais il ne voulut rendre de faux jugements ni causer du tort à un homme bien né. Résolu à sauvegarder les droits des orphelins, jamais il ne permit d'en déshériter aucun. Il y avait en lui un très robuste chevalier. Il était aussi fort habile à parler
3035. devant les gens de bien, mais, quand il devait prendre les armes, on ne pouvait trouver meilleur chevalier. Gaydon le voit et lui adresse la parole : « Noble seigneur, pouvez-vous me conseiller ? Je veux entrer en guerre contre l'em-
3040. pereur Charles, à moins qu'il ne fasse chasser de France les traîtres (que Dieu les accable) ou bien qu'il ne les envoie à ma cour et je les ferai brûler, écorcher vifs ou encore
3045. traîner à la queue d'un cheval, car on doit mettre à mort les traîtres et ne pas les laisser vivre dans une cour puissante. S'il ne les fait pas chasser, par St Richier, je pense lui rogner ses provinces et le déposséder entièrement de
3050. quantité de bons châteaux. Il m'a bien mal récompensé de la mort de l'orgueilleux, du cruel Pinabel que j'ai tué de ma bonne lame d'acier tranchant, lui qui voulait épargner la vie de Ganelon. » Riol l'entend et à ces mots il
3055. hoche la tête se disant aussitôt en lui-même : « Notre duc va vouloir se lancer dans une affaire telle qu'elle ne sera pas, je crois, facile à arranger. Que Dieu lui permette d'en prendre l'initiative dans l'honneur, de manière qu'on ne puisse le lui reprocher, pour sa honte, car par le Juge universel,
3060. je voudrais l'aider de tout mon pouvoir. A tort ou à raison, j'ai toujours entendu dire que l'homme lige doit aide à son seigneur légitime. »
3065. Quand Riol eut appris que le duc Gaydon, plein de haine pour les parents de Ganelon, voulait entrer en guerre

Que il voloit guerroier roi Karlon,
Por ce que Karles les tient en sa maison :
« Sire, fait il, or oiez ma raison :
3070. « Sachiez de voir que cil fait mesprison
« Qui son seignor muet noise ne tenson,
« Se il n'i set moult loial achoison,
« Car on n'en dist se vilonnie non.
« Mandez au roi o le flori grenon
3075. « Que bannir face le lyngnaige felon,
« Qui bastir firent la mortel traïson
« Dont Thiebaus a éu son guerredon.
« S'il les bannist et chace dou roion,
« Querez au roi pais et acordison.
3080. « Il est tes sires, et vos iestez ses hom :
« Ne devez faire envers lui mesprison. »

DIST Riolz : « Sire, entendez mon coraige :
« Mandez à Karles, qui fier a le visaige,
« Que il vos rande le desloial lyngnaige ;
3085. « Bannir les face et widier heritaige.
« Et s'il les tient envers voz à estaige ;
« Sel deffiez et li randez s'ommaige ;
« Car voz feriez et orgoil et outraige,
« Se [guerroiez] vostre droit seignoraige.
3090. « Si soit requis li drois dou grant hontaige
« Dont vers Thiebaut fist porter vostre gaige.
« Mais je ne sai qui face cest messaige. »

contre le roi Charles parce que celui-ci les gardait auprès de lui, il déclara : « Seigneur, apprenez maintenant ce que j'ai à dire : sachez vraiment qu'il se conduit mal celui qui cherche noise ou querelle à son seigneur, à moins qu'il n'ait des motifs très légitimes, car autrement on ne dit sur lui que des infamies. Faites savoir au roi à la barbe fleurie qu'il doit bannir la lignée des traîtres instigateurs de la mortelle trahison qui a valu à Thibaut sa récompense. S'il les bannit et exile du royaume, demandez au roi paix et réconciliation. Il est votre seigneur et vous êtes son vassal, vous ne devez pas vous rendre coupable à son égard. » Riol continue : « Apprenez mon sentiment : faites savoir à Charles au visage farouche qu'il vous remette la lignée des traîtres. Qu'il les fasse bannir et priver de leurs biens. Mais s'il les garde malgré vous à son service, alors lancez-lui un défi et reprenez votre hommage. Car ce serait de votre part insolence et insulte que d'entrer en guerre contre votre seigneur légitime. Aussi, qu'on lui demande réparation de la grande honte qu'il vous infligea en vous faisant présenter un gage dans le combat contre Thibaut. Mais je ne vois pas qui portera ce message. »

V. - DIFFICILE DIALOGUE DE FERRAUT AVEC UN PORTIER

Qui donc aura l'audace de porter à l'empereur le message ultimatum d'un vassal menaçant de devenir un rebelle ? Gaydon propose son neveu Ferraut qui accepte avec le farouche désir d'accomplir sa périlleuse mission. Il part résolu et, en cours de route, rencontre Renaut, un messager du roi, qui vient précisément transmettre à Gaydon un ordre de Charlemagne. Celui-ci commande au duc de se rendre immédiatement à la cour pour implorer son pardon et faire réparation. Il le doit, puisqu'il est parti sans prendre congé et qu'il a tué des hommes de l'empereur en se retirant. Les deux messagers appartiennent donc à deux camps opposés. De plus, comme ils sont l'un et l'autre de chauds partisans de leurs maîtres respectifs, ils les défendent par la parole puis par les armes. Le combat qui les oppose révèle deux adversaires d'égale force qui, ne pouvant s'abattre, repartent épuisés chacun de son côté. Chemin faisant, Ferraut apprend par des marchands que Charles est à Orléans et il s'y rend. Encore faudrait-il que le portier le laisse arriver au palais de l'empereur. Pour le convaincre, Ferraut use de tous les arguments que lui offrent successivement son esprit et son épée.

```
3386.      DEVANT la porte dou plus maistre donjon
           S'en vint Ferraus, sor le destrier gascon ;
           Le portier huche clerement, à haut ton.
           Li portiers l'oit, ne dist ne o ne non :
3390.      Tant par estoit de male afaitison
           N'ot plus felon jusqu'an Carphanaon.
           Le guichet oevre, si choisi le baron,
           Qui fu armez sor le destrier gascon ;
           Il li a dit : « Trai toi arrier, gloutons !
3395.      « Tu n'i metras le pié, par saint Simon,
           « S'aura mengié Karles tout à son bon. »
           Ferraus li dist : « Biax frere, j'ai besoing ;
           « De longues terres sui tramis à Karlon :
           « Messaigiers sui, ja ne t'en mentironz.
3400.      « Preu i auraz quant noz i enterronz :
           « Je te donrai mon hermin pelison. »
```

Li portiers l'oit, si fronche le grenon,
Puis li a dit : « N'ai cure de sarmon ;
« Quant que as dit, ne pris pas .I. bouton.
3405. « N'i enterras, n'ai cure de ton don. »

FERRAUS a dit : « Biaus douz amis portiers,
« Oevre la porte, por Deu le droiturier.
« Messaigiers sui, n'ai cure d'atargier ;
« Au roi irai mon messaige noncier.
3410. « Se Dex m'aït, qui tout a à baillier,
« Li rois vos sires voz en aura plus chier.
« Vilonnie est de tant faire huchier,
« A porte à roi .I. vaillant chevalier. »
Li portiers l'oit, prinst soi à gramoier.
3415. « Vassaus, dist il, laissiez vostre plaidier ;
« N'i enterrez, par le cors saint Richier,
« Car Karles doit asséoir au mengier. »
Ferraus a dit : « Se m'i volez laissier,
« Je vos donrai mon mantel de loier,
3420. « Le duc Naynmon t'en ferai merciier. »
Dist li portiers : « Moult seiz bien praechier ;
« Il m'est avis que tu iez sermonniers.
« N'i enterras huimais, par saint Richier ;
« Mais or t'en va en cel borc harbergier,
3425. « Et reposer et toi et ton destrier,
« Et puis demain, se gel voil otroier,
« I enterras, encor à grant dongier.
« Sire musars, car voz traiez arrier,
« Et si laissiez ester votre plaidier,
3430. « Ou, se ce non, voz le comperrez chier. »
[Quant] Ferraus l'oit, vis cuida enraigier,
Quant il s'oï si vilment menacier.
S'entrer i puet, il s'en voldra vengier,
Quoi que il soit aprez dou repairier.

3435. QUANT Ferraus ot le portier entroï,
Qui de parole l'a si forment laidi,
Onques .I. mot vilain ne respondi ;
Mais, s'il entre enz, chier li sera meri.
A ces paroles, vint l'abes de Cluigni.
3440. Au roi avoit .I. sien besoing furni ;
Vint au portier qui à la porte sist,
D'esterlins blans la borse li empli,
Et li portiers la porte li ouvri.
Ferraus le voit, moult s'en est esjoïz ;
3445. Enz enterra, de ce s'est ahatis.
Isnellement vers la porte guenchi ;

Ferraus i entre, quant l'abes s'en parti.
Quant li portiers par dedenz le choisi,
Deu en jura et le cors saint Martin :
3450. « Mar i entrastez sans le congié de mi. »
Prent .I. baston grant et gros et furni,
Amont el chief le baron en feri
Desor l'escu que Ferraus li tendi.
Et li bastons contreval descendi,
3455. Que le cheval en chief aconsievi
Si durement qu'à jenols l'abati.
Et li chevax saut sus, qui effréi.
Voit le Ferraus, à poi n'enraige vis ;
Isnellement a trait le brant forbi.
3460. Quant cil le vit, vers le palais fui.
Ferraus li preus fierement le feri
Dou brant d'acier, onques n'en ot merci ;
Sor les espaules la teste li toilli,
Que elle vole bien .VII. piés et demi.
3465. Desor le froc au bon abé chaï,
Que de son sanc touz li fros vermoilli !
L'abes le voit, touz s'en espaouri :
« Nomini Damme, mauvais estre fait ci !
« S'estoie en cloistre, par foi le voz plevis,
3470. « An piece mais n'en seroie partis. »
En fuiez torne, et si moinne autressi :
Grant paor ont que d'euls ne face ansi.
Ferraus li anfes vint en palais antif,
Desoz l'olive, dou destrier descendi,
3475. Puis atacha le destrier arrabi.
Dex penst de lui, qui onques ne menti !
En peril est, se il n'en a merci.

QUANT Ferraus ot atachié l'arragon,
Prez de lui mait son escu au lyon,
3480. Et a restraint son hauberc fremillon ;
Son elme osta, qui fu fais à Mascon,
3482. Desor la selle l'atacha à l'arson ;
Son chief saingna de Deu et de son non ;
Pas avant autre s'en vint vers le donjon.

VI. - LE FILS EN LUTTE CONTRE SON PÈRE : SAVARI ET HERTAUT

Ferraut, une fois délivré du portier, va transmettre à Charles son message accompagné d'un défi. Puisqu'un messager est inviolable, il sort sans être inquiété, du moins jusqu'au moment où l'on découvre la mort du portier. L'empereur ordonne alors qu'on reprenne Ferraut et qu'on le pende. Mais, pour le moment, le condamné court bon train et fait diverses rencontres : une jeune fille dont il refuse l'hospitalité, un écuyer auquel il enlève quatre chevaux chargés d'argent, et, satisfaction supplémentaire, des chevaux destinés à l'empereur. Pourtant le destin ne lui est pas toujours favorable. Un soir, au coucher du soleil, alors que son cheval exténué va s'abattre sous lui, il s'arrête dans un château dont il ne connaît pas le possesseur. Or il se trouve, sans le savoir, chez un neveu de Ganelon, Hertaut, qui voudra le supprimer dès qu'il connaîtra son identité. Mais, par bonheur, la femme d'Hertaut est une cousine de Gaydon, ce que Ferraut ignore également. Elle fera pour sauver son hôte autant d'efforts que son mari pour le perdre. En attendant elle est profondément triste et Ferraut lui demande la raison de ses soupirs et de ses larmes.

4275. « Dame, dist il, ditez que voz avez ?
— Sire, dist elle, ja orrez veritez ;
« Mes sairremens n'en sera ja faussez.
« Mes parens iestez, sire, si ne savez
« Comment voz iestez traïs et malmenez.
4280. « Mes sire est niés Ganelon et Hardré ;
« Bien iestez sire traïs et barretez.
« En une chambre est maintenant entrez,
« .X. traïtors en a o lui menez ;
« Por voz ocirre ont les adourz combrez. »
4285. Quant Ferraus l'oit, moult en fu aïrez.

DIST Ferraus : « Damme, par Deu, moult sui souzprins
Mais, se g'estoie de mes armes garnis,
« De moi deffendre seroie amanevis.
« Mais je ne sai où mes harnois fu mis. »
4290. Et dist la damme : « Ja en serez saisiz. »
Son fil apelle, qui ot non Savaris.
« Fiuls, dist la damme, or ne soiez faillis.
« Cist vassaus est par ton pere traïs :
« Harbergié l'a li cuivers maléiz ;
4295. « Il sera ja vilainnement ocis,
« Qu'armer se vont Herchembaus et Baudris,
« Huitiers li fel, et Butors et Hanris,
« Gombaus de Broil et ses fiuls Salaris,
« Rogiers dou Gaut et ses frere autressiz.
4300. « Hertaus, mes sire, qui de Deu soit honnis. »
Li vaslés l'oit, ne fu mie alentis,
Por les adours corrut où furent mis.
Il les aporte, Ferraus les a saisiz :
Or doute mains ses mortex annemis.
4305. Soz .I. arc vol se trait et est assiz ;
Sor ses genouls a son brant d'acier mis.
Ez voz Hertaut, de Deu soit maléiz !
Fors de la chambre en est moult tost saillis.
Quant voit Ferraut, qui d'armes est garnis,
4310. Par .I. petit que il n'enraige vis ;
Sa fame escrie : « Orde pute miautris,
« Mar fu par voz icis consaus bastis ! »
Dist Savaris : « Peres, por Deu mercis,
« Ne faire chose dont tu soiez reprins,
4315. « Harbergié as cest chevalier de pris ;
« Se mal li faitez, très bien en soiez fis,
« Jamais n'en ierez en haute cort oïs.
« Ja est ses sires Gaydes, li dus gentiz.
« Cist est ses niés, par foi le voz plevis ;
4320. « Se mal li faites, sor vos tonrra li pis :

PLANCHE IX

LES SARRASINS ENLÈVENT UN BÉBÉ CHRÉTIEN
Un enfant dans son berceau au Moyen Age
(Bibli. Nat.)

PLANCHE X

LES DROITS ET LES DEVOIRS DU VASSAL
L'hommage du vassal au seigneur
(Sceau de Raimon de Mondragon 12ᵉ S.
Cabinet des Médailles).

4275. « Dame, lui dit-il, apprenez-moi ce que vous avez.
— Seigneur, lui répond-elle, vous allez entendre la vérité
et je ne manquerai pas à mon serment. Vous êtes mon
parent, seigneur, et vous ne savez pas combien vous
êtes trompé et en mauvaise posture. Mon mari est le neveu
4280. de Ganelon et d'Hardré. Vous voilà bien, seigneur, trahi
et dupé. Il est en ce moment entré dans une chambre où il
a emmené dix traîtres avec lui et ils ont pris leurs armes
4285. pour vous tuer. » En entendant ces mots, Ferraut devint
furieux et dit : « Dame, par Dieu, me voilà bien pris !
Pourtant si j'avais mes armes, je serais tout prêt à me
défendre, mais je ne sais pas où on les a mises. » La châ-
4290. telaine lui répond alors : « Vous allez en prendre posses-
sion. » Elle appelle son fils qui se nommait Savari : « Mon
fils, lui dit la dame, ne sois pas un lâche. Ce seigneur est
trompé par ton père. Le scélérat maudit lui a donné
4295. l'hospitalité et il va tout à l'heure le tuer honteusement car
vont s'armer, Harchembaut et Baudri, Huitier le traître,
Butor, Henri, Gombaut de Broil et son fils Salari, Roger du
4300. Gaut et son frère également, ainsi que Hertaut mon mari,
que Dieu le couvre de honte. » A ces mots le jeune homme,
sans attendre un instant, court chercher les armes à l'endroit
où on les a placées. Il les apporte à Ferraut qui les prend.
Maintenant, il craint moins ses ennemis mortels.
4305. Sous l'arc d'une voûte, il se retire et s'assied avec sur ses
genoux son épée d'acier. Mais voici Hertaut, que Dieu le
maudisse. Bien vite il sort de la pièce. Quand il voit
Ferraut muni de ses armes, il est presque fou de colère.
4310. Il crie à sa femme : « Espèce de sale garce, il t'en cuira
d'avoir monté ce coup ! » Mais Savari intervient : « Père,
au nom de Dieu, ne commettez pas une action que l'on
4315. vous reprocherait. Vous avez accordé l'hospitalité à ce
chevalier réputé. Si vous lui faites du mal, soyez-en tout à
fait sûr, plus jamais vous ne serez écouté en Haute Cour.
De plus, Gaydon, le noble duc, est son suzerain et cet
homme est son neveu, je vous en donne ma parole. Si vous
4320. lui faites du mal, il vous arrivera le pire. Les traîtres finis-

« Traîtres est en la parfin honnis. »
Hertaus l'entent, de mautalent rougi.
« Tais toi, dist il, Dex te puisse honnir !
« Si m'aït Dex, ainz ne m'apartenis. »
4325. Dist Savaris : « Par Deu de paradis,
« Ce poise moi c'onques m'engenuis,
« Et que voz onques fustez li siens maris.
« Dex qui sa mort pardonna à Longis,
« Il le deffende que il n'i soit ocis,
4330. « Et il voz doinst que soiez desconfis ! »
Et dist Ferraus : « Frans dammoisiaus gentiz,
« Se Dex ce donne que g'en puisse partir,
« Encor t'en iert li guerredons meris. »
Dist li vaslés : « Si m'aït Jhesus Cris,
4335. « Ja n'i serez, tant com je puisse, ocis. »

4656. « Couzin, dist il, avez éu frison. »
Et dist Ferraus : « Par mon chief, ce ai mon ;
« Ainz de morir n'oi mais tel souzpeson ;
« Mais, se je puis, g'en aurai vengison. »
4660. Lez lui choisi son hauberc fremillon ;
Li bers s'arma, puis saisi le gascon,
Qui fu Bozon, le frere Haguenon ;
L'espée prent, puis saisi le blazon.
Quant fu montez, et il ot ses ators,
4665. Lors fu plus fiers que tygres ne lyons,
Les traïtors aquieult par contenson.
Et Amaufrois le sieult à esporons,
Des traïtors font grant ocision.
Ferraus ataint Hertaut lez le donjon ;
4670. Là se cuida traire à sauvacion.

sent par se couvrir de honte. » Hertaut qui l'a entendu en
devient rouge de colère : « Tais-toi, dit-il, et que Dieu te
déshonore ! J'en prends Dieu à témoin, jamais tu n'as été
4325. des miens. » Savari lui réplique : « Par Dieu qui siège au
paradis, je suis peiné qu'un jour vous m'ayez engendré et
aussi que vous ayez été le mari de ma mère. Que Dieu
qui pardonna à Longis de l'avoir tué préserve ce chevalier
4330. de la mort et provoque votre défaite ! » Alors Ferraut
déclare : « Généreux et noble jeune homme, si Dieu me
permet de me tirer de là, tu auras un jour la récompense
que tu mérites. » Et l'adolescent lui répond : « Avec l'aide
4335. de Jésus Christ et pour autant que cela dépende de moi,
ce n'est pas maintenant que l'on vous tuera. »

Hertaut, voyant que sa femme et son fils soutiennent
Ferraut, va chercher du secours parmi ses hommes, cheva-
liers ou bourgeois. Après de multiples péripéties, dont le
siège du château par les traîtres que Ferraut en avait
expulsés, ce dernier est fait prisonnier ainsi que l'épouse
d'Hertaut. Il est décidé que l'homme sera pendu et la
femme brûlée. Ferraut a déjà la corde au cou et les yeux
bandés lorsqu'au dernier moment arrivent à son secours
Gaydon et ses hommes que Savari était allé prévenir. Savari,
à son retour, a une dernière occasion d'affrontement moral
avec son père.

4656. « Cousin, lui dit-il, vous avez frissonné. » Ferraut lui ré-
pond : « Par ma tête oui, vraiment. Jamais auparavant je
n'avais eu une telle crainte de la mort. Mais, si je le peux,
4660. j'en tirerai vengeance. » Tout près de lui il voit son
haubert brillant. Le brave chevalier s'arme puis prend le
cheval gascon qui appartenait à Bozon, frère d'Haguenon.
Il saisit son épée, puis son bouclier. Une fois à cheval et
4665. en armes, alors il est plus farouche qu'un tigre ou un lion.
Il poursuit vigoureusement les traîtres tandis qu'Amaufroi
le suit en éperonnant son cheval et ils en font un grand
4670. massacre. Ferraut atteint Hertaut tout près du donjon où il

Ferraus le prent par le hiaume réont,
Gaydon le mainne sans nulle arrestison ;
Le traïtor pendent par le chaon.
Dist Savaris : « Peres, par Saint Simon,
4675. « Ainsiz va d'omme qui mainne traïson.
« Moult m'en pesast se fussiez loiaus hom,
« Mais n'en donroie vaillissant .I. bouton. »

VII. - UN SERMON DIABOLIQUE
ou la profession de foi dans le mal

Pendant ce temps, Charlemagne rassemble son armée à Orléans d'où il ira assiéger le château de Gaydon. Mais les jeunes seigneurs qui sympathisent avec la cause de Gaydon quittent clandestinement le camp de l'empereur et vont se placer dans les rangs adverses. Ils combattront donc leurs pères. Pourtant, la volonté de Dieu et le désir du jongleur sauront éviter tout heurt meurtrier. La bataille dans laquelle s'opposent les deux armées est indécise. Vers la fin Ferraut est fait prisonnier par l'armée de Charlemagne et Ogier par celle de Gaydon. Dans les deux camps on décide l'échange de ces prisonniers de marque et Savari est chargé par Gaydon d'aller transmettre cette offre. L'empereur l'accepte et voudrait empêcher le duel de Ferraut et de Guy d'Hautefeuille qui, dans l'intervalle, se sont lancé un défi. Mais Gui s'y refuse absolument car il compte manœuvrer de telle sorte que le combat tourne de toute manière à son avantage. Avant le duel qui les opposera, les deux adversaires vont, chacun de leur côté, entendre une messe servie par des officiants de leur entourage. Pour Gui, la messe est dite par son oncle, l'évêque Guirré, qui la fait suivre d'un sermon original.

6428. Guiot enmainnent d'autre part si parent ;
Por oïr messe devant son tref descent ;
6430. Ne fust por honte il n'i alast noient.

s'imaginait trouver le salut. Ferraut le saisit par son heaume rond et le conduit à Gaydon tout aussitôt. Ils pendent le traître par le cou et Savari lui dit : « Mon père, par Saint
4675. Simon, tel est le sort de l'homme qui commet la trahison. J'en souffrirais beaucoup si vous étiez un homme loyal, mais je ne donnerais pas un bouton pour vous. »

6428. Les parents de Guy l'emmènent d'un autre côté. Il descend de cheval devant sa tente pour y entendre la messe. Sans le respect humain il n'y serait pas allé.

DEDENS son tref en est Guioz entrez ;
Ensamble o lui fu ses grans parentés.
Messe li chante li evesques Guirrez ;
Ses parens fu, de Maience fu nés.
6435. Ainz de Guiot ne fu Dex appelez.
Quant li services fut pardis et finez,
Li bons evesques si a les dras ostez ;
Dist à Guiot : « Biau niés, or entendez :
« Se vos volez faire mes volentez
6440. « Et mon commant, la bataille vaintrez.
« Et tout avant à Dammeldeu voez
« Que ja à home ne tenras loiautez ;
« Vo seignor lige ja foi ne porterez,
« Les loiaus homes traïssiez et vendez,
6445. « Le mal hauciez et le bien abatez.
« Se voz à home compaingnie prennez,
« En devant lui tout adez le loez,
« Et en derrier à la gent le blasmez.
« Les povres gens laidengiez et gabez,
6450. « Les orphenins à tort desheritez,
« Les vesves dammes lor doayres tolez,
« Les murtrissors, les larrons souztenez.
« Et sainte eglise adez deshonorez,
« Prestres et clers fuiez et eschievez,
6455. « Rendus et moinnes, par tout les desrobez,
« Et cordeliers et jacobins batez.
« Petits anfans en la boe gietez,
« Et coiement les prennez et mordez ;
« S'on ne voz voit, as mains les estrainglez.
6460. « Les vielles gens empoingniez et boutez,
« Ou an visaiges au mains les escopez.
« Les abéies escilliez et gastez,
« Et les nonnains toutes abandonnez.
« En touz les lieus là où voz esterez
6465. « Hardiement mentez et parjurez,
« Que ja vo foi nul jor ne mentirez

Guy entre dans sa tente et son nombreux lignage est avec
lui. L'évêque Guirré lui chante la messe. C'est un de ses
6435. parents, né à Mayence. Pourtant jamais Dieu ne fut invo-
qué par Guy. Une fois l'office entièrement achevé, le bon
évêque a enlevé ses vêtements sacerdotaux et a dit à Guy :
« Bon neveu, écoutez-moi bien. Si vous voulez suivre mes
6440. conseils et mes instructions, vous gagnerez la bataille. Mais
avant tout, faites au seigneur Dieu le serment de n'être
jamais loyal envers personne. Vous ne respecterez jamais
la foi que vous devez à votre seigneur lige. Trahissez et
vendez les hommes loyaux. Faites prospérer le mal et
6445. ruinez le bien. Si vous vous faites un ami, comblez-le
d'éloges en sa présence mais par derrière dites aux autres
du mal de lui. Couvrez les pauvres d'insultes et de raille-
6450. leries. Déshéritez injustement les orphelins. Enlevez leurs
douaires (1) aux veuves. Venez en aide aux assassins et
aux voleurs. Ne cessez de déshonorer la sainte église.
Fuyez et évitez prêtres et clercs, volez partout profés et
6455. moines. Frappez Franciscains et Dominicains. Jetez les petits
enfants dans la boue et à la dérobée, prenez-les et mor-
dez-les. Puis, si l'on ne vous voit pas, étranglez-les de vos
6460. mains. Saisissez les vieux et rouez-les de coups ou tout au
moins couvrez leurs visages de crachats. Détruisez, ravagez
les monastères et, toutes les religieuses, livrez-les au hasard.
Partout où vous vous trouverez, pratiquez hardiment men-
6465. songes et parjures de telle sorte que vous ne manquerez
jamais à vos promesses avant de perdre la main (2). Si

---

(1) C'est pour la veuve la jouissance de l'usufruit sur une partie
variable des biens du défunt. Le douaire ne restait à la femme
qu'autant qu'elle demeurait dans le veuvage.

(2) Les Capitulaires prescrivent de couper la main droite du parjure
afin de prévenir sûrement toute récidive. Mais ils prévoient égale-
ment que l'accusateur qui a eu gain de cause peut, s'il le juge bon,
accorder à l'auteur du faux serment la possibilité de racheter la
main, juridiquement perdue, en payant une compensation.

« Devant ice que voz la main perdrez.
« Se voz ce faites que voz oï avez,
« Ja à nul jor desconfiz ne serez.
6470. — Oïl, dist il, encore pis assez. »
Dist Auloris : « Cist est bien confessez ;
« S'il moroit ores, il esteroit sauvez. »
Et dist Hardrez : « Bien ait tex ordonnez ! »
Guis s'ajenoille, à terre s'est clinez ;
Et li evesques, qui de mal fu hordez,
Li pardonna toutes ses faussetez
Qu'il onques fist ne où fu entrapez,
Mais qu'il ne soit de ranchéoir lassez.
Guios se dresce, baus et asséurez.

vous faites tout ce que vous venez de m'entendre dire, vous
6470. ne serez jamais vaincu. — Oui, répond-il, je le ferai et
encore bien pis. » Aloris remarque alors : « En voilà un
qui est bien confessé. S'il venait à mourir maintenant, il
aurait son salut. » Et Hardré ajoute : « Honneur à un
tel prêtre ! » Guy s'agenouille, s'incline à terre et l'évêque
6475. qui était pétri de mal, lui pardonne toutes les fautes qu'il
commit dans sa vie, ou celles auxquelles il se laissa entraî-
ner, à la condition qu'il ne se lasse pas d'y retomber. Guy
se redresse, il est satisfait et plein d'assurance. »

VIII. - GAUTIER, MARI FIDÈLE ET COMIQUE

Gui d'Hautefeuille aurait à coup sûr été tué par Ferraut dans le duel qui les oppose si ses hommes embusqués près de là n'avaient surgi avant qu'il reçoive le coup fatal. Mais Gaydon avait prévu la traîtrise et ses guerriers interviennent à temps. Pourtant ils ne peuvent vaincre car l'armée de Charlemagne apparaît à son tour. Gaydon et les siens doivent s'enfuir, mais Charlemagne est incapable de prendre Angers bien défendu par les arbalétriers de Gaydon. Dans la bataille qui vient de se livrer, le vavasseur Gautier a été fait prisonnier par les traîtres. Peu après il est délivré par Ferraut et Amaufroi, mais en cours de route les trois hommes sont à nouveau assaillis par les traîtres. Pris et ligotés, ils sont condamnés à la pendaison, mais heureusement Gautier parvient à se libérer. Il rencontre sur son chemin Claresme, la nouvelle reine de Gascogne, qui se rend à la cour de Charlemagne pour recevoir son investiture. Elle accepte d'aller délivrer Ferraut et Amaufroi sur le point d'être pendus. Mais sa sympathie pour les hommes de Gaydon s'explique en fait par son amour pour leur maître et elle prie Gautier d'aller le révéler à Gaydon.

Ce rôle de confident entremetteur ne plaît guère à Gautier qui finit cependant par se laisser fléchir. Gaydon, lui, est tout heureux de se savoir aimé de la belle Claresme. Celle-ci dans son impatience l'invite à venir la voir dans sa tente. Gaydon accepte et se fait accompagner par Gautier en lui laissant entendre qu'il pourra lui trouver une agréable partenaire. Mais Gautier veut rester un mari fidèle, obstinément fermé aux perspectives extra-conjugales. Et voici le malheureux en face de la tentation.

8772. La cors depart, quant tans fu de couchier,
　　　　As osteux vont et baron et princier.
　　　　Gaydes li dus ne se volt oublier ;
8775. En une chambre s'en va appareillier,
　　　　Puis a mandé le vavassor Gautier.
　　　　Et il i vint, ne s'en fist pas proier,
　　　　Car il estoit sains et saus et haitiez.
　　　　Et Amaufrois se pooit bien aidier ;
8780. Ferraus li preus se pooit ja drescier.
　　　　Gaydes apelle Gautier, cui tant ot chier :
　　　　« Gautier, biaus frere, alez voz haubergier ;
　　　　« O moi venrez, car je voz en requier.
　　　　« Claresme m'a mandé, nel quier noier,
8785. « Que à li voise parler et acointier ;
　　　　« Vez ci le mes qu'elle m'a envoié.
　　　　« Autrui que voz n'i voil acompaingnier. »
　　　　Gautiers l'entent, vis cuida enraigier ;
　　　　Ce li est vis, ainszi l'a en cuidier,
8790. Li dus le voille por aler dosnoier.
　　　　Et dist Gautiers : « Weuls me tu engingnier ?
　　　　« Ja sez tu bien que je ai ma moillier,
　　　　« Et tu me weuls faire à autrui pechier !
　　　　« Par icel Deu qui tout a à baillier,
8795. « Ainz me lairoie trestout vif escorchier
　　　　« Que je volsisse vers ma fame boisier. »
　　　　Li dus l'entent, n'i ot qu'eslaiescier ;
　　　　Il l'en voldra .I. pou contralïier.
　　　　« Gautier, biaus frere, n'i ait point d'esmaier ;
8800. « Nouvelle amor voz convient commencier.
　　　　« Une pucelle, qui voz vit avant ier,
　　　　« Voz ainme tant ne s'en seit conseillier,
　　　　« Si voz voldra acoler et baisier.
　　　　« Bien voz porrez deduire et solascier,

8805. « Et en vos bras la pucelle embracier.
« S'elle voz puet tenir, par saint Richier,
« De voz voldra son cors rassaisiier. »
Et dist Gautiers : « Bien me saurai aidier.
« Li .C. diable la puissent atouchier !
8810. « Se elle weult envers moi aprochier,
« Par le cuer beu, s'as mains la puis baillier,
« Je la ferai en eve refroidier
« Tant que n'aura talent d'omme acointier. »
Li dus en rist quant l'oï gramoier,
8815. Puis li a dist : « Bien saurez engingnier,
« Se eschaper poez de si legier. »
Et dist Gautiers : « Je m'en revois arrier.
« Or i poez tout sans moi chevauchier,
« Puis que avez de tel besoing mestier ;
8820. « Encor .I. jor en serez corrouciez.
« Je ne voil mie autrui fame à plaidier,
« Fors que la moie, que g'espousai premiers.
« Se g'i aloie, bien porroie empirier,
« Car fame seit très bien home agaitier ;
8825. « Elle sot bien Salemon engingnier.
« Autrui que moi poez voz corroucier. »

QUANT li dus Gaydes oï Gautier jurer,
Et qu'il s'en weult par corrouz retorner,
Tout en riant le prinst à apeller :
8830. « Gautier, biaus sire, quant ne volez amer
« La danmoiselle, si la lairez ester ;
« Autrui que voz voldra s'amor donner,
« Quant de la vostre la convient consirrer.
« Mais or voz voil par amors commander
8835. « Que voz voz faites fervestir et armer.
— Voir, dist Gautiers, je ne le voil véer ;
« Mais ja [en] tref ne me verrez entrer.
— Non, ce dist Gaydes, se nel volez gréer. »
A ces paroles vait Gautiers endosser
8840. .I. blanc hauberc c'on li fist aporter ;
Ceinte a l'espée, puis lace l'iaume cler,
Prent une hache qui pent à .I. piler.
Et quant se vit ainsinques atorner,
Environ lui a prins à resgarder,
8845. Et à .II. mains sa hache à entezer ;
Dammeldeu jure, qui tout a à sauver,
Que, se il puet Aulori encontrer,
Sa traïson li fera comparer.
Et li dus s'arme, que n'i voit arrester,
8850. Que tart li fu, n'i volt plus demorer.

Clinevent fist en la place amener,
Gautier a fait .I. cheval enseller ;
Devant la salle vinrent andui ester.
Li messaigiers ne s'i volt arrester ;
8855. Errant monta por le franc duc guier.
Li dus a fait son escu aporter,
[Au col le met, moult bien s'i sot moler ;]
Il ne doute arme .I. denier monnaé.
Errant commencent tuit .III. à cheminner
8860. Parmi les rues, sans noise et sans crier ;
Jusqu'à la porte ne voldrent arrester.
Huon a fait et plevir et jurer
Que à nul home nes ira encuser.
Atant s'en issent, n'i voldrent arrester.
8865. Se Dex n'en pense, qui se laissa pener,
L'anmor Claresme, ainz que soit l'ajorner,
Lor convenra chierement achater.

VAIT s'en li dus cui forment atalente,
O lui Gautiers qui pas ne s'espoente.
8870. Et li messaiges les conduist une sente,
Lez .I. vergier où il avoit mainte ente.
Au chevauchier ont mise lor entente ;
Tant ont alé qu'il vinrent à la tente
A la pucelle qui iert et bele et gente,
8875. Qui por Gaydon estoit en grant entente.
Quant le perciut, ne fu mie dolente ;
El voit le duc qui tant li atalente.
Li dus descent, qui pas ne se desmente ;
L'iaume deslace qui fu fait à Otrente,
8880. Isnellement à Gautier le presente.

Li dus descent, si a son elme osté,
Et la ventaille a aval avalé.
Voit le Claresme, si l'a bel salué :
« Cil Dex de gloire, qui tout a estoré,
8885. « Il gart le duc et doinst joie et santé !
— Danme, cil Dex dont m'avez salué
« Voz doinst la riens que voz plus desirrez ! »
A icest mot l'a Claresme acolé,
Et li dus li belement et souef.
8890. Atant s'en sont ou pavillon entré ;
Desor .I. drap à bendes d'or ouvré
Se sont assiz, assez i ont parlé.
La danmoiselle li a dit et conté
Comment Guis a le don de li rouvé :
8895. « Li empereres l'en a le don donné

　　　　« Que il m'aura et ma grant hérité ;
　　　　« Mais miex voldroie avoir le chief copé
　　　　« Que li traïtres m'éust à son costé,
　　　　« Car tant voz ainz en droite loiauté
8900.　« Tout i ai mis mon cuer et mon pensé.
　　　　— Et je voz, danme, par bonne loiauté,
　　　　« Que jamais d'autre n'averai l'anmisté. »
　　　　Li dus la baise, ainz ne l'en sot mau gré
　　　　Et elle l'a doucement enduré :
8905.　Si baisier sont durement savoré.
　　　　En baisant sont si forment enamé,
　　　　Que andui ont de fine amor tramblé.
　　　　Et dist la danme : « Or ne me soit celé
　　　　« Se voz m'avez point de fin cuer amé. »
8910.　Gaydes l'entent, s'a un souzpir gieté ;
　　　　Lors l'acola par moult grant amisté,
　　　　Et li a dit belement et souef :
　　　　« Certez, ma danme, m'amor voz ai donné. »
　　　　Lors sont andui assiz enmi le tref ;
8915.　Iluecques ont lor amors devisé.
　　　　Et quant il ont ainsiz assez parlé,
　　　　Puis li a dit : « Avez vos apresté
　　　　« Comment [serons] dedens Angiers porté ?
　　　　— Danme, dist il, tout à vo volenté
8920.　« Ferai je tout, ja n'en iert destorné.
　　　　« Je voldroie ores que il fust apresté
　　　　« Que noz fuissonz dedenz la fermeté.
　　　　— Sire, dist elle, cel chevalier armé,
　　　　« Que je voi là, est il de jone aé ? »
8925.　Dist Gaydes : « Danme, .L. ans a passé,
　　　　« C'est cil qui m'ot le messaige aporté
　　　　« Que de voz iere moult durement amez.
　　　　« N'a plus preudome en une roiauté,
　　　　« Ne si hardi por ses armes porter.
8930.　« Ainz que il fust o moi acheminnez,
　　　　« Li jurai je, par sainte loiauté,
　　　　« Qu'il n'enterroit en tente ne en tref.
　　　　— Dex, dist la danme, il n'a talent d'amer. »
　　　　[Une pucele en prist à apeler] :
8935.　« Alez, fait elle, au chevalier armé
　　　　« Qui là fors est, soz cel aubre ramé,
　　　　« Et se li ditez que l'avez enamé,
　　　　« Et qu'il voz a le vostre cuer emblé. »
　　　　Elle s'en torne, n'i a plus demoré.

8940.　　A Gautier est venue la pucelle,
　　　　Quant el[le] voit, cortoisement l'apelle ;

Tout en riant, car moult iert gente et bele.
« Sire, dist elle, li fiuls à la Pucelle,
« C'est Jhesus Cris, qui pechéors apelle,
8945. « Voz gart de mal et de painne nouvelle !
« Car venez sà au tref ma damoiselle ;
« Par aventure qu'il i a tel donzelle
« Qui mieux voz ainme que masles tortorelle. »
Gautiers l'antent, touz li cuers li sautele ;
8950. Dist tel parole qui ne fu mie bele :
« Dame, dist il, par saint Pol de Tudelle,
« A moult petit m'est de vostre favelle.
« Alez voz ent aval celle praelle,
« Enmi cel pré, à une fontainnelle,
8955. « Desoz cel aubre dont la foille ventelle ;
« Clere en est l'eve, et clere la gravelle.
« S'avez trop chaut, si i alez, pucele.
« De vostre amor ne m'est une escuielle,
« Car moillier ai et plus cointe et plus bele ;
8960. « Quant il m'en membre, toz li cuers me sautelle. »

PAR grief parole se deffendi Gautiers ;
Grant paor a c'on nel voille engingnier,
Que ne volt mie fausser à sa moillier.
Et la pucelle se prinst à embronchier ;
8965. Tel honte en a ne se seit conseillier,
Par mautalent li dist en reprouvier :
« Mes sires Gaydes, qui son siecle a arrier
« Qui à vilain se fist acompaignier.
« Cist siet moult mieus à iestre charretier
8970. « Et la charrue tenir et manoier
« Qu'à bele danme parler ne acointier. »
Elle ainz que pot s'en retorna arrier.
Dist Gaydes : « Danme, por Deu le droiturier,
« Que voz a dit nostres compains Gautiers ?
8975. « Ne volt il mie avec voz repairier ?
— Sire, dist elle, Dex li doinst encombrier !
« Se j'éusse auques tenu le plaidoier,
« Il me féist en cel fossé baingnier.
« Il m'i rouva aler por refroidier,
8980. « Trop iere chaude, de coraige legier ;
« Plus grande honte ne me pot il nuncier.
« Par icel Deu qui tout a à baillier,
« Je voldroie ores qu'il fust en cel vivier
« Desci à tant que l'iroie saichier,
8985. « Qu'ainz mais ne vi si vilain chevalier.
« Nus gentiz hon qui d'armes weult prisier
« Ne déust ja tel home acompaingnier. »

SUR LES THEMES

SUR LES THÈMES

Texte I. - UNE TENTATIVE D'EMPOISONNEMENT

On comprend aisément qu'à une époque où les affrontements de maison à maison, de famille à famille ou d'homme à homme étaient extrêmement violents, on ait eu recours pour satisfaire la haine et la vengeance aux moyens les plus rapides. L'empoisonnement était de ceux-là. Pour cette raison, nous croyons qu'il ne faut pas le considérer comme un thème spécifique du genre littéraire dans lequel on le trouve. Il nous paraît plus juste d'y voir à la fois un reflet des mœurs et un ressort dramatique dans un récit. N'oublions pas que le poison était entré dans les mœurs au point que son emploi donnait lieu à des locutions usuelles, parfois un peu obscures pour nous, mais parfaitement claires pour les gens du Moyen Age. Lorsque l'auteur de Berthe aus grans pies parle de « trahir en poire ou en cerise », nous pouvons hésiter sur le sens, mais les contemporains, eux, ne s'y trompaient pas. Nous donnons plusieurs exemples de ces trahisons aux fruits que nous emprunterons l'un à une épopée, le second à un roman, le troisième à une chronique.

Un panier de pommes dans Parise la Duchesse.

Parise la Duchesse (vers 1275) appartient à la Geste de Nanteuil, elle-même rattachée au cycle de Doon de Mayence. Le puissant duc Raymond de Saint-Gilles vient d'épouser Parise dont le père a été tué par douze traîtres sans que sa fille soupçonne les auteurs du crime. Ceux-ci, dans la crainte d'être découverts, puis punis, décident dans un conseil secret d'empoisonner la jeune duchesse :

« Mais comment, demande Milon, empoisonner la dame ? » Béranger lui répond : « Nous allons vous le dire : quand j'étais tout jeune, j'ai été placé comme petit clerc à Saint-Pol de Ravane où un vieux lépreux puant m'apprit à composer un poison tel qu'il n'y en a pas de pire au monde. Nous en ferons porter à la femme de Raymond. J'en ai chez moi et du meilleur qui soit. Il n'y a pas d'homme créé par Dieu qui puisse en avaler sans que les yeux ne lui sortent des orbites. Mais nous ne nous en tiendrons pas là et nous lui ferons arracher le cœur de la poitrine. »..... Les traîtres criminels s'en vont à leurs demeures où ils ont pris trente pommes des plus belles qui soient. Ensuite ils les ont mises au mortier et avec une grande traîtrise les ont imbibées et remplies de poison. Béranger regarde autour de lui et voit un valet. Il l'appelle avec courtoisie et l'aborde : « Ami, dis-moi, tu es fils de baron. Porte-moi ce message à l'épouse de Raymond. A ton retour tu auras une bonne récompense. Demain matin je te donnerai une paire de chausses de soie, des souliers piqués à Lyon. Mais tu ne diras pas que c'est nous qui t'envoyons à elle. — Volontiers, par Dieu » répond le coquin. Il prend à la fois les pommes empoisonnées et le flacon qui contenait le poison. Il se dirige vers le palais et y monte. Malédiction divine ! la dame était dans sa chambre et n'avait avec elle qu'une chambrière du nom d'Églantine. Alors, voici le valet qui vient à elle. Dès qu'il la voit, il lui dit : « Dame, voyez ces pommes qui sont parmi les plus belles du monde. Je vous les donne. Il y a aussi une excellente boisson, à mon avis, la meilleure qu'on ait jamais faite. » La duchesse lui répond : « Tu as bien fait de les apporter ici. Demain matin je te donnerai une pelisse d'hermine, une paire de chausses de soie et des souliers piqués à Lyon. — Grâces vous soient rendues, Madame, répond le coquin. Aujourd'hui gardez-les moi, s'il vous plaît, mais demain matin je reviendrai chercher ma récompense. » Puis il retourne auprès des traîtres et leur dit : « J'ai fait votre commission à l'épouse de Raymond. Me voici de retour et je veux ma récompense. » Ils lui répondent alors : « Nous allons bien te la donner. » Et, dans un puits il le jettent, le misérable, le traître, si bien qu'ils lui brisent le cou avec la nuque. Maintenant on est tranquille à son sujet et on n'en parlera plus. Ah Dieu ! veuillez préserver l'épouse du duc Raymond ! Alors la jeune fille nommée Églantine dénoue de ses mains la serviette et en retire les pommes qui sont très belles. Ah Dieu, si elle en mange, elle est perdue et il lui faudra mourir sans délai. Parise regarde autour d'elle et voit arriver Beuve, le frère du puissant duc Raymond. Il venait d'être armé chevalier et avait belle allure. Dès qu'elle l'aperçoit la dame lui dit : « Soyez le bienvenu, Seigneur duc, vous mon noble beau-frère. Asseyez-vous à mes côtés et mangeons des pommes. — Avec grand plaisir, madame » répond le jeune Beuve. Il s'assied auprès d'elle sans penser à mal et il prend une pomme dont il pèle une extrémité. Ah Dieu ! il en a mangé ! Il eut bien tort. Tout aussitôt les yeux lui sortent de la tête, son cœur s'arrache et éclate dans sa poitrine. Quand la dame le voit, elle tombe de tout son long, évanouie et la belle Églantine également, la jeune fille aux cheveux blonds. Lorsque Parise se relève, elle pousse de profonds soupirs. « Ah Dieu ! s'écrie la jeune fille, mon noble beau-frère ! Quel malheur, seigneur, noble fils de baron ! Mon erreur et ma terrible méprise vous ont tué. Dieu ! que dire au puissant duc Raymond ? Il me fera sauter la tête par-dessus le cou. Hélas ! si je suis coupable dans cette circonstance, que Dieu me pardonne. »

Parise la Duchesse, édit. par Guessard et Loredan Larchey, Paris, Vieweg, 1860 ; v. 40-119.

Le fruit offert par Guenièvre dans la Mort Artu.

La Mort Artu, une des plus belles œuvres du XIIIe siècle, fait partie de l'ensemble du Graal (1). Composé aux environs de 1230, ce roman apparaît à la fois comme la suite de la Queste del Saint Graal et la conclusion du Lancelot en prose. Roman psychologique plus encore que roman d'aventures, il décrit la passion de Lancelot et de Guenièvre mais aussi les réactions d'Arthur quand il apprend son infortune et les tragiques conséquences qui en découlent. Mais, avant d'être exposée à la vengeance de son mari, Guenièvre court d'autres dangers qu'elle ne pouvait prévoir. Après un assez long séjour auprès de sa sœur Morgue, Arthur est revenu à sa résidence de Camaalot et le lendemain même de son retour Guenièvre se trouve compromise dans une étrange affaire d'empoisonnement :

> « Le lendemain de l'arrivée du roi à Camaalot, il se trouve qu'au moment du repas Monseigneur Gauvain mangeait à la table de la reine avec beaucoup d'autres chevaliers. Or dans une chambre, tout à côté de cette grande salle, il y avait un chevalier nommé Avarlan qui haïssait à mort Monseigneur Gauvain et il avait apporté des fruits empoisonnés, qui, pensait-il, devaient causer la mort de Gauvain. Aussi jugea-t-il que, s'il en envoyait à la reine, elle lui en offrirait avant tout autre convive et que s'il venait à en manger, il en mourrait immédiatement. La reine qui ne soupçonnait pas la trahison prit les fruits et en donna à un chevalier, compagnon de la Table Ronde nommé Gaheris de Karaheu. Et lui, qui en faisait grand cas, par estime pour la reine qui le lui avait offert, en mangea. Mais à peine en a-t-il avalé un peu qu'il tombe mort aussitôt en présence de la reine et de tous ceux qui se trouvaient à cette table. Aussi, se levèrent-ils immédiatement, stupéfaits devant ce prodige. En voyant

---
(1) Cf. J. Frappier, Étude sur la Mort le roi Artu — 2e édit. Paris-Genève, Droz - Minard, 1961.

le chevalier mort à ses pieds, la reine est si affligée de ce malheur qu'elle en est toute désemparée car tant de gens estimés ont vu le fait qu'elle ne saurait le nier. La nouvelle en vint jusqu'au roi, apportée par un chevalier qui avait pris son repas dans cette pièce. « Sire, lui dit-il, des choses bien étonnantes viennent d'arriver au palais. Madame la reine a tué un chevalier le plus malencontreusement du monde et c'était un compagnon de la Table Ronde, le frère de Mador de la Porte. »

La Mort le roi Artu, éd. par J. Frappier - Genève-Droz, 1954, pp. 75-76.

La mort du Calife : le lait et la poire, dans la Chronique de Tabari.

La Chronique de Tabari (839-922) racontant la mort de Madhi, calife de Bagdad (qui régna de 158 à 169 de l'hégire) rapporte les diverses traditions qui s'établirent peu à peu à ce sujet. Cette mort était naturelle selon les uns, violente selon les autres.

« D'après un autre récit Madhi serait mort empoisonné sans que sa mort eût été préméditée. Il avait une jeune esclave nommée Hosana qui lui était plus chère que toutes ses autres femmes et qu'il distinguait entre toutes. Cette femme, voyant qu'il portait aussi une vive affection à une autre esclave, fut jalouse et résolut d'empoisonner sa rivale. Elle envoya donc, de sa chambre, par sa servante, un vase de colostre à la chambre de l'autre esclave. Madhi, qui vers le coucher du soleil regardait de la terrasse dans le jardin, vit passer la servante avec le vase. Il eut envie de prendre de ce lait ; il appela la jeune fille et lui demanda où elle portait ce plat. Elle répondit que Hosana l'envoyait à une telle ; « Donne-le moi, dit le Calife, je veux en manger. Hosana aimera mieux cela. » La servante lui présenta le vase et il en prit. Cette femme ne savait pas ce que contenait le vase ou, si elle le savait, elle n'osait pas le dire. Avant que le soleil fût couché Madhi était mort......

D'après une autre version Hosana aurait envoyé à sa rivale des poires, dont l'une, la plus grande et la plus belle, placée en évidence, était empoisonnée. Lorsque Madhi voulut en manger, il choisit la plus grande, celle qui était empoisonnée, et il mourut sur-le-champ. On l'enterra le lendemain, dans le jardin sous un noyer qu'il avait toujours aimé. »

Chronique de Tabari, traduite par M. Hermann Zotenberg, Paris-Maisonneuve. Édit. Bessonet Chantemerle, 1954 - t. IV, p. 440.

Texte IV. - DROITS ET DEVOIRS DU VASSAL ÉVOQUÉS PAR RIOL DU MANS

Quand il s'interroge sur les obligations du vassal et leurs limites, Riol du Mans soulève un problème qui a préoccupé l'ensemble du Moyen Age féodal. Aussi n'est-il pas étonnant d'abord de voir les Capitulaires de Charlemagne énumérer les violences ou les fautes du suzerain qui autorisent la révolte du vassal, ensuite de constater que les épopées médiévales ont donné de ces cas de conflit de nombreuses applications littéraires. Les héros rebelles (par exemple Ogier, Renaut, Girart, Raoul) se trouvent placés dans une situation angoissante et sollicités par des devoirs opposés (1). Dans la réalité, ces crises de conscience étaient sans doute infiniment plus rares si l'on en croit Marc Bloch assurant : « De toutes les occasions de guerroyer, prendre les armes contre son seigneur était la première qui vînt à

---

(1) Sur le thème épique de la révolte, voir l'ouvrage capital de William C. Calin ; The old French epic of Revolt - Droz - Minard - Genève - Paris, 1962.

l'esprit » (1). En tout cas, la littérature médiévale s'est appliquée à donner d'heureuses transpositions d'un droit féodal encore mal assuré et qui demandait aux romans et aux épopées une illustration et un soutien. Parmi les contributions littéraires à la question des rapports vassal-suzerain, nous retiendrons celles du Roman de Thèbes et de Garin le Lorrain.

1°) Le Roman de Thèbes.

Ce roman écrit vers 1150 reprend la légende d'Œdipe avec la lutte fraticide de ses deux fils Étéocle et Polynice, mais en donnant au récit une présentation médiévale. Daire, vassal d'Étéocle, insiste vivement auprès de lui pour qu'il se réconcilie avec son frère. Furieux de cette intervention, Étéocle le frappe avec violence et le laisse ensanglanté. Daire, blessé et avide de vengeance, fait dire à Étéocle qu'il est libéré de ses devoirs vassaliques envers lui et en même temps il livre à Polynice la tour qu'il est chargé de défendre. Mais cette tour, minée par un ingénieur d'Étéocle, s'effondre. Daire fait prisonnier et accusé de trahison comparaît devant le tribunal de ses pairs qui ne s'entendent pas sur la décision à prendre à son sujet. Oton, qui parle le premier, le justifie tandis que Créon le condamne.

« Quant à moi, me fondant sur le droit et la raison, je soutiendrai que Daire ne doit pas être accusé de trahison. Le roi a gravement outragé son vassal en le frappant de son bâton et en conséquence lui donna, c'est établi, entière liberté de lui faire du mal. Si Daire en usa autant qu'il put, une fois qu'il en eut la possibilité, il n'a mérité ni de perdre la vie ni d'être mutilé et il n'a pas commis de trahison. » Le vieux, le vénérable Créon connaissait bien le droit. Au milieu de la cour il se dresse,

---

(1) Marc Bloch, La société féodale et la formation des liens de dépendance - Paris, Alcan, 1939, p. 360.

tenant son gant de la main droite. C'était un homme fort sage : « Seigneurs, dit-il, pensez bien à m'écouter. Il a tort celui qui, en le sachant, prononce un mauvais jugement. Oton a dit ce qu'il voulait et tous nous l'avons écouté. Mais, en toute loyauté, je ne me range pas à son avis. Le roi a bien outragé son vassal, mais Daire a supporté l'affront en silence sans lui en demander raison ni réparation. Le roi d'autre part ne refusa pas de lui donner satisfaction et lui-même ne lança pas de défi au roi. Daire était son vassal et le roi son suzerain. Pour une dispute et un instant de colère il n'aurait pas dû, je crois, chercher à priver son suzerain de ses domaines, ni certes vouloir lui enlever aussi vite ses biens héréditaires. Mais il aurait dû demander une réparation et l'accepter, puis attendre quarante jours pour voir si le roi lui faisait justice, cela avant de lui causer du tort. En revanche il aurait bien pu quitter son service. Mais, même si le roi avait des torts à son égard, il ne devait pas vouloir sa mort. Car il chercha à faire mourir Étéocle en lançant sur lui ses ennemis mortels qui l'auraient volontiers mis à mort s'ils avaient pu le prendre. En matière de justice on ne doit pas manquer de parole ni permettre la trahison. Daire en cela a commis une grande félonie et c'est une faute qui mérite la mutilation et la perte de la vie. Pourtant je ne crois pas qu'il y ait ici quelqu'un à qui cela cause plus de peine qu'à moi. Mais l'amitié ne me fera pas fausser le jugement que je prononcerai. » Oton lui réplique : « Je ne me soucie plus de l'amitié lorsqu'elle aboutit au déshonneur. Tout homme qui en aime loyalement un autre ne lui veut pas plus de mal qu'à lui-même. Si vous l'aimiez si peu que ce soit, vous ne prononceriez pas semblable jugement. Seigneur Créon, apportez-lui un correctif car je ne l'approuve pas. Si mon suzerain m'enlève mes domaines ainsi que mon bien, je dois lui en demander réparation ou attendre s'il ne me l'accorde pas quarante jours avant de lui causer du tort. Mais, une fois qu'il m'a frappé, maudit soit qui le niera, il n'y a plus,

de ce fait, aucune obligation de ma part, car, dans ce
cas, il a manqué à sa parole. Et au moment où je voudrais
obtenir satisfaction et me venger des coups reçus, qu'il se
garde bien alors de ma lance. Je ne peux exiger répa-
ration de la violence subie autrement qu'en me vengeant
par l'épée. »

Le Roman de Thèbes publié par L. Constans, Paris-S.A.T.F.,
1890 - 2 vol. - Tome I, v. 8331-8406.

2°) Garin le Lorrain.

L'épopée de Garin le Lorrain (Garin le Loheren) écrite
au XIIe siècle raconte la lutte farouche qui oppose à tra-
vers plusieurs générations les Lorrains aux Aquitains. Le
conflit est provoqué par la perspective du mariage de
Garin, duc de Metz, avec Blanchefleur, fille du roi Thierry
de Maurienne. Mais ce projet ne pourra devenir réalité
que si le roi Pépin, suzerain de Garin, en donne l'autori-
sation à son vassal. Ainsi, tout au long de la narration se
trouvent posés divers problèmes de vasselage que nous
relevons dans les extraits qui suivent. Voici tout d'abord
l'offre de Thierry de Maurienne, offre que Garin n'est pas
libre d'accepter.

Le mariage du vassal.

« Ah Garin ! noble et hardi chevalier, tu m'as conservé
ma terre et mon pays. Mais avant que je meure tu auras
ta récompense, c'est ma fille Blanchefleur au clair visage,
si tu veux bien la prendre pour épouse. Il n'y a pas de
femme plus noble en ce pays et il n'est aucun roi au
monde qui ne l'accepte volontiers. Aucune n'est aussi belle
en quarante pays et je sais bien que ce n'est pas un
mensonge. » Ils ont appelé et fait venir la jeune fille. Le
roi Thierry la prend par la main et devant Garin, publi-
quement il a dit : « Prends ma fille, tu l'as bien méritée
et je te donne aussi ma terre et mon pays ! — Et moi,
répond Garin, je la prends, mais à la condition que vous

allez connaître : l'approbation de l'empereur Pépin. Mais,
s'il ne donne pas son consentement, il faut me résigner. »
(V. 2096-2113).

Les pouvoirs du suzerain sont donc étendus, mais ils
ne sont pas illimités. Nous allons nous en rendre compte
davantage encore après la disparition du roi Thierry de
Maurienne qui, avant de mourir, avait déclaré qu'il laissait
à Garin son fief et sa fille. Pépin donne d'abord son
acquiescement à ce double don. Mais Fromont, comte de
Lens, veut ce fief pour lui-même. Il le réclame donc à Pépin
qui est son suzerain et aussi celui du roi de Maurienne. Par
la réponse de Pépin nous saurons si le suzerain a le droit
d'aliéner un fief héréditaire.

Le suzerain et l'héritage du vassal.

« Thierry, le souverain plein de hardiesse est mort
(dit Garin). Il me fit venir à ses derniers moments, me
donna sa fille au corps harmonieux et toute sa terre avec
ses dépendances. J'ai accepté le fief, sire, mais à la condi-
tion expresse que cela vous convienne et vous agrée. » Le
roi Pépin lui répond alors : « J'y consens de bon gré.
Tant que je vivrai, et que Dieu m'aide, je ne manquerai
jamais de me réjouir quand je verrai s'étendre vos
domaines. J'accroîtrai plutôt votre fief et fortement. Vous
m'avez bien servi en toute loyauté, ainsi que je le vois et
qu'on me le dit. — « Soyez grandement remercié » dit
Garin, tout joyeux. « J'ai grand désir de vous servir. » A
ces mots, Fromont éclate presque de colère. Bien vite il
se dresse et, d'une voix forte, très violemment, il dit au
roi : « Sire, je m'oppose à ce qu'aucune autorisation,
quelle qu'elle soit, lui donne ce fief. Autrefois, certain jour,
il y eut une convention quand vous étiez en chasse aux
pieds de Montmeliand, alors que vous avez donné au
vaillant Begon le grand duché de Gascogne, vous m'avez
promis, et plus de cent personnes l'ont entendu, que, s'il
se trouvait terre ou fief qui me convienne ou me plaise,

je l'obtiendrais sans délai. Cette terre me convient et je la veux à coup sûr. » Mais le roi lui répond : « Il n'y a pas là matière à réclamation. Ce que le père a donné à son enfant de son plein gré, on ne peut le lui reprendre en bonne justice. Demandez d'autres biens et vous les aurez à coup sûr. »
(V. 2231-2263).

Dans une des nombreuses guerres qui suivent, le roi Pépin combat du même côté que les chefs lorrains. Dans le camp lorrain les opérations sont surtout menées par Garin et Begon les deux frères et par Aubéri le Bourguignon, dans le camp aquitain par Bernart de Naisil et son neveu Froment de Lens. Or, en passant près de Langres, Begon apprend que l'évêque de la ville a reçu quelque temps Bernart de Naisil. En avait-il le droit, lui, le vassal de Pépin et d'Aubéri, tous deux en guerre contre Bernart ? Begon va le lui dire.

Le droit d'hébergement et ses limites.

« Mais voici l'évêque qui vient avec ses clercs. Il salue le duc au nom du Dieu de vérité. Begon lui répond comme vous allez l'entendre. « Fils de putain ! Dieu te maudisse ! Malheur à celui qui fit de toi un évêque. Pars d'ici et vide les lieux. Tu as trahi la promesse faite à Aubéri le Bourguignon. C'est mon neveu et il est le seigneur de la région. Quant à l'empereur qui règne sur la France, il a droit de gîte à Langres lorsqu'il y passe. Donc, le serment que tu leur as fait, tu l'as violé en recevant leur ennemi mortel. Je suis le sénéchal du pays de France et je dois veiller sur la terre du roi Pépin. Ma foi en Jésus m'empêche de te tuer. Fuis et pars d'ici. Vide-nous les lieux. » A ces mots l'évêque reste stupéfait. De toute sa hauteur il tombe aux pieds de Begon. « Pitié, dit-il, noble et généreux chevalier. Je vous jurerai sur le corps de Saint Rémi que j'ai agi malgré moi, que je n'ai pas donné mon consentement et que je n'ai voulu faire le moindre mal ni au roi Pépin, ni à votre neveu Aubéri qui est ici. » Begon lui répond : « Alors recevez mon pardon. » (V. 3827-3850).

Dans la dernière partie de la geste, les Lorrains ont dans leur camp un nouvel entraîneur d'hommes en la personne de Rigaut le fils aîné du vilain Hervil. Par sa force, sa bravoure, ses exploits, il a forcé l'estime de tous et, avant même d'être armé chevalier, il est devenu un des chefs des Lorrains. Mais il n'est pas familiarisé avec les usages et il s'imagine pouvoir disposer seul du sort des hommes qu'il a vaincus et faits prisonniers. Il a compté sans les coutumes féodales et Pépin tient à lui rappeler, au moins pour la forme, les privilèges du suzerain après la victoire.

La part du suzerain.

« Seigneur Rigaut, dit le roi Pépin, rendez-moi Foucon, Rocelin et tous les autres ainsi que le jeune Fromondin. Je ferai d'eux ce qui me plaira et me conviendra. » Rigaut réplique : « Pourquoi ? Et moi alors ? En quoi cela vous concerne-t-il puisque je les ai faits prisonniers au cours de la bataille ! — Je vais vous le dire, lui répond le roi Pépin. C'est l'usage légitime et l'on procède ainsi sur toute l'étendue du royaume que j'ai à gouverner. Le butin est à vous mais les prisonniers sont à moi. — Maudit soit, dit Rigaut, celui qui a établi cette coutume. Je les emmènerai certes au Plessis et je pense bien les y retenir malgré Fromont. » Mais le roi lui réplique : « Vous n'agirez pas ainsi. Les prisonniers sont à moi et vous les laisserez ici. — Vraiment, reprend Rigaut, j'entends là des choses surprenantes. Il n'y a pas d'homme au monde que je n'aille frapper de mon épée au cas où il voudrait me les enlever. » Le roi qui entend ces paroles en est très fâché. Il interpelle Garin : « Vous entendez votre cousin ! Par Saint Martin, il me menace ! — Sire, intervient Begon, il ne sait ce qu'il dit. — Dites plutôt qu'il est très violent » répartit le roi. Begon l'appelle et lui dit : « Écoutez-moi, jeune Rigaut, personne ne doit entrer en contestation avec son suzerain. » Mais Rigaut rétorque : « Moi je ne lui suis redevable de rien. Vous qui l'êtes, pensez à bien le servir. » Mais le duc Begon reprend : « Cousin, bientôt vous lui serez redevable. Faites ce qu'il souhaite et ce qui lui convient. Dorénavant vous devrez le servir. — Est-ce là ce que vous voulez ? » demande le jeune Rigaut. « Mais oui, bon neveu » lui répond Garin. Alors Rigaut s'est mis à genoux devant le roi, en lui disant : « Sire, je vous abandonne les prisonniers. — Et moi, répond Pépin, je te les rends. »

Garin le Loheren by J.E. Vallery - Columbia, 1947 - v. 9741-9776.

Texte VII. - UN SERMON DIABOLIQUE

ou la profession de foi dans le mal

Les paroles de l'évêque Guirré prononçant un sermon inspiré par le goût du mal et du péché rendent un son diabolique qui n'est pas fréquent dans les Chansons de Geste. Ce n'est pas que tous les personnages épiques aiment et pratiquent la vertu. Bien loin de là ! Mais très rares sont ceux qui ont le vice inscrit dans leur âme au point de l'avouer, de le déclarer, de le professer. Pourtant, il est au moins un personnage d'un poème épique qui se sent assez à l'aise dans le mal pour en faire son élément puis étaler au grand jour ses turpitudes. C'est une femme, la Matabrune, du Chevalier au cygne. Cependant, pour avoir un sermon authentiquement diabolique, c'est évidemment au diable lui-même qu'il faut s'adresser. Or le diable fréquente peu les épopées et on a beaucoup plus de chances de le rencontrer au théâtre où il a fait, dès ses débuts, une entrée remarquée avec le Jeu d'Adam. Depuis, il a gagné des recrues, hommes et femmes, jeunes et vieux, et, à l'occasion, il ne leur refuse pas un bon sermon. Nous donnerons la parole d'abord à Matabrune, ensuite au diable.

La Confession de Matabrune dans Le Chevalier au cygne.

Écrit vers la fin du XII° siècle, le Chevalier au cygne raconte l'étonnante histoire d'Élyas, un des sept enfants dont a accouché la reine Béatrice, épouse d'Oriant, roi d'Ilefort. Le caractère merveilleux de cette naissance qui apparaît déjà avec le chiffre sept, est encore souligné par la chaîne d'or que tous ces enfants portent au cou. Matabrune, mère d'Oriant, est indignée quand elle apprend la venue au monde d'un tel nombre d'enfants et elle déclare que cela s'explique par les multiples infidélités de Béatrice. Elle donne l'ordre de tuer les enfants et de brûler la mère. Mais ce programme ne s'exécute pas. Le serviteur qui doit faire périr les enfants les laisse dans une forêt où un ermite les élève (1). Mais Matabrune, l'ayant appris, vole les chaînes d'or, sauf celle de l'un d'eux, Élyas, qui était parti dans le bois avec l'ermite. Les six enfants dont les chaînes ont disparu deviennent des cygnes et Élyas sera le futur chevalier au cygne. Il grandit, est armé chevalier et, après avoir lavé sa mère de l'accusation d'infidélité, il s'empare de Matabrune qui avait accumulé méfait sur méfait. Elle est condamnée au bûcher, mais l'heure de la mort n'est pas pour elle l'heure du repentir.

> « Écoutez, dit Matabrune, jeunes gentilshommes et vous aussi barons, vous allez entendre des choses extraordinaires dans ma confession. En un mot je peux vous le dire : je n'ai jamais fait que le mal. Je n'ai jamais aimé

---

(1) Sur ce sujet cf. l'excellent article de Mme R. Colliot : « Un thème de la littérature médiévale, l'enfant de la forêt ». Annales de la Faculté des Lettres d'Aix, tome XXXVIII, fascicule 1, 1964, pp. 137-159.

Dieu, ni son très saint nom. Jamais je n'ai rien aimé autant que le meurtre et la trahison. Si j'avais pu......., j'aurais coupé la tête d'Élyas au ras du cou, j'aurais tué mon fils avec un bâton ou un pieu, ou encore avec un poignard tranchant je lui aurais percé le cœur. Puis j'aurais mis le feu au pays, je l'aurais réduit en cendres et aux gens j'aurais fait passer de bien mauvais moments : tous je les aurais rançonnés et jetés en prison. La bonne reine, c'est moi qui l'ai trahie, j'ai envoyé Marc tuer les enfants, puis j'ai fait croire à mon fils, en le trompant cruellement, que les sept enfants étaient tous des chiots. Mon souhait aurait été de voir alors Béatrice brûlée et consumée. Si j'avais pu échapper, il aurait été possible de dire que depuis le temps de Salomon aucun être humain n'aurait causé autant de mal que j'en aurais fait à moi seule. Jamais je n'ai aimé ce qui est juste et ce n'est pas maintenant que je vais prier Dieu de me pardonner. Si je vais en enfer, la compagnie ne manquera pas. Désormais advienne que pourra, livrons-nous corps et âme. »

La vieille Matabrune s'est bien mal confessée. Tous ceux qui ont entendu la forcenée en ont peur. « Sûrement, criminelle endurcie, dit Élyas, vos actes recevront leur récompense. Vous avez enlevé mon frère et diffamé ma mère. Aussi je vais vous en donner un douloureux salaire. » Alors on prend Matabrune, on la jette au feu et la vieille crie d'une voix forte : « C'est aux diables que je recommande tous les habitants de mon pays. »

La Chanson du Chevalier au Cygne et de Godefroi de Bouillon par C. Hippeau, Paris - Aubry, 1874 - v. 2350-2380.

LE SERMON DU DIABLE DANS LE MIRACLE DE THÉOPHILE.

Au XIIIe siècle Rutebeuf, empruntant à Gautier de Coincy la légende du clerc qui avait vendu son âme au diable, l'adapta à la scène vers 1260. Ce fut le Miracle de Théophile. Dans ce petit drame on peut suivre les états d'âme et les réactions du clerc Théophile. Privé brusquement de sa charge par son évêque, Théophile est à la fois humilié et furieux. Dans sa colère il s'emporte contre Dieu qui a permis ou voulu sa chute. Puisque le Ciel l'abandonne, il ne lui reste plus qu'à s'adresser à l'Enfer. Il fait donc appel à Satan qui accepte de lui faire rendre son office à condition que Théophile lui livre son âme au moment de sa mort. En attendant, le clerc se conformera aux désirs et volontés de Satan qui va précisément lui dicter les commandements du diable en même temps qu'une nouvelle ligne de conduite.

« Théophile, beau et doux ami, puisque tu t'es donné à moi, je te dirai ce qu'il te faudra faire. Jamais tu n'aimeras le pauvre. Si un pauvre homme en peine te prie, ferme l'oreille et passe ton chemin. Si quelqu'un s'humilie devant toi, réponds avec orgueil et méchanceté. Si un misérable mendie à ta porte, garde-toi bien qu'il emporte une aumône. Douceur, humilité, charité, piété, tout cela me fait grand mal au ventre. Quand je vois faire l'aumône et prier Dieu, aimer Dieu et vivre chastement, il me semble que serpents et couleuvres me mangent les entrailles et le cœur. Quand on entre à l'hôpital pour s'occuper de quelque malade, j'en ai le cœur si blessé qu'il me semble ne plus le sentir, tellement celui qui agit bien me tourmente. Va donc, tu seras sénéchal. Fais le mal et laisse le bien. De ta vie ne juge avec loyauté, car tu ferais une grande folie et tu agirais contre moi. »

A. Jeanroy - Le théâtre religieux en France du XIe au XIIIe siècle. Paris - De Boccard, 1924, pp. 145-146.

LA DESCENDANCE DU THÈME.

Le thème du sermon diabolique n'est pas mort avec le Moyen Age. Le XIXe et le XXe siècle l'ont prolongé tantôt sous la forme traditionnelle d'un assaut contre la morale établie, tantôt sous une forme burlesque destinée à provo-

PLANCHE XI

LE SERMON DIABOLIQUE
Le loup habillé en évêque fait un sermon à des oies
(Bibli. Nat.)

PLANCHE XII

BERTHE EST COURTISÉE PAR SON MARI
"Donoiement" et galanterie au Moyen Age
(Couvercle de Miroir - 14ᵉ S. Musée de Cluny)

quer le rire. Un passage des Chants de Maldoror (1869) de Lautréamont illustre la première forme, un extrait des Copains (1913) de Jules Romains, la seconde.

Une curieuse leçon de morale.

Dans un jardin public un homme d'aspect assez antipathique entreprend de bouleverser le sens moral d'un jeune garçon rêveur. A l'adulte qui lui a demandé à quoi il pensait, l'enfant a répondu qu'il pensait au Ciel. Cette réponse provoque la harangue suivante :

« Il n'est pas nécessaire que tu penses au Ciel ; c'est déjà assez de penser à la terre..... — Mais chacun préfère le Ciel à la terre. — Eh bien pas moi ! Car puisque le Ciel a été fait par Dieu, ainsi que la terre, sois sûr que tu y rencontreras les mêmes maux qu'ici-bas. Après ta mort tu ne seras pas récompensé d'après tes mérites car, si l'on te commet des injustices sur cette terre, il n'y a pas de raison pour que dans l'autre vie on ne t'en commette plus. Ce que tu as de mieux à faire, c'est de ne pas penser à Dieu et de te faire justice toi-même puisqu'on te la refuse. Les moyens vertueux et bonasses ne mènent à rien. Il faut mettre à l'œuvre des leviers plus énergiques et des trames plus savantes. Avant que tu deviennes célèbre par tes vertus et que tu atteignes le but, cent autres auront le temps de faire des cabrioles par-dessus ton dos et d'arriver au bout de la carrière avant toi de manière qu'il ne s'y trouvera plus de place pour tes idées étroites. Il faut savoir embrasser avec plus de grandeur l'horizon du temps présent. N'as-tu jamais entendu parler par exemple de la gloire immense qu'apportent les victoires ? Et cependant les victoires ne se font pas seules. Il faut verser du sang, beaucoup de sang, pour les engendrer et les déposer aux pieds des conquérants. Sans les cadavres et les membres épars que tu aperçois dans la plaine où s'est opéré sagement le carnage, il n'y aurait pas de guerre et sans guerre il n'y aurait pas de victoire. Tu vois que lorsqu'on veut devenir célèbre il faut se plonger avec grâce dans les fleuves de sang alimentés par de la chair à canon. Le but excuse le moyen. La première chose pour devenir célèbre est d'avoir de l'argent. Or, comme tu n'en as pas, il faudra assassiner pour en acquérir. Mais comme tu n'es pas assez fort pour manier le poignard, fais-toi voleur en attendant que tes membres aient grossi. Et, pour qu'ils grossissent plus vite je te conseille de te faire de la gymnastique deux fois par jour, une heure le matin, une heure le soir. De cette manière, tu pourras essayer le crime avec un certain succès dès l'âge de quinze ans au lieu d'attendre jusqu'à vingt. »

Lautréamont - Les chants de Maldoror - Collection Le livre de poche - Paris, 1963, pp. 110-113.

UN SERMON STIMULANT.

Sept jeunes gens, sept amis font ensemble une sortie en Auvergne. Leur bonne humeur va souvent jusqu'à la facétie. Ainsi, à Ambert, l'un d'eux, Bénin, a réussi à se faire passer pour un moine familier du pape et le prêtre lui a permis de prononcer à sa place le sermon du dimanche dont voici une partie :

« ...Mes bien chers frères, surtout dans l'époque moderne, et depuis la malheureuse agitation de la Réforme, il semble que la pensée et l'action chrétiennes de notre pays se soient comme hypnotisées sur certains points de morale, je dirai même sur certains scrupules de mœurs, qui ont bien leur intérêt, mais qui ne méritaient peut-être pas de retenir, d'accaparer, d'immobiliser toutes les forces... Car, mes bien chers frères, c'est par une étrange bévue que les fanatiques de la pureté mettent leurs idées au compte de Dieu. Rien, dans l'Ancien ni le Nouveau Testament, qui les y autorise. Ces ennemis de la vie, de l'amour et de la fécondité se réclament du Dieu des patriarches, du Dieu qui a si visiblement favorisé les époux vigoureux et les pères prolifiques, du Dieu qui a dicté le Cantique des Cantiques, le chant le plus ardent, le plus voluptueux qui ait retenti sous une nuit orientale ...... Ils se réclament du Christ qui fit de l'amour sous toutes ses formes la vertu par excellence, du Christ qui fut l'ami indulgent de la pècheresse Madeleine, du Christ qui protégea la femme adultère, du Christ qui a résumé sa doctrine dans ces deux préceptes : « Aimez-vous les uns les autres. Croissez et multipliez. »..... Puis je m'adresserai aux jeunes gens, garçons et filles. Je les supplierai de ne point différer un examen sérieux de leur mission terrestre. Ils ont non seulement à assurer leur propre salut, mais encore à réparer les fautes de leurs devanciers. Jeunes filles, craignez l'humiliation du célibat, craignez une vie déchue ! Favorisez les desseins de Dieu. Vous toutes, je me plais à le croire, aspirez du fond de votre âme aux saintes extases de la couche. Ne souffrez pas qu'on entrave cette vocation..... Vous, jeunes hommes, souvenez-vous que Dieu vous a pourvus de cette initiative dont je parlais tantôt... Ah ! jeunes hommes, j'aimerais que votre fougue ne sût pas se contenir. J'aimerais que dédaigneux d'une vaine dissimulation vous prissiez Dieu dans sa maison comme témoin de votre impatience. Ah ! mes frères, oserons-nous renouveler les naïfs transports des premiers chrétiens ? Retrouverons-nous la ferveur des agapes où, loin des froides perversités du siècle, tous les membres de la communauté, hommes et femmes, garçons et filles, possédés par un immense amour, en proie à l'Esprit, se précipitaient dans les bras les uns des autres et confondaient leurs baisers. »

Jules Romains - Les Copains - Paris, Gallimard, 1922, pp. 194-98.

BERTE AUS GRANS PIES

BERTE AUS GRANS PIES

BERTE AUS GRANS PIES est l'œuvre la plus connue d'Adenet le roi (nommé parfois aussi Adam le ménestrel) qui écrivit entre 1270 et 1285. Adenet est un diminutif familier d'Adam qui est cependant qualifié de roi car il est le chef des ménestrels de la cour comtale de Guy de Dampierre. Ménestrel, c'est-à-dire à la fois musicien, récitant, écrivain, il était fonctionnaire subalterne et accompagnait dans ses déplacements le comte des Flandres, Guy de Dampierre, son second et principal protecteur. Il dut en particulier à son maître de participer à la croisade de Tunis (1270-71) et de traverser plusieurs fois la France. Son évocation, dans Berte aus grans pies, de Paris vu de Montmartre est très vraisemblablement le souvenir d'un voyage dans lequel, du haut de la colline fameuse, il découvrit « l'admirable cité ».

Mais cet appel à la réalité n'est pas constant dans l'œuvre d'Adenet. Il oscille dans ses ouvrages depuis Buevon de Conmarchis jusqu'à Berte aus grans pies entre l'épopée et le roman. Dans Berte, composée après 1273 (3486 alexandrins en laisses masculines et féminines alternées) pas plus que dans ses œuvres précédentes (Buevon de Conmarchis, Les enfances Ogier), Adenet n'a le mérite de l'originalité. Une chanson de geste du XIIe siècle, dont nous n'avons plus le texte mais à laquelle plusieurs auteurs font allusion, a très probablement fourni à Adenet l'essentiel de son sujet, l'histoire de Berte. Histoire fort répandue puisque nous en possédons vingt versions, complètes ou fragmentaires. La légende exploite d'anciens thèmes folkloriques et tout particulièrement ceux de la fiancée substituée, puis de la femme exilée dans une forêt. Autre motif populaire, celui du ou des pieds anormaux puisqu'il faut employer le singulier ou le pluriel selon les versions. Ce motif avait très vraisemblablement un sens symbolique dans le folklore d'autrefois. Peut-être aussi existe-t-il une relation entre la légende de la femme au(x) grand(s) pied(s) et la représentation de la reine Pédauque telle qu'on la voit aux portails de plusieurs cathédrales (dont celle du Mans) avec un pied palmé comme celui d'une oie.

Ces thèmes, fort heureusement, sont insérés avec la plus grande habileté dans un récit souvent plus romanesque qu'épique. La veine épique est représentée par le sujet même qui s'inscrit dans le cycle du roi avec les aventures des parents de Charlemagne, par des allusions à Girart de Roussillon et aux Lorrains, par l'épisode du combat de Pépin contre un lion. Cependant le romancier l'emporte avec la narration romanesque des multiples malheurs de Berte qui tombe d'aventure en aventure et de danger en danger. Autant d'occasions pour Adenet de s'émouvoir devant cette jeune femme qui, se croyant promise à l'amour, rencontre la trahison. Comment ne pas s'attendrir aussi sur cette princesse qui, élevée dans le luxe et le raffinement d'une cour royale, se voit soudain abandonnée dans le plus grand dénuement au milieu d'une forêt sauvage ? A cet attendrissement Adenet n'a pas manqué, car on le sent vivre avec son héroïne dont il peint de manière nuancée les troubles et les angoisses.

Mais cette sensibilité n'est pas sensiblerie et le monde moral n'est pas le seul à retenir l'attention d'Adenet. Il sait décrire un paysage de forêt, un intérieur bourgeois, une chambre obscure aussi bien qu'évoquer l'attitude et les commentaires d'une foule tantôt favorable et tantôt hostile. Ajoutons que parfois un sourire de l'auteur semble éclairer certaines scènes et donner au poème une finesse supplémentaire. Tel l'épisode où Pépin courtise et convoite sa femme qu'il n'a pas reconnue. Nous ne sommes qu'au XIIIe siècle avec Adenet et déjà nous songeons au XVIIIe avec Beaumarchais.

I. - LES ADIEUX DE BERTHE A SON DÉPART DE HONGRIE ET SON ARRIVÉE A PARIS

Le récit d'Adenet, à la manière d'une poésie lyrique, s'ouvre sur une brève évocation du printemps. En cette saison le poète se lia, dit-il, à Saint-Denis avec un moine qui lui montra l'histoire de Berthe. Il y apprit qu'à vingt ans, Pépin, fils de Charles Martel, lutta audacieusement contre un lion et le tua. A la mort de son père, Pépin fut couronné roi, se maria et, après quelques années, sa femme mourut sans lui laisser d'enfant. Selon l'usage les vassaux de Pépin l'invitent à se remarier et l'un d'eux lui vante la beauté ainsi que les mérites de la fille du roi de Hongrie qu'on appelle « Berte la débonaire ».

Pépin fait aussitôt demander en mariage la jeune fille et ses parents, le roi Floire et la reine Blanchefleur, l'accordent immédiatement. Voici Berthe placée devant l'inconnu du mariage.

Berte la debonaire, qui n'ot pensee avere,
V. 135. Molt durement plorant prent congié a son pere.
« Sire, » dist ele, « a Dieu saluez moi mon frere,
Qui tient devers Poulenne la terre de Grontere. »
« Fille, » ce dist li rois, « ressamblez vostre mere ;
Ne soiez vers les povres ne sure ne amere,
140. Mais douce et debonaire et de bone matere,
Si qu'a Dieu et au siecle la bonté de vous pere ;
Car qui ainsi le fait, molt noblement se pere,
Et cil qui bien ne fait, en la fin le compere.
Ains plus bele de vous ne vit rois n'emperere,
145. Je vous commant a Dieu qui est vrais gouvernere,
Qui en cors et en ame en soit dou tout gardere ».

— V —

Tout droit a celui tans que je ci vous devis,
Avoit une coustume enz el tyois pays
Que tout li grant seignor, li conte et li marchis
150. Avoient entour aus gent franchoise tous dis
Pour aprendre françois leu(r) filles et leu(r) fis ;
Li rois et la royne et Berte o le cler vis
Sorent pres d'aussi bien le françois de Paris
Com se il fussent né ou bourc a Saint Denis,
155. Car li rois de Hongrie fu en France norris ;
De son pays i fu menez molt tres petis.
François savoit Aliste, car leëns l'ot apris.
C'ert la fille la serve, ses cors soit li honnis,
Car puis furent par li maint grant malice empris.
160. Adont tenoient Franc les Tyois pour amis,
S'aidoient li uns l'autre contre les Arrabis ;
Bien parut puis à Charle qui fu rois poestis
Que Alemant estoient chevalier de haut pris ;
Par aus fu puis mains Turs et mors et desconfis.
165. De ce ne vous iert ore nus lons racontes dis ;
De ce vous vueil parler que vous ai entrepris.
. . . .

— VII —

Quant Berte ot pris congié a son pere au cuer vrai,
Forment li deu(t) li cuers, molt fu en grant esmai.

La noble Berthe au cœur si généreux prend congé de son
V. 135. père en pleurant à chaudes larmes. « Seigneur, dit-elle,
adieu, saluez pour moi mon frère qui, du côté de la
Pologne, règne sur le pays de Grontere. » « Ma fille, lui
répond le roi, ressemblez à votre mère ; ne soyez ni aigre
ni dure envers les pauvres, mais douce, bienveillante, avec
140. un bon cœur de manière à faire voir vos qualités à Dieu
et au monde. Car celui qui se conduit ainsi se montre
noble, mais l'homme qui ne fait pas le bien le paie à la
fin. Jamais roi ni empereur ne vit femme plus belle que
145. vous. Je vous recommande à Dieu le vrai maître du monde
pour qu'il vous protège entièrement, corps et âme. »

— V —

Précisément à l'époque dont je vous parle, c'était une cou-
tume en pays germain que tous les grands seigneurs, les
comtes et les marquis aient toujours les Français dans leur
150. entourage pour enseigner la langue française à leurs fils et
à leurs filles. Ainsi le roi, la reine et Berthe au clair visage
savaient le français de Paris presque aussi bien que s'ils
étaient nés dans la ville de Saint-Denis, car le roi de Hongrie
155. fut élevé en France. De son pays il y avait été emmené très
jeune. Aliste savait aussi le français car elle l'avait appris
là-bas. C'était la fille de la serve, maudite soit-elle, car
depuis elle fit bien des méchancetés. En ce temps-là les
160. Français avaient les Germains pour amis. Ils s'aidaient
mutuellement contre les Arabes. Charles qui devint roi tout
puissant comprit ensuite que les Allemands étaient des
chevaliers de grande valeur. Dans la suite ils tuèrent et
165. mirent en déroute quantité de Turcs. Là-dessus je ne vous
parlerai pas davantage car je veux vous entretenir du
sujet que j'ai abordé avec vous.

— VII —

Quand Berthe eut pris congé de son père au cœur sincère,
elle souffrit et s'affligea profondément. Les gens du pays,

180. La gent de cele terre, ne vous en mentirai,
En plorerent forment, car vraiement le sai.
« Fille », dist la royne, « je vous convoierai,
Sachiez, au plus avant que je onques porrai ;
Margiste, vostre serve, avoec vous laisserai
185. Et Aliste sa fille, plus bele riens ne sai,
Pour ce que vous ressamble, assés plus chiere l'ai,
Et Tybert leur cousin avoec envoierai.
Bien savez que tous trois de servage getai
Et que de mes deniers chascun d'aus rachetai,
190. Et por ceste raison trop plus m'i fierai. »
« Dame », ce a dit Berte, « et je les amerai,
Ne de chose que j'aie jamais ne leur faurrai,
Trestoutes mes privances par lor conseil ferai ;
Aliste, si je puis, tres bien marierai. »
195. « Fille », dist la royne, « bon gré vous en sarai. »
Un lundi par matin, por voir le vous dirai,
Orent Bertain montee seur un palefroi bai.
Des jornees qu'il firent trop ne vous conterai
Par Sassongne s'en vinrent, par le duc Nicholai ;
200. La duchoise estoit suer Bertain ; quant j'esgardai
L'estoire a Saint Denis, tout ainsi le trouvai.
D'approchier la besongne plus ne detrierai.
« Fille, dist Blancheflor, « arriere m'en irai,
De par vous vostre pere forment saluerai..... »

Tout droit un diemenche, ainsi com je l'entent,
250. Son(t) venu a Paris devant l'avesprement.
Encontre va li rois tres joieusement
Et sont en sa conpaigne plus de mil et set cent,
Qui trestout sont de lui tenant grant chasement ;
Berte vont saluer bel et courtoisement.
255. Conme sage et courtoise, chascun son salut rent
Com cele qui estoit de grant apensement,
Et dist li uns a l'autre : « Par le cors saint Climent,
Molt avons bele dame et de joene jouvent. »
Les cloches de la vile sonnerent hautement ;
260. De ce ne vous vueill faire nul lonc acontement,
Car n'ot rue en la vile, par le mien escient,
Ne fust toute couverte de dras tres richement,
Et les rues jonchies d'erbe tres netement,

180. sans mentir, en pleurèrent beaucoup, et je le sais bien. « Ma
fille, dit la reine, je vous accompagnerai, sachez-le, aussi
loin que je le pourrai. Je laisserai avec vous Margiste
votre serve ainsi qu'Aliste sa fille, d'une beauté incompa-
185. rable, elle que j'aime d'autant plus qu'elle vous ressemble.
J'enverrai avec elles Tibert leur cousin. Vous savez bien
que je les ai affranchis tous les trois en rachetant chacun
d'eux de mes propres deniers. Voilà pourquoi je me fierai
190. tellement à eux. — Dame, lui répond Berthe, aussi les
aimerai-je, sans jamais les laisser manquer de ce que
j'aurai moi-même. Je leur demanderai conseil pour toutes
mes affaires privées et si je le peux, je ferai faire à Aliste un
195. très bon mariage. — Ma fille, reprend la reine, je vous en
saurai bon gré. » Un lundi de bon matin, c'est la vérité, on
fit monter Berthe sur un cheval bai. Je ne vous parlerai
guère de leurs étapes. Ils passèrent par la Saxe, chez le
duc Nicolas, car la duchesse était la sœur de Berthe. C'est
200. bien là ce que j'ai trouvé en lisant l'histoire à Saint Denis.
Je ne tarderai pas davantage dans ma tâche. « Ma fille, dit
Blanchefleur, je vais m'en retourner et de votre part je
saluerai bien votre père..... »

Après un long trajet, Berthe et son escorte arrivent
à Paris.

C'est tout juste un dimanche, d'après ce qu'on m'a dit,
250. qu'ils arrivèrent à Paris avant l'heure de Vêpres. Au
devant d'eux le roi s'avance plein de joie avec une suite
de mille sept cents seigneurs qui tous tiennent de lui des
fiefs importants. Ils s'approchent et saluent Berthe très
courtoisement. Puis celle-ci en femme sensée, bien apprise
255. et de bon jugement rend à chacun son salut. Ils se disent
entre eux : « Par Saint Clément, voilà une belle souveraine
et bien jeune. » Les cloches de la ville sonnent à toute volée.
260. Mais je ne veux pas vous en faire un long récit. Il n'y avait
pas de rue dans la ville, je crois, qui ne fût tendue d'étoffes
à profusion et très joliment jonchée d'herbes. Les dames

Et les dames parees contre l'avenement
265. Carolent et festient et chantent hautement ;
De joiaux, de richesces toute Paris resplent.
Au perron de la sale la royne descent ;
Maint haut baron l'adrestrent molt debonairement,
Car de li honnorer a chascuns grant talent.

— X —

270. Aprés la mi aoust, ne quier que vous en mente,
Par un jour si tres bel qu'il ne pluet ne ne vente
Espousa rois Pepins Berte la bele gente.
Richement fu vestue d'un riche drap d'Octrente ;
Tel coronne ot el chief qui molt li atalente,
275. Cent mile mars valoit et plus, a droite vente.
Berte fut gracieuse com est la flors sor l'ente.
Chascuns la tient a bele, n'est nus ne s'i assente.
Ou jardin orent fait drecier la maistre tente ;
Quant la messe fut dite, n'i firent longue atente,
280. Au mengier sont assis, ça cent, ça vint, ça trente.
Mains grans princes le jour de servir se presente ;
Devant la royne ot mainte bele jouvente
Qui volentiers la servent, nus ne s'en destalente.
Or est ele molt aise, mais tost sera dolente :
285. Margiste li fera recevoir tele rente,
Par son tres grant malice la metra en tel sente
Dont souvent iert de lermes sa chiere molt sullente,
Damediex la confonde, l'ordre vielle pullente.

— XI —

Les napes ont ostees ; quant vint aprés mengier,
290. Menestrel s'apareillent por faire lor mestier ;
Trois menestrels y ot qui molt font a prisier,
Devant le roi s'en vinrent, n'i vorrent detriier,
Et devant la royne por li esbaniier ;
Li uns fu vieleres, on l'apeloit Gautier
295. Et l'autres fu ha(r)peres, s'ot non maistre Garnier ;
L'autres fu leüteres, molt s'en sot bien aidier,
Ne sai comment ot non, mentir ne vous en quier ;
Volentiers les oyrent dames et chevalier ;

parées pour la circonstance dansent, font fête et chantent
265. à pleine voix. Paris tout entier resplendit de joyaux et
de richesses. Puis la reine Berthe descend sur le perron
de la grande salle. Beaucoup de grands seigneurs la guident très complaisamment car chacun a grande envie de
lui faire honneur.

— X —

270. Après la mi-août, je ne veux pas vous mentir, par un jour
des plus beaux, sans pluie ni vent, le roi Pépin épouse la
belle et l'avenante Berthe. Elle est richement vêtue d'une
riche étoffe d'Otrente. Sur la tête, elle a une couronne qui
275. lui plaît beaucoup. Elle vaut cent mille marcs au bas mot,
au prix normal. Berthe a la grâce de la fleur sur l'arbuste
et tous la trouvent belle ; l'accord est unanime.
On a fait dresser dans le jardin la tente principale et,
la messe une fois dite, on n'y attend pas longtemps. Au
280. repas où les invités ont pris place, il y en a cent d'un côté,
vingt d'un autre, trente ailleurs. C'est pour maint grand
prince le moment d'offrir ses services. Il y a devant la reine
toute une belle jeunesse empressée à la servir et personne
ne s'en lasse. Maintenant la voilà fort heureuse mais
285. bientôt elle sera triste. Margiste la paiera de manière
particulière et par sa perversité lui fera suivre un chemin
où souvent son visage sera baigné de larmes. Que le
Seigneur Dieu punisse la sale vieille puante.

— XI —

Les nappes une fois enlevées et à la fin du repas les ménestrels s'apprêtent à jouer leur rôle. Il y avait là trois
ménestrels des plus renommés. Ils s'approchent du roi
sans tarder et aussi de la reine pour la divertir. Le premier
était un vielleur du nom de Gautier, le deuxième un harpeur
295. nommé maître Garnier. Le troisième était joueur de luth
et il y excellait mais je ne connais pas son nom, je dois
vous l'avouer. Dames et chevaliers les entendent avec

Quant leur mestier ont fait, si s'en revont arrier ;
300. Dont se dreça li rois, n'i volt plus atargier ;
Dames et damoiseles prennent a festiier,
Danses, baus et caroles veïssiés conmencier.
La royne adestrerent duc et conte et princier,
En ses chambres l'en mainent por son cors aaisier,
305. Puis retornent arriere, n'i vorrent delaiier,
La royne ne vorrent longuement traveillier.
Atant ez vous Margiste, cui Diex doinst encombrier :
Ja avoit en son cuer le conseil l'aversier,
Qu'ele avoit enpensé molt mortel destorbier.
310. Encoste la royne se va agenoillier.
En l'oreille li prent tantost a conseillier :
« Dame, trop sui dolente, par le cors Saint Richier.
Uns miens amis me vint des ersoir acointier
Que, puis que Diex laissa son cors crucefier,
315. Ne fu hons nus qui tant fesist a ressoignier
Com fait li rois Pepins por delez vous couchier ;
Quant li rois vous devra enquenuit conpaignier
Et faire la droiture c'on fait a sa moillier,
Paour ai ne vous tue, si me puist Diex aidier.
320. Je le sai grant piece a, ne l'osoie noncier,
Pour vous, que ne voloie pas trop assouploier. »
Quant ce ot la royne, si prent a lermoier,
De la paour qu'ele a cuide le sens changier.
« Dame », ce dist la viele, « ne vous chaut d'esmaier,
325. Bien vous garantirai, par Dieu le droiturier :
Quant evesque et abé revenront de saignier
Le lit au roi Pepin qui France a a baillier,
Vostre chambre ferai de toutes pars vuidier ;
Alistete ma fille ferai tots despoillier,
330. En lieu de vous el lit la ferai je mucier.
J'en ai parlé a li, fait li ai otroier ;
J'aim miex que ele muire que vous, mentir n'en quier. »
Quant Berte l'entendi, prist la a embracier,
Damedieu et ses sains en prent a graciier.

Adenet le roi, Berte aus grans pies, edited by U.T. Holmes, Chapel Hill, 1946.

plaisir. Leur numéro terminé, ils s'en vont. Alors le roi
300. se lève sans plus tarder. Dames et demoiselles prennent
part à la fête. C'est le début des danses, des bals, des
farandoles. Ducs, comtes et princes vont trouver la reine
et l'emmènent dans son appartement pour qu'elle se repose,
305. puis ils se retirent aussitôt sans vouloir plus longtemps la
fatiguer.

Puis voici Margiste, que Dieu la confonde. Déjà elle avait
dans l'esprit le plan diabolique qu'elle avait imaginé,
310. une criminelle machination. Tout près de la reine, elle va
s'agenouiller et se met à lui confier à l'oreille : « Madame,
par Saint Richier, je suis si triste. Un de mes amis est
venu me révéler dès hier au soir que depuis que Jésus se
laissa crucifier, il n'y eut pas d'homme plus redoutable que
le roi Pépin avec qui vous devez coucher. Au moment de
s'unir à vous cette nuit et de vous rendre le devoir conju-
gal, j'ai peur qu'il ne vous tue, Dieu m'aide. Je le sais
320. depuis longtemps, mais je n'osais le dire pour ne pas
vous abattre. » A ces mots la reine se met à pleurer. Elle
croit devenir folle de terreur. « Madame, lui dit la vieille,
ne soyez pas effrayée. Par Dieu le juste je saurai vous
325. protéger. Quand évêques et abbés seront partis, après
avoir béni le lit du roi Pépin qui gouverne la France, je
ferai sortir tout le monde de votre chambre. Puis je ferai
déshabiller la petite Aliste, ma fille, et lui dirai de se
330. dissimuler à votre place dans le lit. Je lui en ai parlé et
l'ai amenée à accepter. Je préfère la voir mourir plutôt que
vous, je ne veux pas mentir. » A ces mots Berte se met
à l'embrasser puis à rendre grâce au Seigneur et à ses
saints.

II. - BERTHE PERDUE DANS LA FORÊT DU MANS RENCONTRE UN ERMITE

Berthe, heureuse d'avoir échappé à ce qu'elle croit la traîtrise de son mari, ne sait pas que d'autres épreuves l'attendent. Elle compte en tout cas sur la fidélité et le dévouement de Margiste et de sa fille Aliste, serves affranchies par sa mère Blanchefleur. Mais c'est de Margiste précisément que vient une initiative criminelle. Elle a formé le projet d'installer sa fille sur le trône en la faisant bénéficier de son étonnante ressemblance avec Berthe. Pour cela, avec la complicité de Tibert, son cousin, venu également de Hongrie, elle fait simuler une tentative de meurtre sur la fausse reine, Aliste, sa fille. Celle-ci, au matin, alors que le roi dort encore, se frappe la cuisse avec un couteau.

Margiste aussitôt appelle Berthe et arrache le couteau sanglant qu'elle lui met entre les mains. Tandis que Berthe le garde un instant sans comprendre, Margiste crie au meurtre et réveille le roi. Celui-ci croit que la jeune femme qui a un couteau à la main a voulu tuer son épouse. Berthe est donc emmenée, bâillonnée, et Tibert, secondé par trois serviteurs du roi, reçoit l'ordre de la conduire dans une forêt et de l'y tuer. Mais ses trois compagnons, plus humains, obligent Tibert à épargner la malheureuse qu'ils abandonnent dans la forêt du Mans.

— XIX —

Molt fu Berte dolente, mentir ne vous en quier,
Damedieu reclama, le Pere droiturier,
565. Ne set ou on la maine, ou avant ou arrier.
Trestoutes lor jornees ne vous vueil rehercier.
Quant a l'ostel venoient, en chambre ou en solier
Metoit Tibers Bertain, n'i laissoit aprochier
Nului fors lui tout seul, Diex li doinst enconbrier
570. Et quant il li donnoit n'a boire n'a mengier,
En son poing tenoit nu le brant fourbi d'acier,
Pour ce que la vouloit telement esmaier
Qu'ele ne desist mot ne que n'osast noisier ;
De li ne se vouloit nule fois eslongnier,

— XIX —

Berthe fut bien triste, je ne veux pas vous mentir et elle
565. implore Dieu le justicier. Elle ne savait pas où on l'emmenait ni dans quel sens. Je ne veux pas vous décrire toutes leurs étapes, jour après jour. Quand ils allaient se loger, Tibert la mettait dans une chambre ou au grenier sans permettre à personne autre que lui de l'approcher. Puisse
570. Dieu l'accabler. Et, lorsqu'il lui devait donner à boire ou à manger, il tenait en sa main son épée nue d'acier poli car il voulait la terrifier au point qu'elle n'ose dire un mot ni faire du bruit. Jamais il ne voulait s'éloigner d'elle

575. Puis remetoit la corde dedens sa bouche arrier,
Puis li lioit les mains com felon pautonnier,
Enserrer la faisoit dusques a l'anuitier.
Tout ainsi s'en alerent, sans mençonge acointier,
Bien cinc grandes jornees, ne vorrent detriier,
580. Tant k'en un bois s'en vinrent haut et grant et plenier :
C'ert la forest dou Mans, ç'ai oy tesmognier ;
Lors se sont arresté desouz un olivier.
« Seignor », ce dist Tybers, « par le cors saint Richier,
De plus avant aler n'avons nous nul mestier. »
585. Et cil li respondirent : « Bien fait a otroiier. »
Lors sont tout descendu a terre sor l'erbier ;
L'uns avoit non Morans, forment fist a prisier,
Et l'autres Godefrois, li tiers ot non Renier.
La royne descendent, or li puist Diex aidier.
590. Onques mais de si pres ne la porent baillier,
Car Tibers n'i laissoit fors que lui aprochier.
Le drap deseur la robe li font tost despoillier,
Cote ot d'un blanc bliaut et mantel molt tres chier.
Quant si bele la voient, prennent a lermoiier,
595. Et Tibers li traïstres prent s'espee a sachier.
« Seignor, » ce dist Tibers, « or vous traiés arrier,
A un cop li ferai la teste trebuchier ».
Quant Berte vit l'espee, lors prent a souzploiier,
De paour va a dens a la terre couchier ;
600. Lors commence la terre doucement a baisier ;
Sa grant mesaventure ne leur puet anoncier,
Car la corde en la bouche ne la laisse raisnier.
« Tibert », ce dist Morans, « garde, sor li ne fier,
Car, par cel saint Seignor qui tout a a baillier,
605. Ja verroies tes membres et ta teste trenchier,
Se jamais ne devoie en France repairier. »

— XX —

Cel jor fist molt lait tans et de froide maniere,
Et Berte gist a dens par desus la bruiere ;
Paour a de Tibert que il sor li ne fiere,
610. Nostre Dame reclaime, la dame droituriere.
« Seignor, » ce dist Morans, « pensee aroit laniere
Qui si bele pucele mousterroit laide chiere. »
« Par Dieu », ce dist Tibers, « vis m'est que il afiere

575. et, le repas fini, il replaçait la corde au fond de sa bouche
puis lui liait les mains en traître et scélérat qu'il était et
la faisait enfermer jusqu'à la tombée de la nuit.

Ainsi ils marchèrent, c'est la vérité, au moins cinq longues
580. journées, sans s'attarder, jusqu'à leur arrivée dans un
bois profond, large et touffu. C'était la forêt du Mans,
m'a-t-on affirmé. Ils se sont arrêtés au pied d'un olivier.
« Compagnons, dit Tibert, par Saint Richier, il n'est pas
585. nécessaire d'aller plus loin. » Ils lui répondirent : « Vous
avez bien raison. » Tous ont mis pied à terre sur l'herbe.
L'un se nommait Morand et était très estimable, le deuxième Godefroid, le troisième Rénier.

Ils font descendre la reine, puisse Dieu lui venir en aide.
590. Jamais encore auparavant ils n'avaient pu la toucher car
Tibert n'en laissait approcher personne sauf lui. Ils lui
font aussitôt enlever le vêtement qui couvre la robe. Elle
était habillée d'une tunique blanche et d'un manteau de
très grand prix. Quand ils la voient aussi belle, ils se
595. mettent à pleurer et le traître Tibert tire son épée.

« Compagnons, dit Tibert, reculez. D'un seul coup je lui
ferai sauter la tête. » A la vue de l'épée Berthe faiblit.
De frayeur elle se couche, le visage contre terre, embrassant
600. le sol avec humilité. Elle ne peut leur dire le grand
malheur qui lui est arrivé car la corde qu'elle a dans la
bouche ne lui permet pas de parler. « Tibert, dit Morand,
garde-toi bien de la frapper car, par Dieu qui gouverne le
605. monde, tu verrais ta tête et tes membres mis en pièces
même si jamais plus je ne devais retourner en France. »

— XX —

Ce jour-là il faisait un temps épouvantable, particulièrement
froid et Berthe était étendue sur la bruyère visage contre
terre. Redoutant que Tibert la frappe, elle implore la
610. Vierge, souveraine justicière. « Compagnons, dit Morand,
il aurait une âme de lâche celui qui maltraiterait une aussi
belle jeune fille. — Par Dieu, répond Tibert, je crois qu'il

Que nous l'ocions tost, puis retornons arriere,
615. Car je l'oi en couvent Margiste que j'ai chiere. »
« Tibert », ce dist Morans, « dur cuer as conme piere ;
Se tu li fais nul mal, par l'apostre saint Piere,
Ne te gariroit mie tous li ors de Baiviere
Que cis bois ne te soit a tous jors mais litiere. »

— XXI —

620. Molt ot Tibers li leres le cuer tres corroucié,
Quant de tuer Bertain ne li ont otriié ;
Neporquant a li fel le bran forbi sachié,
Et li troi sergant l'ont par les flans enbracié,
Si qu'il l'ont contre terre par force agenoillié ;
625. Chascuns a trait s'espee, plus n'i ont atargié ;
Entrués que li doi tienent Tibert le renoiié,
La desloie Morans, qui en ot grant pitié,
Le loien de la bouche n'i a il pas laissié.
« Bele, fuiés vous ent, n'i ait plus detriié,
630. Damediex vous conduise par sa douce amistié. »
Berte s'en va fuiant, le cuer ot esmaié,
Car bien cuidoit sans faille avoir le chief trenchié ;
En la forest s'en fuit, molt a Dieu graciié.
Ainsi eschapa Berte Tibert sans son congié.
635. Quant Tibers l'a veü, molt ot le cuer irié.

faut la tuer et vite puis revenir sur nos pas car je l'ai
615. promis à Margiste que j'estime. —
Tibert, réplique Morant, tu as un cœur de pierre, si tu
lui fais mal, par Saint-Pierre l'apôtre, tout l'or de la
Bavière n'empêchera pas ce bois de devenir désormais
ton lit de mort. »

— XXI —

620. Tibert le vaurien est furieux qu'on ne lui ait pas permis
de tuer Berthe. Pourtant le traître a tiré son épée polie
mais les trois serviteurs l'ont pris à bras le corps et l'ont
de force agenouillé à terre. Chacun s'est empressé de
625. tirer son épée et tandis que deux d'entre eux maintiennent
Tibert le renégat, Morant plein de pitié délie Berthe et
lui enlève la corde qui la bâillonne. « Belle dame, fuyez
vite et que Dieu doux et aimant vous guide. » Berthe s'enfuit
630. le cœur en émoi, car elle croyait bien avoir sûrement la
tête coupée. Elle s'enfuit dans la forêt en remerciant Dieu.
Ainsi Berthe s'échappe malgré Tibert et quand il s'en rend
compte, il est furibond.

Tibert et ses trois compagnons reviennent auprès de
Margiste et l'assurent qu'ils ont tué Berthe. Celle-ci, restée
seule dans la forêt, se met tant bien que mal à l'abri d'un
terrible orage. Puis elle échappe de justesse à des voleurs
en s'enfuyant tandis qu'ils se la disputent. Devant de tels
dangers, elle s'en remet à Dieu et fait le vœu de ne jamais
dévoiler sa réelle condition sociale sauf si cette révélation
doit sauver son honneur. Elle continue ensuite à errer
jusqu'au moment où elle fait une nouvelle rencontre.

— XLIV —

Par la forest dou Mans, si qu'il fu ajorné,
1075. S'en va Berte as grans piés, n'i a plus demoré,
Souvent reclaime Dieu, le roi de majesté.
Une fontaine trueve, si en but a plenté.
Aprés ot si grant froit qu'ele a forment tramblé,
Ne set conment le froit puist avoir eschivé.
1080. Un petit sentier a la royne trouvé,
En cel sentier s'embat, n'i a plus arresté.
Tant a celui sentier porsiui et alé
C'un hermitage trueve, Dieu en a aoré ;
Bien sambloit l'ermitage de viel antiquité.
1085. Cele part est alee, si a l'uisset hurté,
D'un maillet qui la pent a sor l'uis assené,
Et l'ermites i vient, qui fu plains de bonté ;
Un tres petit huisset a tantost desfermé.
Quant Berte voit l'ermite, de Dieu l'a salué ;
1090. « Frans hom », fait ele, « ouvrés, por sainte charité,
Tant que mon cors eüsse un petit eschaufé,
Car molt sui traveillie et plaine de lasté. »
Quant cil la vit si bele, le cuer ot trespensé,
Forment fu esbahis de sa tres grant biauté.
1095. « Diex », fait il, « je vous tieng a mon droit avoé,
Ne soufrés k'anemis ait sor moi poesté.
Dont vient si bele fenme parmi ce bois ramé ?
Ainc mais ne vi si bele en trestout mon aé ;
Li dyables me cuide bien avoir engané,
1100. Mais n'i ara pooir, se Diex me doinst santé. »
Devant son vis fait crois, puis li a demandé
S'ele estoit de par Dieu, molt l'en a conjuré.
« Sire, » fait ele, « oil, mon cuer li ai donné. »
« Et dont estes vous nee ? dites en verité. »
1105. « Sire, une fenme sui plaine de povreté,
Laissiez m'entrer leëns, tout vous sera conté
Qui sui et que je quier, ja ne vous iert celé. »
« Bele, » ce dist l'ermites, « ne l'ai pas enpensé
Que ceans entre fenme ne yver ne esté,
1110. K'ainsi ont no ministre cest ordre devisé ;
Il a passé maint ant k'ainsi fut ordené ;
Vous n'i enterrez pas, car ainsi l'ai voué. »

— XLIV —

A travers la forêt du Mans, au lever du jour, Berthe aux
1075. grands pieds s'avance sans s'attarder. Souvent elle implore
Dieu, le roi de majesté. Trouvant l'eau d'une source, elle
en boit en quantité, mais ensuite elle a si froid qu'elle trem-
ble de tous ses membres. Elle ne sait comment échapper
1080. au froid. Puis la reine a rencontré un petit sentier dans
lequel elle s'engage et, sans s'y arrêter, elle le suit,
s'avance jusqu'à ce qu'elle trouve une loge d'ermite, et
à cette vue elle adresse à Dieu une action de grâces.
1085. La loge paraissait très vieille. Elle se dirige de ce côté,
frappe à la petite porte, donne un coup avec le maillet
qui y est suspendu et l'ermite arrive, un homme plein
de bonté. Il ouvre alors un tout petit portillon et Berthe,
1090. voyant l'ermite, le salue de par Dieu. « Brave homme, dit-
elle, ouvrez-moi au nom de la sainte charité, le temps
de me réchauffer un peu, car je suis épuisée et exténuée. »
La voyant si belle, l'ermite en a le cœur troublé et il
reste stupéfait de son extrême beauté. « Dieu, dit-il, je
1095. vous regarde comme mon protecteur légitime. Ne per-
mettez pas que le diable ait prise sur moi. D'où vient
une femme si belle au milieu de ce bois touffu ? Jamais
de toute ma vie je n'en ai vu d'aussi belle. Le diable
1100. s'imagine m'avoir pris au piège mais il n'y parviendra
pas pourvu que Dieu me donne de la force. »
Il fait le signe de croix devant son visage puis il lui
demande si elle venait de la part de Dieu et il la supplie
instamment de répondre. Elle répond : « Oui, Seigneur, je
lui ai donné mon cœur. — Mais quel est votre lieu de
1105. naissance ? Dites la vérité. — Sire, répond-elle, je suis une
femme très pauvre, laissez-moi entrer là et je vous raconte-
rai tout : qui je suis, ce que je cherche, rien ne vous sera
caché. — Belle dame, répond l'ermite, il n'est pas dans
1110. mes intentions de laisser entrer ici une femme ni l'hiver,
ni l'été, car c'est une interdiction qui vient de nos supé-
rieurs. Il y a bien longtemps qu'elle fut prononcée. Vous
n'y entrerez pas, car j'en ai fait le vœu. » A ces mots

Quant Berte l'entendi, tenrement a ploré,
Et l'ermites li a de son pain presenté,
1115. Noirs ert et plains de paille, ne l'ot plus buleté.
Berte le prent et dist que Diex l'en sache gré,
Mais si fu traveillie qu'ele n'en a gousté
Nes un tout seul morsel n'en a ele avalé.
Quant l'ermites le voit, si en a souzpiré,
1120. Ne s'en pot astenir, des iex en a larmé ;
De bone part li samble, si en a grant pité.
Il l'eüst ens laissié, ja n'en fust trestorné,
Mais il avoit le cuer si plain de loiauté
Qu'il redoutoit que il n'eüst son veu faussé.

— XLV —

1125. « Bele », dist li preudons, « ne soiés si iree,
Bien vous est avenu a ceste matinee ;
Se croire me volés, bien serés assenee.
A la maison Symon soit vo voie aprestee,
Et Constance sa femme qui est sage et senee ;
1130. Bone gent sont et sage et de grant renonmee.
La serés herbergie et tres bien eschaufee,
K'ainc ne vi meilleurs gens, si soit m'ame sauvee. »
« Sire », ce a dit Berte, « je sui molt trespensee,
Car je n'i sai la voie, s'ele ne m'est moustree. »
1135. « Bele », ce dist l'ermites, « ne soiés esfreee,
Entrés en cel sentier, n'en issiés por riens nee. »
« Sire, Diex le vous mire, qui fist ciel et rousee,
Car je sai vraiement, morte sui et alee
S'encore gis ennuit en la forest ramee,
1140. K'ennuit i ai esté povrement ostelee ;
Se j'avoie cent vies, par la Virge honnoree,
Ne m'en porroit pas estre une seule eschapee. »
Quant l'ermites l'entent, la porte a desfermee,
En la voie la met, a Dieu l'a conmandee,
1145. De la pitié k'en a mainte lerme a ploree ;
Et Berte rentre ou bois, dolente et tormentee.
Quant ele ot une piece la sentelete erree,
Une ourse a encontree en une grant valee,

1115. Berthe pleure doucement. Mais l'ermite lui offre de son pain : il était noir, bourré de paille et la farine n'en avait pas été tamisée. Berthe le prend en demandant à Dieu d'en savoir gré à l'ermite. Mais elle était si épuisée qu'elle n'en a pas goûté et qu'elle n'a même pas avalé un
1120. seul petit morceau. Quand il s'en rend compte, l'ermite soupire et ne peut retenir ses larmes. Elle lui paraît femme de noble origine et il la plaint beaucoup. Aussi l'eût-il laissé entrer sans y mettre obstacle. Mais il avait le cœur si loyal qu'il craignait de rompre ainsi son vœu.

— XLV —

1125. « Belle dame, reprend l'ermite, ne soyez pas si triste, car vous avez de la chance ce matin. Si vous voulez me croire, vous allez toucher au but.
Dirigez vos pas vers la maison de Simon et de Constance
1130. son épouse qui est honnête et avisée. Ce sont de braves gens, honorables et qui jouissent d'une excellente réputation. Là on vous logera et on vous réchauffera bien. Car jamais, par le salut de mon âme, je n'ai vu gens plus estimables. — Seigneur, répond Berthe, me voilà bien inquiète car, à moins qu'on ne me montre le chemin, je
1135. ne sais comment y aller. — Belle dame, reprend l'ermite, ne craignez rien. Prenez ce sentier et ne le quittez pour rien au monde. — Seigneur, que Dieu qui fit le ciel et la rosée vous le rende, car je sais bien que c'est ma mort et ma perte, si cette nuit encore je couche dans la forêt
1140. touffue puisque la nuit dernière j'y ai trouvé un bien pauvre abri. Même si j'avais cent vies, par la Vierge vénérée, je n'en pourrais sauvegarder une seule. » Quand l'ermite entend ces paroles il ouvre la porte, la met sur la bonne voie, la recommande à Dieu et, pris de pitié, il pleure abondamment.
1145. Puis Berthe pénètre à nouveau dans le bois, triste et angoissée. Après avoir marché quelque temps dans le petit sentier, elle trouve devant elle dans une vallée profonde

Qui vers li s'en venoit corant gueule baee.
1150. Quant Berte l'a veüe, molt fu espoentee :
« Ayde, Diex », fait ele, « qui fist la mer salee,
Pere de paradis, or est ma vie outree. »
De la paour qu'ele ot est cheüe pasmee,
Et l'ourse s'en depart, autre voie est tornee ;
1155. Molt tost eüst Bertain mengie et estranglee,
Mais Diex l'a garanti et sa mere honneree ;
Ne lor plot k'ainsi fust Berte a sa fin alee.
Quant vint de pasmoison, si fu desseüree
K'a pou que ele n'ot sa voie entroubliee.
1160. A l'ayde de Dieu sa voie a rassenee,
Car ce que ne voit l'ourse l'a molt asseüree ;
La mere Dieu de li fu souvent reclamee.
Ne povoit mais aler, car forment ert lassee,
Car la fain et li frois l'avoit si adolee
1165. Que, se Diex nel fesist, c'est verités prouvee,
Ne peüst vers tel paine avoir nule duree
Selonc sa norreture dont ele ert gouvernee.
A ce point l'a Symons li voiiers encontree.
Si tost com l'a choisi, a sa resne tiree,
1170. Grant pitié ot pour ce qu'ele ert si esploree.
Quant vit son mantel gris dont ele ert afublee
Et sa cote qui ert en maint lieu depanee
Des ronces qui l'avoient ens ou bois desciree,
Et vit Berte si blanche et si encoloree,
1175. Forment s'esmerveilla qui la l'ot amenee,
Ne ou si bele fenme pooit estre trouvee.
Quant Berte le choisi, tantost s'est arrestee ;
Symons li vient devant, de Dieu l'a saluee ;
Son salu li rent Berte conme sage et senee ;
1180. « Sire, que la vostre ame soit de Dieu coronnee !
Car me moustrés la voie, s'il ne vous desagree,
A la maison Simon, c'on la m'a molt loee,
Si arés fait aumosne, car molt sui esgaree ;
Je ne menjai pieç'a, toute sui afamee,
1185. Et de froit en ce bois sui ennuit engelee. »

— XLVI —

Quant Simons ot Bertain parler si faitement,
Bien samble gentill fenme, molt grant pitié l'en prent,
Si que l'aigue dou cuer sus sa face en descent :

une ourse qui courait sur elle gueule béante. A sa vue
Berthe est saisie d'épouvante. « Dieu, créateur de la mer
1150. salée, à l'aide, crie-t-elle, Père du Paradis, voilà ma vie
terminée. » Sous l'effet de la peur elle tombe évanouie,
mais l'ourse s'en va en prenant un autre chemin. Elle
aurait eu tôt fait de dévorer et d'étrangler Berthe mais
1155. Dieu et sa mère vénérée l'ont préservée.
    Ils n'ont pas voulu que Berthe ait cette fin. En reprenant
ses sens, elle est éperdue : peu s'en faut qu'elle n'ait oublié
1160. son chemin. Mais avec l'aide de Dieu elle a retrouvé la
bonne voie et elle est réconfortée de ne plus voir l'ourse.
Elle implore souvent la mère de Dieu, mais elle ne peut
plus avancer car elle est épuisée et tellement éprouvée par
1165. la faim et le froid que sans l'intervention de Dieu, c'est
la pure vérité, elle n'aurait pu résister à une telle souffrance
étant donné le peu de nourriture qui la soutenait. C'est
dans cet état que Simon le voyer l'a trouvée. Aussitôt qu'il
1170. l'a vue, il a arrêté sa monture, plein de pitié devant tant de
chagrin. A la vue du manteau gris dont elle était vêtue, de
sa tunique mise en pièces en plus d'un endroit par les
ronces de la forêt, en regardant Berthe, si belle et au teint
1175. si délicat, il se demande bien qui l'a conduite jusque là
et où on a pu trouver une femme aussi belle. En le voyant
Berthe aussitôt s'est arrêtée. Simon s'avance vers elle, la
salue au nom de Dieu, salut que lui rend Berthe en femme
1180. de bien et de bon sens. « Seigneur, que votre âme reçoive
la couronne de Dieu. Montrez-moi, si cela ne vous ennuie
pas, le chemin qui conduit à la maison de Simon, car on
me l'a beaucoup recommandé. Vous aurez fait là une
bonne action car je suis bien perdue. Il y a longtemps que
1185. je n'ai pas mangé, je suis morte de faim et la nuit j'ai
enduré dans ce bois un froid glacial. »

— XLVI —

Simon, après avoir entendu Berthe parler de la sorte, pense
que c'est une femme de noble famille et il la prend en
grande pitié au point que des larmes d'émotion coulent

« Bele, qui estes vous ? dites seürement. »
1190. « Sire », ce dist la dame, « jel vous dirai briement :
Devers Aussai fui nee, sachiez certainement ;
Molt a eü grant guerre ou pays longuement ;
Fille un vavasseur sui c'on apeloit Climent,
Qui en perdi sa terre et tout son chasement.
1195. Tout fumes essillié et tout nostre parent ;
Par estrange pays queriens chevissement.
Une marrastre avoie — Damediex la cravent —
Qui tous jors me batoit molt dolereusement
Et de poins et de piés, et menu et souvent ;
1200. Je nel poi plus soufrir, ne me vint a talent,
D'aus m'enblai l'autre jor, molt forment m'en repent,
Car puis en ai soufert grant paine et grant torment.
Uns hermites me dist orains molt doucement
Que se venir pooie, par nul assenement,
1205. Chiés Simon le voiier, molt y a bone gent,
Herbergie seroie et bien et liement,
Mais je n'i sai la voie, s'en pleure molt souvent.
Gentiex hon debonaires, por Dieu, car la m'aprent,
Si ferés grant aumosne, par Dieu omnipotent. »
1210. « Bele », ce dist Symons, « or ne plorez noient,
Cil sui que demandez, sachiés le vraiement. »
Quant Berte l'entendi, ses mains a Dieu en tent,
Ne pot parler de joie quant le preudome entent.
En sa maison l'en maine le passet belement ;
1215. Symons huche sa fenme, Constance o le cors gent,
Molt estoit preude fenme et de bon escient.
« Regardés, suer », fait il, « dont je vous faz present,
Trouvé l'ai en ce bois trop merveilleusement ;
Conté m'a son affaire et tout son errement,
1220. De bon lieu est venue, par amour pensez ent ;
Ennuit a jut el bois molt perilleusement,
Molt forment me merveil, par le cors saint Vincent,
Conment est eschapee les bestes telement ;
Ele est toute engelee et s'a fain molt forment.
1225. Or soiés bien songneuse de son respassement. »
« Sire, si serai je, ce vous ai en couvent. »
Par la main la saisit molt tres courtoisement.
Berte pleure de froit et dou mal qu'ele sent,
Et Constance en lermie molt tres piteusement.
1230. En sa chambre l'en maine, delés le feu l'estent,

sur son visage. « Belle dame, qui êtes-vous ? Parlez sans
crainte. — Seigneur, répond la dame, je vous le dirai en
peu de mots. Je suis née du côté de l'Alsace. Sachez-le
bien. Une grande guerre a longtemps sévi dans le pays. Je
suis la fille d'un vavasseur nommé Clément qui, du fait de
la guerre, perdit sa terre et tous ses biens. Tous nous avons
été exilés ainsi que tous nos parents. Nous avons cherché
notre vie en pays étranger. J'avais une marâtre, que Dieu
la perde, qui chaque jour me battait cruellement à coups
de poings et de pieds pressés et répétés. Je ne pus et ne
voulus plus le tolérer. Je leur ai échappé l'autre jour et je
m'en repens profondément, car depuis cela me valut de
rudes peines et de rudes tourments. Un ermite vient de me
dire avec une grande bonté que, si je pouvais arriver par
quelque moyen jusqu'à la famille de Simon le voyer, ce
sont de très braves gens, j'y serais bien et gentiment logée.
Mais je ne connais pas le chemin, ce qui me fait souvent
pleurer. Noble et bon seigneur, dites-le moi donc et vous
ferez, par Dieu tout puissant, une très bonne action.
— Belle dame, répond Simon, ne pleurez plus. Je suis celui
que vous cherchez, sachez-le bien. » A ces mots Berthe
tend ses mains vers Dieu et, quand elle entend le brave
Simon, la joie lui coupe la parole. Il l'emmène chez lui en
marchant doucement. Simon appelle sa femme la belle
Constance. C'était une femme de bien et de bon jugement.
« Regardez, mon amie, dit-il, quel présent je vous fais. Je
l'ai trouvée dans le bois de manière fort étonnante. Elle
m'a raconté son histoire et toute son aventure. Elle est de
bonne naissance, par amitié pour moi, occupez-vous en.
Cette nuit elle a couché dans le bois en courant de très
grands dangers. Je me demande bien comment elle a pu
ainsi échapper aux bêtes. Elle est toute glacée et elle a
grand faim. Veillez bien à la réconforter. — Seigneur, ce
ce sera fait, je vous le promets. » Elle la prend par la main
très aimablement. Berthe pleure de froid et de douleur et
de son côté Constance en a pitié jusqu'aux larmes. Elle l'a
conduite dans sa chambre, la couche près du feu tandis que

Et ses deux beles filles, sachiés, molt humblement
La frotent et eschaufent de cuer songneusement,
Et de pitié en pleure chascune tenrement.
Quant Berte sent le feu, a Dieu graces en rent.

ses deux filles qui sont jolies, sachez-le bien, la frictionnent en s'attendrissant sur elle et s'appliquent de tout cœur à la réchauffer. Et même chacune d'elles dans sa bonté verse des larmes de pitié. Quand Berthe sent la chaleur du feu, elle rend grâces à Dieu.

III. - L'ÉNERGIE D'UNE MÈRE RÉSOLUE A REVOIR SA FILLE

Très bien accueillie par Simon et les siens, Berthe a donc retrouvé le repos dans une famille heureuse et bonne. Pendant ce temps à Paris, la serve Aliste se fait, sans difficulté, passer pour Berthe. Elle épouse le roi Pépin et lui donne deux enfants, Rainfroi et Heudri. On fait annoncer la nouvelle en Hongrie au roi Flore et à la reine Blanchefleur. Après plusieurs années, ceux-ci envoient un messager qui demande de leur part au roi Pépin de lui confier un de ses fils pour que ses grands-parents fassent sa connaissance. Mais Aliste, la fausse Berthe, n'y consent pas et le messager rapporte ce refus. Pourtant Blanchefleur ne se résigne pas et elle décide, avec l'accord de son mari, d'aller elle-même présenter sa requête à Berthe. Accompagnée d'une forte escorte de cavaliers, elle part pour Paris où elle fait annoncer son arrivée par un messager. Sa venue consterne Aliste qui craint d'être démasquée. Alors sur le conseil de Margiste sa mère, Aliste se résout à feindre une grave maladie, exigeant des visites très courtes dans une obscurité presque totale. Tibert et Margiste réussissent un certain temps à force de ruses et de mensonges à empêcher Blanchefleur de pénétrer dans la chambre d'Aliste. Mais à la fin la mère n'y tient plus et veut à tout prix voir la malade.

— LXXXVI —

Deus jors fu Blancheflour en tel point sans mentir,
K'ains ne pot a la serve ne aler ne venir,
Car Tibers et la vielle, cui Diex puist maleyr,
Queroient tous dis tours por aus miex escremir.
2085. Droit devant le souper, si com dut avesprir,
Prist talent Blancheflor, ne s'en volt plus soufrir,
Qu'ele verroit sa fille, ne s'en pot astenir.
Maleoit gré Tibert li a fait l'uis ouvrir
Une joene pucele que Diex puist beneyr,
2090. Qui gentill fenme estoit (li rois l'ot fait norrir),
Et prist une chandele, c'on n'i pooit veïr ;
Mais la vielle l'ala d'un baston si ferir
Que ele en fist le sanc a la terre gesir.
« Alès ent, orde garce, madame veut dormir,
2095. Ele ne puet por riens nule clarté choisir. »
Quant ce voit la pucele, si conmence a fremir,
Kanque ele onques puet s'en conmence a fuir,
Bien voit que la vielle est plaine de mal espir.
Duel en ot Blancheflor, mais tant et grant desir
2100. De venir a sa fille que tout lait couvenir.
Au lit la serve vient, sel conmence a sentir.
« Mere, ce dist la serve, bien puissiez vous venir, »
Si feblement k'a paines le pot la dame oyr,
« Dame, que fait mes peres, que Diex puist beneyr ?
2105. — Fille, il le faisoit bien quant de lui duch partir.
— Dame, loés en soit Jhesus par son plaisir.
De vous a festier n'ai ore pas loisir,
Dont il me poise si que j'en cuide morir,
Por ce que ne vous puis a mon gré conjoyr. »

— LXXXVII —

2110. Grant paour ot la serve, plus que ne vous puis dire,
Trestous li cors li tramble, n'a pas talent de rire,
En sus de Blancheflor se trait tous jors et vire.
« Fille », dist Blancheflor, « tous li cuers me descire
De ce que ne vous voi, car forment le desire. »
2115. — « Mere », ce dist la serve, « je suefre tel martire
Que j'en sui aussi jaune devenue com cire ;
Fisicien me dient que la clartés m'enpire,
Et li parlers aussi, nule riens ne m'est pire ;
Ne vous ose veoir, s'en ai au cuer grant ire ;
2120. Après le roi mon pere li cuers si fort me tire
Que je ne sai que faire, pres sui de desconfire ;
Laissiés me reposer ; que Jhesus le vous mire. »

— LXXXVIII —

Quant Blancheflor la serve ainsi parler oy,
Bien voit qu'ele desire le departir de li ;
2125. Dou duel que ele en ot dusk'au cuer s'en senti :
« Ayde Diex, » fait ele, « qui onques ne menti
Ce n'est mie ma fille que j'ai trouvee ci ;
Se fust demie morte, par le cors saint Remi,
M'eüst ele baisie assés et conjoy. »
2130. Par maltalent se lieve, qu'ele plus n'atendi,
Le grant huis de la chambre Blancheflor entrouvri,
Sa maisnie apela, qui l'atendent enki :
« Venés avant, » fait ele, « por Dieu, je vous en pri,
N'ai pas trouvé ma fille, on m'a dou tout menti ;
2135. Ja sarai se c'est voirs, se Diex l'a consenti. »
Tibers, qui gardoit l'uis, de paour en rougi.
Blancheflor la royne n'i mist pas lonc detri,
En la chambre retorne et sa maisnie aussi ;
Par terre ont abatu maint drap d'or, maint tapi.
2140. « Dame », ce dist la vielle, « pour amour Dieu, merci.
Volés tuer vo fille ? trois jours a ne dormi. »
« Tais te, vielle, » fait ele, « n'en ferai riens pour ti. »
Les fenestres ouvrirent, ne sont pas alenti.
Quant Tibers et les serves voient qu'il va ainsi,
2145. Or ne demandés mie s'il furent abaubi.
Blancheflor vint au lit ou la serve choisi,
Toute la couverture a ses deus mains saisi,
Si la sacha que toute la serve descouvri ;
Blancheflor voit les piés, tous li cuers li failli.
2150. La serve prend un drap, jus dou lit se saillie ;
Blancheflor par les treces a terre l'abati,
Qui estoient molt blondes, par verté le vous di.
Chascuns entre en la chambre quant il oent le cri,
Des mains li ont ostee et ele s'en fui.
2155. Dedens une autre chambre l'ont sa gent recueilli.
Et Blancheflor s'escrie : « Haro, tray, tray.
Ce n'est mie ma fille, lasse, dolente, ainmi.
C'est la fille Margiste, k'avoeques moi norri ;
Murdri m'ont mon enfant, Bertain qui m'amoit si. »
2160. Uns mes s'en vint au roi, qui tout li a gehi,
Et Pepins i akeurt quant la nouvele oy,
Et maint autre baron, qui de pres l'ont sivi.
Quant ces nouveles oent, tout furent esbahi.

— LXXXIX —

Blancheflor la royne fu forment esmarie ;
2165. Ou qu'ele voit Pepin, en plorant li escrie :

« Frans roys, ou est ma fille, la blonde, l'eschevie,
La douce, la courtoise, la tres bien ensaignie,
Berte la debonaire, qui soef fu norrie ?
Se tost n'en oi nouveles, ja serai enragie.
2170. Rois, ce n'est pas ma fille qui ci s'estoit couchie ;
C'est la fille Margiste, cui li cors Dieu maudie.
Faites aler après, ja s'en sera fuie,
Et gardés que sa mere ne vous eschape mie. »
A ce mot chiet pasmee en la chambre voutie,
2175. Et li rois l'en redrece, qui de pitié lermie ;
A ce qu'il a oy connoist la tricherie,
Bien se perçoit conment Berte li fu changie
Et voit tout clerement qu'ele a esté traye.
Toute pasmee en portent Blancheflor sa maisnie,
2180. Et Pepins a tel duel k'a pou qu'il ne marvie.
« Ahi, Berte, » fait il, « bele suer, douce amie,
Com je vous ai porté mauvaise compaignie,
Mais cil le comparront, par Dieu le fill Marie,
Qui par leur fausseté vous ont ainsi honnie ;
2185. Je sai bien vraiement, Tibers vous a murdrie,
Il vous a estranglee ou la teste trenchie,
Entre lui et Margiste, cui Diex doinst male vie ;
Par aus avez esté souduite et engingnie,
Mais ains qu'il soit demain heure de complie,
2190. Porront il bien savoir se il ont fait folie. »

IV. - BERTHE EST COURTISÉE PAR SON MARI QUI NE LA RECONNAIT PAS

Dès que Blanchefleur a prouvé qu'Aliste a été substituée à Berthe, les coupables sont aussitôt châtiés : Margiste est brûlée vive et Tibert écartelé. Cependant sur le conseil de ses barons, Pépin laisse la vie à Aliste qui se retirera dans un couvent. Quant à Berthe, le roi la fait chercher pendant quinze jours sur les lieux mêmes où Simon lui avait sauvé la vie. Puis les recherches restées vaines sont abandonnées, mais le bruit en est parvenu aux oreilles de Simon et de sa femme. Ils interrogent Berthe, leur nièce adoptive, et lui demandent si elle n'est pas l'épouse du roi Pépin ; mais elle nie pour respecter son vœu. Près de dix ans ont passé depuis la disparition de Berthe. Un jour le roi Pépin est venu chasser dans la forêt du Mans où il s'égare à la poursuite d'un cerf et il se trouve séparé de son escorte. Tandis qu'il cherche son chemin, Berthe sort d'une chapelle isolée dans la forêt où elle était allée prier.

— CX —

    Par dedens la chapele fu Berte o le cors gent ;
2650. Quant ele se perchoit qu'ele est si seulement,
    Son sautier et ses heures prent molt isnelement,
    Devers l'autel s'encline, puis s'en ist errannment.
    Es vous le roi Pepin, qui ne va mie lent,
    Corant par la forest et requerant sa gent.
2655. Ou qu'il voit la pucele, vers li vint belement
    Et quant Berte le voit, molt grant paour l'en prent.
    Et li rois la salue molt tres courtoisement,
    Et Berte conme sage au roi son salut rent.
    « Bele », ce dist Pepins, « n'aiés esfreement,
2660. Je sui des gens le roy ou douce France apent ;
    J'ai ma route perdue, s'en ai le cuer dolent ;
    Sauriiés vous ci pres maison ne chasement
    Ou je peüsse avoir aucun rassenement ? »
    « Sire », ce a dit Berte, « par Dieu omnipotent,
2665. Ci devant maint Simons, preudons est durement,
    Bien vous ravoiera par le mien escient. »
    — « Bele », ce dist Pepins, « grans mercis vous en rent. »
    Quant Pepins vit son vis vermeil et rouvelent,
    Qu'ele ert blanche et vermeille et de joene jouvent,
2670. D'amour et de desir tous li cuers li esprent.
    De son cheval a terre tout maintenant descent,
    Et Berte remest quoie, qui nul mal n'i entent,
    Et li rois l'araisonne molt debonnairement,
    Et Berte li respont molt apenseement,
2675. Et li rois assez tost entre ses bras la prent.
    Et quant Berte voit ce, molt ot grant mariment,
    Damedieu reclama, qui maint ou firmament.

— CXI —

    Li jors fu biaus et clers, qu'il ne pluet ne ne vente,
    Et Berte fu ou bois delés Pepin dolente,
2680. Qui molt estoit plaisans et de joene jouvente,
    Et Pepins li requiert por Dieu k'a lui s'assente

Et que de son voloir faire ne soit pas lente :
« O moi venrés en France, la terre noble et gente,
Ja n'i verrez jouël, tant soit de chiere vente,
2685. Que je ne vous achate se il vous atalente,
Et si vous asserrai ou pays bele rente,
N'aura home en la terre qui de riens vous tormente. »
Tout ce ne prise Berte une fueille de mente ;
Molt se blasme en son cuer et forment se demente
2690. K'ainsi s'est oubliee seule, molt s'en gaimente.
Li rois Pepins voit bien que ele s'espoente.

— CXII —

Molt fu Berte dolente, la royne au vis cler.
« Frans hom », fait ele au roi, « por Dieu laissiez m'ester,
Trop me faites ici longuement demorer,
2695. Car mes oncles Symons doit assés tost disner,
Por ce k'aprés mengier s'en doit au Mans aler
As gens le roi de France, pour vitaille porter. »
— « Bele », ce dist Pepins, « je vous vueil demander
Qui vous fait ci si seule par ce bois converser. »
2700. « Sire », ce a dit Berte, « je nel vous quier celer :
A ceste chapelete que ci veés ester,
Estoie hui main venue pour la messe escouter
Avoec Simon mon oncle dont m'oés reclamer ;
En un anglet m'alai toute seule acouter
2705. Por pardire mes heures ; ce m'a fait oublier. »
Quant li rois Pepins l'ot si doucement parler
Et la voit si tres bele c'on s'i peüst mirer
(Le vis ot rouvelent, bel et riant et cler)
Lors la prent en son cuer forment a goulouser,
2710. De la serve li menbre, cui Diex puist mal doner ;
Vis li est k'ains ne vit fenme miex ressambler ;
Encor li sambla Berte plus bele a esgarder.
Lors ne se tenist mie, qui le deüst tuer,
Que son povoir ne face de s'amour conquester.
2715. « Bele », ce dist Pepins, « par le cors saint Omer,
Faites ma volenté, je vous vueil creanter
Tant vous donrai d'avoir com oserés peser ;
En France vous menrai pour vo cors honnorer ;
Je suis maistres le roi qui France a a garder.
2720. Miex sui de lui que nus, sans mençonge conter.
Sachiés, tant ai d'avoir k'assés vous puis donner,
Ce est chose passee, ja n'i estuet penser ;
Ma volenté ferés, quoi qu'il doie couster. »
Quant Berte l'entendi, si prist a souzpirer,
2725. Des biaus iex de son chief conmença a lermer ;

Bien voit par autre tour ne porra eschaper
K'a dire qui ele est, ne puet plus contrester.
« Sire, » fait ele au roy, « je vous vueil conmander,
El non a ce Seignor qui se laissa pener
2730. Ens en la Sainte Crois, por son pueple sauver,
K'a la fenme Pepin ne puissiés adeser :
Fille sui le roy Floire, de ce n'estuet douter
Et fille Blancheflor, que Diex puist honnorer. »
Quant li rois l'entendi, color prist a muer,
2735. De la joie qu'il ot ne pot un mot sonner.

— CXIII —

« Sire », ce a dit Berte, « de Dieu et de sa mere
Desfenc que envers moi n'aiés pensee amere,
Que de mon pucelage ne me soiés tolere ;
Royne sui de France, ja n'en soit nus doutere,
2740. Fenme au roi Pepin sui, rois Floires est mes pere,
Et si est Blancheflor la royne ma mere,
Qui de tous biens est plaine, n'est escharse n'avere,
Mais douce et debonaire et de franche matere ;
La dame de Sassoigne est ma suer, s'ai un frere
2745. Qui est dux de Polenne et des pors de Grontere ;
De par Dieu vous desfenc, qui est vrais gouvernere,
Que ne me faciés chose qui a honte me pere ;
Miex vorroie estre morte, si me soit Diex sauvere. »

— CXIV —

Quant li rois ot que Berte li dist par verité
2750. Que royne est de France, molt bien l'a escouté,
Mais molt en ot le cuer durement trespensé.
« Bele, » fait il, « s'il est si com m'avés conté,
Ne vous feroie mal pour mil mars d'or pesé. »

V. - L'INCONNUE DE LA FORET DU MANS

Après sa rencontre avec Berthe le roi Pépin reste perplexe. A-t-il ou non retrouvé sa femme ? Quand l'inconnue de la forêt dit-elle la vérité ? Lorsqu'elle lui assure sans le reconnaître qu'elle est l'épouse du roi donc son épouse ? Ou bien lorsqu'elle certifie à Simon qu'elle n'a dit cela que pour se faire respecter ? Le roi Pépin à qui on a déjà présenté une fois une fausse Berthe voudrait bien maintenant découvrir la vraie. Pour y parvenir et percer ce mystère il a recours au roi Flore et surtout à la reine Blancheflour. Il les fait prévenir et ils partent en toute hâte. Les voici qui arrivent chez Simon et surprennent Berthe dans sa chambre.

— CXXVI —

Bertain la debonaire ont la endroit trouvee.
Quant ele les choisi, tout tantost s'est levee,
Tantost connut sa mere, au pié li est alee,
Et Blancheflor de joie chiet a tierre pasmee.
3095. « Ayde Diex » dist Floires, « nostre dame honnoree,
Ce est Berte ma fille que j'ai ici trouvee,
Diex par sa grant douçour la nous a rassenee. »
Rois Floires prent Bertain, que tant ot desiree,
Doucement l'a baisie, estrainte et acolee ;
3100. Blancheflor se relieve, des mains li a ostee,
De li baisier ne puet estre bien saoulee.
La gent qui la estoient sont iluec assamblee,
Quant il sevent conment ont joie recouvree ;
La oïssiés de joie conmencier tel criee
3105. K'ainc tel joie ne fu veüe n'esgardee.
« Ha, Diex », ce dist Pepins, « qui fist ciel et rousee,
Sire, loés soiés de ceste destinee ;
Ma meschéance ai, sire, por vous en gré portee,
Et vous la m'avés, sire, tres bien guerredonnee,
3110. Car ma mesaise avés en grant joie muee,
C'onques mais en ma vie n'oi de joie denree

Là même ils ont trouvé la douce Berthe. Quand elle les voit, elle se lève tout aussitôt, reconnaît immédiatement sa mère et court à ses pieds. Mais sous l'effet de la joie Blanchefleur tombe à terre évanouie. « Dieu, à l'aide,
3095. s'exclame Flore, par notre dame vénérée c'est ma fille que je viens de trouver ici. Dieu dans sa grande bonté nous l'a rendue. » Le roi Flore prend Berthe qu'il avait tellement souhaité revoir. Avec tendresse il l'embrasse,
3100. l'étreint et la prend dans ses bras. Mais Blanchefleur se relève, la lui enlève des mains et ne peut se rassasier de l'embrasser. Les gens qui étaient là se sont rassemblés en apprenant comment on était revenu à la joie. Vous auriez
3105. pu alors les entendre qui se mettaient à crier de joie si fort que jamais on ne vit ni contempla de manifestation aussi joyeuse. « Ah, Dieu qui créa le ciel et la rosée, dit Pépin, Seigneur, soyez loué pour les événements de ma des-
3110. tinée. Seigneur, grâce à vous, j'ai supporté de bon cœur mon malheur et vous m'en avez donné une excellente récompense. Car mon malheur, vous l'avez transformé en une grande joie tellement que jamais en ma vie je n'ai eu

Qui ore ne se soit a cent doubles doublee ;
Que cele qui de vous fist la sainte portee,
En soit hui en ce jour graciie et loee. »
3115. Dusk'au Mans est molt tost cele nouvele alee,
Toute la gent le roi i keurt conme dervee,
Il n'a cloche en la vile que l'en n'i ait sonnee.

— CXXVII —

Quant Berte voit son pere et sa mere autressi,
Ele ot si tresgrant joie, par verté le vous di,
3120. K'a paines pot mot dire, tous li cuers li failli.
Pepins vint lés Bertain, n'i mist pas lonc detri.
« Douce amie, » fait il, « por Dieu parlés a mi,
Je sui li rois Pepins, qui vous prie merci
De ce k'ains en ma vie certes ne desservi. »
3125. Forment s'esmerveilla Berte quant l'entendi,
Molt debonairement et a droit respondi :
« Sire, se c'estes vous, Damedieu en graci,
Qui de la Sainte Virge en Bethleem nasqui. »
Blancheflor et rois Floires ont de cuer conjoy
3130. Berte la debonaire cent tans plus que ne di ;
Onques de plus grant joie nus hom parler n'oy
K'ot cel jour chiés Simon dedens le bois fueilli.
Li rois Pepins apele un sien sergant Henri,
Gautier son mareschal, son chambellenc Tierri :
3135. « Alès ent tost au Mans, ne soiés alenti,
Faites venir des tentes, car je le vueil ainsi ;
Ci endroit remanrai, par le cors saint Remi,
Joie i ai retrouvee que je pieç'a ne vi ;
Or nous pourveés bien, car nous remanrons ci ;
3140. Faites venir Namlon, ce vous conmant et pri. »
Cil s'en vont, qui dou faire sont tout atalenti,
Tout ainsi l'arreerent, ce fu par un lundi.

— CXXVIII —

Molt refu Blancheflor de joie revestie,
Puisqu'ele tient sa fille doucement enbracie,
3145. Berte la debonaire, la blonde, l'eschevie ;

de joie qui ne se trouve maintenant cent fois doublée. Que
celle qui vous porta saintement en soit aujourd'hui remer-
3115. ciée et louée. » Bien vite ces nouvelles sont arrivées au
Mans. Tous les gens du roi y courent comme des fous et
il n'y a pas dans la ville une seule cloche qui ne sonne.

— CXXVII —

Quand Berthe voit en même temps son père et sa mère,
elle éprouve une joie si profonde, je vous dis bien la
3120. vérité, que c'est à peine si elle peut prononcer une parole,
car elle défaille. Pépin s'approche aussitôt de Berthe.
« Douce amie, lui dit-il, pour Dieu, parlez-moi. Je suis le roi
Pépin et je vous demande grâce pour ce que je n'ai certes
3125. jamais mérité dans ma vie. » Berthe en l'entendant, s'étonne
vivement. Sa réponse est très douce et très raisonnable.
« Sire, puisque c'est vous, j'en rends grâces à Dieu, lui qui
naquit à Béthléem de la Sainte Vierge. » Banchefleur et le
3130. roi Flore ont comblé la douce Berthe de démonstrations de
joie et cent fois plus que je ne vous le dis. Jamais je n'ai
entendu personne évoquer une atmosphère plus joyeuse
que celle de la maison de Simon ce jour-là à l'intérieur
3135. du bois touffu. Le roi Pépin fait venir un de ses serviteurs
Henri, son maréchal Gautier et son chambellan Tierri et
leur dit : « Allez vite au Mans, sans vous attarder et faites
apporter des tentes car je le veux. Je m'arrêterai en ce
lieu, par Saint Rémi, car j'y ai retrouvé un bonheur que je
3140. n'avais pas eu depuis longtemps. Installez-nous donc bien
car nous séjournerons ici. Faites venir Naime, tels sont mes
ordres et mes instructions. » Ceux-ci le quittent et s'em-
pressent de les exécuter. Telles furent les dispositions qu'ils
prirent et c'était un lundi.

— CXXVIII —

De son côté Blanchefleur est comblée de joie puisqu'elle
tient tendrement dans ses bras, sa fille, Berthe la douce,
3145. la blonde, la svelte. Maintes fois dans la journée, elle l'a

Mainte fois l'a le jour acolee et baisie.
Devant leur vint Simons et Constance s'amie,
Ysabiaus et Aiglente, que Berte ne het mie.
Quant Berte les choisi, molt tost est sus saillie.
3150. « Mere », ce dit Berte, « por Dieu le fill Marie
Vez ci ma douce dame, qui soef m'a norrie,
Et vez ci mon seignor, cui Jhesus beneye,
Qui seule me trouva en la forest antie ;
Bien sai, se il ne fust, morte fusse ou mengie ;
3155. Après Dieu fui par aus de la mort garantie,
Sachiés que, s'il ne fussent, ne fusse pas en vie. »
Quant Blancheflor l'entent, encontre aus s'est drecie ;
Aussi fist li rois Floires, li sires de Hongrie.
Molt forment ont Constance de vrai cuer conjoye
3160. Et Simon le voier a la barbe flourie.
Es vous le roi Pepin qui faisoit chiere lie,
Ensamble sont assis en la chambre voutie ;
Or fu bien cele chambre de joie raemplie.

prise au cou et embrassée. Au-devant d'eux s'avancent Simon et Constance sa compagne, Ysabeau et Aiglante les amies de Berthe. Quand Berthe les voit, bien vite elle se
3150. lève. « Mère, s'écrie Berthe, par Dieu, fils de Marie, voici ma douce maîtresse qui m'a tendrement élevée et voici mon maître, que Jésus le bénisse, qui m'a trouvée isolée dans la vieille forêt. Je n'ignore pas que sans lui je serais morte
3155. d'épuisement ou dévorée. Ce sont eux qui, après Dieu, m'ont préservée de la mort. Sachez bien que sans eux je ne serais pas en vie. » — A ces mots Blanchefleur se lève et va à leur rencontre, imitée par le roi Flore, le maître de
3160. Hongrie. Ils font grande fête et bien sincèrement à Constance et à Simon le voyer qui a la barbe blanche. Puis voici le roi Pépin qui montre une mine joyeuse. Ensemble ils se sont installés dans la chambre voûtée et cette chambre alors déborde de bonheur.

SUR LES THEMES

SUR LES THÈMES.

Texte I. — LES ADIEUX DE BERTHE A SON DÉPART DE HONGRIE ET SON ARRIVÉE A PARIS.

— Jongleurs et Ménestrels —

Parmi les réjouissances qui marquent l'arrivée de Berthe dans le royaume de Pépin, son mari, on relève en particulier le divertissement artistique donné par les ménestrels à la fin du banquet. Ce texte (v. 290 sqq) est un de ceux qui nous valent d'intéressantes précisions sur l'activité des ménestrels. Ceux-ci font partie de la classe des jongleurs dont ils représentent au XII° siècle une catégorie particulière, celle des « jongleurs qui faisaient partie d'une cour et qui y étaient attachés de façon permanente ». (1) Mais au XIII° siècle, à l'époque où Adenet écrivit Berthe, « tous les jongleurs furent désignés indifféremment sous ce nom ou celui de ménestrel ». (2) L'activité du jongleur ou du ménestrel est multiple. Il est musicien (vielle, harpe, etc.), chanteur (chansons et lais d'amour), conteur (chansons de geste, romans, etc.) ou même « tombeur », c'est-à-dire acrobate. Nous citons quatre textes, deux empruntés à des épopées et deux autres à des romans, qui nous donnent d'utiles renseignements non seulement sur le programme mais aussi sur la condition du jongleur-ménestrel.

---

(1) E. Faral, Les Jongleurs en France au Moyen Age - Paris, Champion, 1910, p. 104.
(2) E. Faral, ibid, p. 106.

— LE JONGLEUR —

1) D'après deux épopées

a) Dans Aliscans (vers 1165)

Guibourc, en voyant Renouart jusque-là relégué aux cuisines, a immédiatement pensé au parti qu'on pourrait tirer sur un champ de bataille d'un géant d'une telle force. Elle le fait donc armer en lui recommandant de recourir à l'épée en cas de défaillance de sa massue. Puis le jongleur, après avoir anticipé sur le résultat de la bataille, interrompt son récit pour adresser un appel pressant et justifié à la générosité des auditeurs :

> « Mais Renouart tout seul mit un terme à la bataille, ainsi que vous pourrez l'entendre et l'écouter pourvu que vous consentiez à rester sur place et que moi-même je sois payé pour mon récit. Je peux bien vous dire et vous donner la certitude qu'un homme de bien ne doit pas s'adresser à un jongleur s'il ne veut pas, pour Dieu, lui donner de son argent. Car il ne peut pas travailler autrement et sa condition ne lui permet aucun recours..... On devrait beaucoup aimer les jongleurs. Ils sont joyeux et se plaisent à dire des récits. On avait autrefois l'habitude de leur témoigner de grands égards. Mais les gens malveillants, les méchants, les avares, tous ceux qui ne se soucient que d'amasser de l'argent, de prendre des gages et de prêter des deniers en pratiquant l'usure jour et nuit, tous ceux-là ont fait perdre leur héritage à quantité d'hommes de valeur. C'est là leur plaisir et ils n'ont pas d'autre occupation. Des gens de cette sorte font qu'on délaisse l'honneur. Que Dieu les maudisse et moi je ne peux les aimer. Ce n'est pas pour eux que j'abandonnerai ma viole. Et si cela leur déplaît qu'ils aillent se faire brûler. Je vais avec les braves gens et je laisse passer les méchants. Mais maintenant je dois vous parler de

Renouart, de la bataille d'Aliscans sur mer, de Guillaume, du vaillant Aimeri, de leur lignage si admirable... » (1)

b) Dans Huon de Bordeaux (après 1216)

Le jongleur intervient vigoureusement à plusieurs reprises au cours de son récit et chaque fois ses apostrophes, remarques ou critiques, nous livrent un peu de sa vie et de ses sentiments :

4976. « Bonnes gens, il se fait tard, vous le voyez, et pour moi, je suis très fatigué. Je vous prie donc par l'amour que vous avez pour moi, pour Auberon et pour le noble Huon, de revenir demain après dîner. Pour le moment allons boire, car j'en ai grande envie. Assurément, je suis incapable de dissimulation : il faut que je dise ce que je pense : j'avoue que je suis bien content quand je vois venir le soir, car il me tarde de m'en aller. Revenez donc demain après dîner, et, je vous le recommande, que chacun apporte, nouée dans le pan de sa chemise, une maille : car vous êtes vraiment chiches avec vos poitevines : c'était un avare et un méchant, celui qui les a fait frapper le premier, et j'en dis autant de tous ceux qui
4991. les donnent aux gentils ménestrels ....
5510. Taisez-vous, s'il vous plaît, écoutez : je vais vous dire une chanson, si vous le désirez : par les saints que Dieu a faits, j'ai à vous dire que j'ai bien récité ma chanson, mais que vous ne m'avez guère donné d'argent. Sachez bien en tout cas — Dieu puisse me garder sain (si je dis vrai) — que je ne vais pas tarder à achever mon récit. Et j'excommunie en raison de mon autorité, du pouvoir d'Auberon et de sa dignité, ceux qui n'iront pas puiser
5519. dans leur bourse de quoi donner à ma femme ....
10458. Mais il nous faut achever notre chanson ; vous tous, qui m'avez donné de vos deniers, priez Dieu le Roi de Majes-

---

(1) Variante du manuscrit -d- dans F. Guessard et A. de Montaiglon, Paris, 1870. - Notes et variantes, p. 297-98.

té, qu'Il vous fasse accomplir des œuvres pies, et puisse-t-il ensuite vous accueillir en Paradis, et qu'Il m'y mette aussi, moi qui vous ai chanté ce poème. » (1)

2) D'après deux romans

a) Dans Érec et Énide (vers 1162)

A l'occasion des noces du héros et de l'héroïne qui ont donné leur nom au roman, il y eut des fêtes magnifiques. Un grand nombre de jongleurs participèrent à ces réjouissances et firent montre de leurs talents :

« Quand toute la cour fut réunie, il n'y eut pas un seul ménestrel du pays, du moins parmi ceux qui savaient faire quelque chose d'agréable, qui fût absent de la cour. Dans la grande salle régnait une très grande joie. Chacun fit montre de ses talents : celui-ci saute, celui-là fait des tours d'acrobate, cet autre de la prestidigitation, l'un siffle, l'autre chante, l'autre joue de la flûte, l'autre du chalumeau, l'un de la gigue, l'autre de la vielle. Les jeunes filles font des rondes et des danses. Tous rivalisent d'entrain et de joie. Tout ce qui peut provoquer la joie et mettre en liesse un cœur d'homme fut mis en œuvre aux noces ce jour-là. Tambourins et tambours résonnent ainsi que musettes, estives (2), frestel, flûtes, trompettes et chalumeaux. Et que dire du reste ? On n'avait fermé porte ni portillon. Sorties comme entrées furent laissées entièrement libres ce jour-là et ni pauvres ni riches n'en furent écartés. Le roi Arthur n'était pas chiche. Il recommanda bien aux panetiers, cuisiniers, sommeliers de distribuer en quantité et à chacun selon son désir, pain, vin et venaison. Nul ne demanda de quoi que ce soit sans en recevoir selon son souhait......... Ce jour-là les jongleurs furent joyeux, car tous furent payés à souhait. Tout ce qui avait

---

(1) Huon de Bordeaux, édité par Pierre Ruelle. Bruxelles. Paris 1960.
(2) Autre instrument à vent, sorte de musette.

été acheté à crédit fut remboursé et ils reçurent des beaux cadeaux en quantité : vêtements de vair et d'herminette, fourrures de lapin, tissus violets de couleur vive, grise ou de soie. L'un veut un cheval, l'autre de l'argent et chacun reçoit le cadeau de son choix. »

Chrétien de Troyes - Erec et Énide, publié par Mario Roques - Paris - Champion, 1953 - v. 1983-2014 et 2055-63.

b) Dans Flamenca (1er tiers du XIIIe siècle)

Ce beau roman provençal raconte les amours de Flamenca, fille du comte Guy de Nemours et femme du comte Archimbaud de Bourbon. Peu après son mariage, le comte Archimbaud rend au comte de Nemours la magnifique réception que ce dernier lui avait offerte pour ses noces. Dans ce deuxième festin on voit apparaître les jongleurs :

« Après le repas, les convives se lavent de nouveau les mains, mais ils restent tous à leur place, et, suivant la coutume, boivent du vin. Puis on enlève les nappes et devant chacun on apporte des coussins avec de grands éventails ; chaque convive eut le sien et put s'arranger à son gré. Puis les jongleurs se lèvent, chacun voulant se faire entendre. Alors vous auriez entendu retentir cordes de divers tons. Tout jongleur qui sait un air nouveau de viole, chanson, descort ou lai se met en avant le plus qu'il peut. L'un chante, en s'accompagnant de la viole, le lai du Chèvrefeuille, un autre celui de Tintagel ; l'un chanta le lai des Parfaits Amants, un autre celui que composa Yvain. L'un joue de la harpe, l'autre de la viole, l'un de la flûte, l'autre du fifre, l'un de la gigue, l'autre de la rote, l'un dit les paroles, l'autre les accompagne ; l'un joue de la cornemuse, l'autre du frestel ; l'un de la musette, l'autre du chalumeau et de la mandore..... l'un fait le jeu des marionnettes, l'autre jongle avec les couteaux ; l'un se jette à terre et fait des cabrioles, l'autre danse avec une coupe pleine à la main, l'un passe à travers un cerceau, l'autre saute : aucun ne manqua à son rôle. » (1)

Texte II. — BERTHE PERDUE DANS LA FORÊT DU MANS RENCONTRE UN ERMITE.

— Le religieux en face de la femme —

La rencontre de Berthe avec l'ermite (v. 1082-1145) constitue un des moments essentiels du récit. La malheureuse reine, au bord du désespoir, pense, en voyant la cabane du religieux, que la Providence l'a placé sur son chemin. Elle croit que l'ermite va ouvrir sa porte au nom de la sainte charité et réconforter son prochain dans le malheur. Mais la porte ne s'ouvre pas car l'ermite redoute cette femme pourtant tremblante et suppliante. Il la redoute car il voit en elle une probable incarnation du démon et il s'imagine que le Malin a donné à cette femme jeune et belle un aspect pitoyable pour mieux le tromper et le faire ensuite sombrer dans le péché. Cet ermite, devenu insensible et craintif à la fois par sa piété même, ne pouvait avoir un autre état d'esprit étant donné la tradition de l'Église médiévale. Adenet a certainement lu plusieurs de ces innombrables récits hagiographiques où les saints ou apprentis saints qui se trouvent seuls en face d'une femme seule ont réagi comme le fera son ermite. Or, du fait que les vies des saints ont été parmi les ferments les plus actifs de la littérature médiévale, le thème de la tentation du moine ou de l'ermite n'a pas borné sa carrière aux œuvres purement religieuses. Il déborde dès le Moyen Age dans les divers genres littéraires, épopée, chronique, etc. Il est intéressant

---

(1) Le roman de Flamenca - traduction partielle par J. Anglade - Paris, De Boccard, 1926, p. 13-14.

aussi de noter que ce même motif (la tentation du religieux) se retrouve parallèlement dans la littérature orientale. De ce motif nous donnons des exemples empruntés à des vies de saints, à une chronique espagnole, au Râmâyana et aux Mille et Une Nuits.

1) Les Vies de Saints.

Parmi les Vitae sanctorum qui offraient des exemples de la tentation des sens le lecteur médiéval avait un bon choix. Mais certaines vies étaient plus connues que d'autres, soit parce que leurs récits étaient saisissants, soit parce que leurs auteurs avaient l'audience d'un large public. Tel était le cas de Saint Jérôme, l'un des Pères les plus lus du Moyen Age. Or dans la Vita Sancti Pauli eremitae, Saint Jérôme décrit longuement (1) le martyre d'un jeune chrétien exposé, bien malgré lui, aux manœuvres de séduction d'une belle courtisane. On y voit la lutte terrible que mène la chaste volonté du jeune homme et il est probable que cette lecture, en même temps qu'un profond souvenir, devait laisser le sentiment de la faiblesse de l'homme en face de la tentation charnelle. Parmi les récits de ce genre nous choisirons celui de Jean de Lycopolis en raison de sa similitude avec l'aventure de l'ermite d'Adenet. Le texte ci-dessous fait comprendre en outre pourquoi bien des auteurs pieux étaient amenés à représenter des religieux refusant toute conversation avec la femme toujours susceptible d'incarner le Démon qui voyait dans un moine une proie d'élection.

— Le moine abusé par le Démon —

« Il y avait dans le désert voisin un moine vivant dans une grotte. Il avait exercé toute ascèse, gagnait par le travail de ses mains son pain de chaque jour. Comme il persévérait dans les prières et progressait dans

---

(1) Migne, Patrologie grecque 96, col. 139 sqq Paris 1857-1866-166 vol.

les vertus, il en vint à mettre sa confiance en lui-même et à prendre appui sur sa belle vie. Le tentateur obtint de l'éprouver comme Job. Il se présenta à lui, un soir, sous les traits d'une femme belle, errant dans le désert, qui, ayant trouvé sa porte ouverte, entra dans la grotte et se jetant à ses genoux lui demanda de se reposer chez lui puisque la nuit l'avait surprise. Il eut pitié d'elle, comme il ne fallait pas, et lui demanda comment elle s'était égarée. Elle s'en expliqua, mêla à son récit des paroles trompeuses et fit durer l'entretien. Peu à peu elle éveilla en lui l'amour. Ils échangèrent force paroles, rires et sourires, elle le séduisit au cours de la longue conversation en lui touchant les mains, le menton et le cou et le rendit captif de ses charmes. Il se dit que l'occasion était favorable et sûre, céda à ses pensées, et, devenu insensé, passionné pour la femme il voulut consommer le péché avec elle. Mais elle, soudain, poussant un grand cri, disparut de ses bras et s'évanouit comme une ombre. Et il entendit dans l'air s'esclaffer nombreux des démons le raillant de s'être égaré par leur tromperie et criant à tue-tête : « Quiconque s'élève sera abaissé. Tu t'étais élevé jusqu'aux cieux. Te voilà abaissé jusqu'aux abîmes. »

Vie des Pères du Désert - A. Hamann - Paris, Grasset, 1961 - pp. 287-288.

2) Une chronique espagnole du XVᵉ siècle.

Dans la littérature espagnole médiévale l'ermite est, comme dans la littérature française de la même période, un personnage familier. On le rencontre notamment au XIIIᵉ siècle dans « El poema de Fernan Gonzalez » (vers 1270) où il joue un rôle prophétique pour le comte de Castille et dans « La Gran Conquista de Ultramar » (fin XIIIᵉ) où se place l'épisode du Chevalier au Cygne avec l'ermite qui recueille les enfants abandonnés dans la forêt. Le « Romancero » au XIVᵉ lui fait aussi une certaine place en particulier dans le Romance de Montesinos où un ermite baptise le fils nouveau-né du comte Grimaltos et de sa femme qui vient d'accoucher dans la montagne près d'une source. De la production littéraire du XVe siècle nous retiendrons la « Cronica sarracina » de Pedro de Corral (vers 1430). On y voit Don Rodrigue, dernier roi des Wisigoths. Il vient de perdre l'Espagne par ses coupables amours avec « La Cava ». Vaincu par les Arabes il erre jusqu'au moment où il rencontre un ermitage isolé habité par un vieil ermite. Pris de désespoir, le roi se confesse à lui et s'engage pour obtenir la rémission de ses péchés à se faire ermite en ce lieu pendant un an. Don Rodrigue se conforme exactement aux règles très strictes de la vie érémitique. Mais un mardi, alors qu'il prie dans son oratoire il voit venir à lui une femme richement parée accompagnée de gens à cheval. C'est « La Cava » plus belle que jamais. Bouleversé par l'émotion, le nouvel ermite s'évanouit. Mais sa visiteuse ne renonce pas à le ramener à la vie et à l'amour.

Don Rodrigue ermite et « La Cava »

« En le voyant ainsi évanoui, elle fit approcher de nombreuses chandelles de cire allumées car il faisait froid, afin que le roi prît quelque chaleur. Et voici qu'en même temps on monte une tente et on dresse une table bientôt abondamment garnie. Puis tous les gens s'écartèrent pour aller loger dans la montagne. Quand le roi reprit connaissance, il vit « La Cava » vêtue d'un court manteau d'écarlate qui lui arrivait à mi-jambes et découvrait qu'elle était la plus belle femme qu'il eût vue de sa vie. Elle lui dit : « Seigneur, venez et dînez. » Le roi trembla de nouveau et de nouveau perdit connaissance. Quand il revint à lui, il comprit qu'il était sous une tente qu'on venait de dresser. Il regarda son oratoire qui lui parut ne pas avoir changé de place. Il vit « La Cava » debout sous la tente au pied d'un lit vaste et riche. Elle se mit à ôter son manteau et apparut en chemise avec ses longs cheveux qui lui tombaient jusqu'aux pieds. « Seigneur, dit-elle, saisissez ce que vous convoitiez le plus en ce monde et qui vous attend dans ce lit. » Sous le regard du roi, elle se mit à peigner et à tresser ses blonds cheveux. Quand il la vit si blanche, il se prit à trembler comme un jonc et s'évanouit une fois encore. Et le ciel encore lui révéla de se préserver de cette tentation. Mais dès qu'il revenait à lui, il oubliait tout ce qui lui était révélé pendant son inconscience. Lorsqu'il reprit ses sens, il vit sur le lit, assise sur des coussins, La Cava toute proche, en chemise, ses beaux seins découverts : « Seigneur, suppliait-elle, venez plus près, vous n'avez que trop tardé ; bientôt il sera jour...... »

Le roi qui la sentait tout près de lui était fort troublé et n'en pouvait détacher ses yeux. Il se souvint alors de l'Esprit Saint qui lui avait demandé de ne jamais l'oublier et d'espérer toujours en la vraie croix. Il joignit les mains vers le ciel et dit : « O Seigneur Jésus-Christ, délivre-moi de cette tentation et du pouvoir du diable afin que je ne sois pas abusé ni écarté de ton service divin. » Il traça une croix sur son front et se signa. Au même moment la fausse Cava se précipita du haut des rochers jusque dans la mer et le monde parut s'effondrer. Le choc fut si violent que l'eau rejaillit jusqu'à l'oratoire et que le roi en fut mouillé. Il demeura si épouvanté qu'il mit plus d'une heure à revenir à lui. Quand il eut repris connaissance il pria, animé d'un grand repentir, car il avait été sur le point de succomber à la tentation. »

Floresta de Leyendas Heroicas Española compilada por Ramon Menendez Pidal - tome 1 - Madrid, 1958, pp. 128-30. Traduction de M. G. Paoli, Professeur au Lycée Saint-Charles (Marseille).

3) Le Râmâyana.

Ce célèbre poème sanscrit de près de cinquante mille vers, est à la fois épique et religieux. Écrit dix siècles environ avant l'ère chrétienne par l'anachorète Vâlmîki, il raconte essentiellement l'histoire et les exploits de Rama, fils du roi Daçaratha. Tout au cours du poème, Rama lutte contre les puissances du mal sous diverses formes et fait figure de héros providentiel.

L'extrait que nous citons se situe au début du poème. Le roi Daçarata se désolait de ne pas avoir de fils. L'écuyer Soumantra lui suggère alors d'appeler un jeune ascète nommé Richyaçringa qui avait la réputation de conjurer toutes les calamités. Encore fallait-il faire venir à la ville le pieux jeune homme qui avait choisi de vivre au milieu des bois. Pour l'arracher à sa solitude, on lui envoya non pas un messager persuasif mais de belles danseuses parées de bijoux et dont les parfums enivraient les abeilles.

L'ermite Richyaçringa et les danseuses

« Elles (les danseuses) s'arrêtèrent dans une clairière où l'ascète pouvait les voir. Elles commencèrent de danser. Transportées d'amour, elles chantèrent d'une voix si harmonieuse que les oiseaux humiliés se taisaient. Et le Brahmane s'approcha de leur ronde dorée : « Qui es-tu ? Que fais-tu ? » lui dirent-elles. « Daigne nous répondre. » Dans son étonnement et son inquiétude il prononça pour se protéger le nom de son père Vibhândaka. Il ajouta : « Je suis son fils chéri. Je me nomme Richyaçringa. J'accomplis ici-bas ma pieuse destinée. Mon modeste ermitage s'élève non loin de cette clairière où vous avez bien voulu vous arrêter. Si vous daignez m'y suivre, je vous honorerai selon les règles de l'hospitalité. » Les jeunes filles se regardèrent en souriant. L'une dit : « Nous acceptons ton offre gracieuse. »

.....Les danseuses le contemplaient. Quelques-unes l'interrogèrent afin qu'il entendît encore la musique de leur voix. Et toutes lui dirent adieu. Il ressentit un grand trouble. Il ferma les yeux pour revoir les danseuses. Pour la première fois de sa vie il tomba dans la mélancolie. Le lendemain, absorbé dans ses pensées, il se rendit dans la clairière où il avait vu danser les belles jeunes femmes. Elles étaient toujours là. Folles de joie, elles bondirent vers lui :

« O notre ami, s'écrièrent-elles, accompagne-nous dans notre ermitage. Tu y trouveras les fruits et les raisins dont tu te nourris. Tu pourras y continuer ta vie exemplaire. » L'ascète succomba. Il suivit les belles danseuses et entra dans la capitale. »

Le Râmâyana traduit par Franz Toussaint - Paris, Briffaut, 1927, pp. 15-17.

4) Les Mille Nuits et Une Nuit.

Ce fameux recueil de contes arabes comporte des récits plus ou moins fantastiques de trois origines et une bonne partie d'entre eux remontent au Moyen Age Oriental. Les uns proviennent de Perse (Xe siècle), les autres de Bagdad, d'autres encore d'Égypte. Ils n'ont pas seulement avec la littérature médiévale européenne un rapport chronologique mais aussi un rapport psychologique. C'est ainsi qu'on retrouvera le thème de la tentation du religieux dans le conte suivant, La Princesse Zein Al-Mawassif et les moines.

Les Mille Nuits et Une Nuit n'ignorent pas les saints hommes qu'on nous montre tantôt chez les Musulmans tantôt chez les chrétiens. Et d'un côté comme de l'autre il leur arrive d'avoir des faiblesses. Moïse lui-même, tenté à la fontaine de Modaïn par la beauté d'une jeune bergère, avait été près de succomber (1).

Le patriarche d'un monastère chrétien et ses 40 moines en sont plus près encore lorsque la belle princesse Zein Al-Mawassif reçoit une nuit avec sa caravane l'hospitalité dans leur couvent. Ils sont tellement bouleversés par l'amour que, mis tour à tour en face de la jeune fille, ils sont tous frappés d'inhibition et incapables de parler. Comprenant la cause de leur trouble, la princesse et ses suivantes jugèrent prudent de s'enfuir au cours de la nuit. Au matin les

---

(1) Les Mille et une Nuits — Edition J.-C. Mardrus - Paris, Fasquelle Gallimard, 1959, t. 1, p. 438-39.

moines furent très déçus par leur départ. Ils se réunirent dans leur église, mais au lieu de réciter des prières ou de chanter des cantiques ils improvisèrent l'un après l'autre un chant d'amour qui n'était pas destiné à Dieu.

Les moines et la princesse Zein Al-Mawassif

« Le premier moine chanta :

« Rassemblez-vous, mes frères, avant que mon âme vous abandonne car mon heure dernière est venue. Le feu de l'amour consume mes os. La passion dévore mon cœur et je brûle pour une beauté qui est venue dans cette région nous frapper tous des flèches mortelles lancées par les cils de ses paupières. »

Et le second moine répondit par ce chant :

« O toi qui voyages loin de moi, pourquoi, ayant ravi mon pauvre cœur, ne m'as-tu pas emmené avec toi ? Tu es partie en emportant mon repos. Ah ! puisses-tu bientôt revenir pour me voir expirer dans tes bras. »

Le troisième moine chanta :

« O toi dont l'image brille à mes yeux, remplit mon âme et habite mon cœur ! Ton souvenir est plus doux à mon esprit que le miel n'est doux aux lèvres de l'enfant et tes dents qui sourient à mes rêves sont plus brillantes que le glaive d'Arrël. Comme une ombre tu as passé en versant dans mes entrailles une flamme dévorante. Si jamais en songe tu t'approchais, tu le trouverais baigné de mes pleurs. »

Le quatrième moine répondit :

« Retenons nos langues, mes frères, et ne laissons plus échapper des paroles superflues qui affligeraient nos cœurs souffrants. O pleine lune de la beauté ! Ton amour a répandu ses brillants rayons sur ma tête obscure et tu m'as incendié d'une passion infinie..... »

Et ainsi de suite tous les autres moines entonnèrent chacun à son tour un chant improvisé jusqu'à ce que vînt le tour de leur patriarche qui alors chanta :

« Mon âme est pleine de trouble et l'espoir m'a abandonné. Une beauté ravissante a passé dans notre ciel et m'a enlevé le repos. Maintenant le sommeil fuit mes paupières et la tristesse les consume. Seigneur, fais que, mon âme partie, mon corps s'évanouisse comme une ombre. »

Lorsqu'ils eurent terminé leurs chants, les moines se jetèrent la face contre les dalles de leur église et pleurèrent longtemps. Après quoi, ils résolurent de dessiner, de mémoire, le portrait de la fugitive et de le placer sur l'autel de leur mécréantise. »

Les Mille et Une Nuits - Édition J.-C. Mardrus, ibid., t. II, pp. 726-27.

GALIENS LI RESTORES

PLANCHE XIII

JONGLEURS ET MÉNESTRELS
Musiciens et chanteurs
(Bibliothèque de l'Université de Heidelberg)

PLANCHE XIV

LE RELIGIEUX EN FACE DE LA FEMME
La tentation de Saint Jean d'Égypte
Détail de fresque attribuée à P. Lorenzetti.
Camposanto de Pise 14ᵉ S.)

GALIENS LI RESTORES

On est très surpris d'apprendre qu'une œuvre pour ainsi dire inconnue de nos jours, Galien li Restores (Galien le restaurateur), a éclipsé à la fin du Moyen Age la Chanson de Roland dont le prestige reste encore intact. La concurrence entre les deux épopées a dû commencer dès le XIII⁰ siècle puisqu'on peut dater sans doute Galien des environs de 1290 (1). Cette dernière œuvre repose sur la synthèse des éléments essentiels d'une part de la Chanson de Roland, d'autre part du Pèlerinage de Charlemagne à Jérusalem et à Constantinople (2). Nous y retrouvons les deux inséparables compagnons Olivier et Roland combattant les païens sous la conduite de Charlemagne. Mais nous revoyons aussi Jaqueline et son père le roi Hugues de Constantinople qui avaient fait la connaissance d'Olivier lors de son passage à Constantinople en compagnie de Charlemagne. La combinaison des récits du Roland et du Pèlerinage était d'autant plus réalisable que l'un et l'autre relevaient d'une même inspiration chrétienne. De plus, Galien, fils d'Olivier et de Jacqueline, unissait les deux œuvres par le lien le plus logique et le plus naturel. Mais précisément la tentation d'insérer le nouveau récit dans la tradition même des œuvres nourrices risquait de lui enlever toute originalité. L'auteur de Galien l'a parfaitement

---

(1) Cf. Raphael Lévy, Chronologie approximative de la littérature française du Moyen Age. Tubingen, 1957, p. 56 et Martin de Riquer, Les chansons de geste françaises, Paris 1957, p. 206.

(2) Jules Horrent, La Chanson de Roland dans les littératures françaises et espagnoles du Moyen Age. Paris, Les Belles Lettres, 1951. Cet ouvrage consacre à Galien d'excellentes pages (377-412).

compris et il s'est soustrait à la tutelle qui le menaçait. La ferveur religieuse inspirait les actes des héros et expliquait la plupart des événements aussi bien dans le Roland que dans le Pèlerinage. Mais dans Galien le prosélytisme chrétien ne permet d'éclairer ni la conduite des personnages ni celle du récit. Le thème chrétien s'est effacé au profit d'un thème humain : le héros, mû par l'amour filial, cherche son père inconnu, le trouve agonisant et le venge.

De plus, l'auteur de Galien a donné à son œuvre une psychologie nouvelle qui n'est ni celle du Roland ni celle du Pèlerinage. L'esprit épique fait de force et de superbe, qui imprègne les héros du Roland et auquel Ganelon lui-même n'échappe pas entièrement, est en régression dans Galien. En revanche, les éléments romanesques qui pointent dans le Pèlerinage s'épanouissent dans Galien. Par ce double procédé de réduction et d'amplification l'auteur a su créer une œuvre originale qui se place à mi-chemin entre l'épopée et le roman.

I. - CADEAUX DE FÉES

Charlemagne n'a pas oublié le vœu qu'il a fait pendant le siège de Vienne : celui d'accomplir un pèlerinage à Jérusalem. Le voilà donc parti dans ce but avec les douze pairs et de nombreux vassaux. Pour lui, les portes verrouillées de l'Église du Saint Sépulcre s'ouvrent d'elles-mêmes et tout naturellement l'empereur va s'asseoir au siège qu'avait occupé le Christ. Avec la même modestie, les douze pairs prennent les places des douze apôtres. Le patriarche de Jérusalem qui survient comprend qu'il n'y a pas honteuse imposture mais miracle symbolique et il comble Charlemagne de reliques. Celui-ci, lors de son retour, les implore avec succès puisqu'elles pétrifient et transforment en rochers les cinq mille païens venus pour le massacrer. A peine arrivé en France, l'empereur oblige ses barons à repartir guerroyer en Espagne contre les Sarrasins. C'est précisément tandis que les Français luttent en Espagne que le héros du poème va faire son apparition. On sait [1] qu'Olivier pendant son séjour à Constantinople a comme les autres pairs exalté ses mérites exceptionnels dans un récit outrecuidant. Dans son « gab » il s'est vanté d'accomplir en une nuit cent prouesses amoureuses avec Jaqueline la fille du roi Hugues de Constantinople. Le roi le prend au mot, mais ajoute qu'il mettra à mort le Français s'il ne réalise pas sa promesse. La jeune fille est invitée par son père à se prêter à l'épreuve et à dire ensuite si Olivier a été à la hauteur de ses prétentions. Après l'expérience la fille du roi assure que le Français n'a pas menti. Dans l'intervalle les jeunes gens se sont épris l'un de l'autre et après le départ d'Olivier, Jacqueline ne peut plus l'oublier pour bien des raisons.

---

[1] Pèlerinage de Charlemagne, 2ᵉ partie.

— XVI —

1. Quant le roy Hugues ot sa fille hors chacie,
Cieulz vne poure fame fut la belle mucïe.
Mais l'aduenture orrés qui lui fut enuoïe
Un matin, tout ainsi que la fille iolïe
5. Tout' encainte estoit de son lit descouchïe.
Derriere la maison ou estoit herbergïe
Auoit vne fontaine soubz vng arbre drecïe.
Jaqueline y ala du mal d'enfant marrïe,
« Sainte Marïe aiüe ! » a haute vois escrïe,
10. Ainsi que Deus voloit et la vierge Marïe,
Deux fees ont la voix de Jaqueline ouye,
A elle sont venües, que nulle n'y detrïe,
Sa portee lui ont doulcement recueillïe,
De l'enfant qui fut bel furent moult esiouye.
15. Puis dïent l'un' a l'autre : « Ce sera villennïe,
Se chascune de nous a cest enfant n'octrïe
Vng don dont valoir puisse tous les jours de sa vïe.
Nous lui donrons beau don, a moy ne tendra mïe. »

— XVII —

Ainsi fut Galïens nés près de la fontaine.
20. Receü fu des fees par bonne amour certaine,
Mais l'une des deux fees qui vint en ce demaine
Estoit par son droit non nommee Galïenne,
L'autre ot (a) non Esglantine vne dame haultaine
Qui tint jadis la terre de Poitou et du Maine
25. Et fut compaigne Morgue vne saison longtaine
Li renons de laquelle ne faudra qu'à grant peine.
Quant elle vit l'enfant par dessus l'erbe plaine
Et elle va sentir de lui la doulce alaine,
(Deuant sa mere) dist : « Royne souueraine,
30. Comme vostre doulz filz a la vïe mondaine
A cest bon enfancon (a) destiné (de paine) !
Mais (vueil, qu'il ait) vng (don) de nous a bonne estraine. »

— XVIII —

Galïenne parla la première a hault ton
Et dit a sa compaigne : « Donne lui vng beau don ! »
35. « Pour vray », dist (Esglantine) « pas ne commenceron,

— XVI —

1. Quand le roi Hugues eut chassé sa fille, la belle princesse partit se cacher chez une pauvre femme. Eh bien, vous allez entendre l'aventure que lui envoya Dieu. C'était un
5. matin où la belle jeune femme qui était enceinte avait quitté son lit pour aller derrière la maison où elle logeait. Une source s'y trouvait, jaillissant au pied d'un arbre. Jacqueline s'y rendit, prise des douleurs de l'enfantement. Elle crie d'une voix forte : « Sainte Marie, à l'aide ! » Selon
10. la volonté de Dieu et de la Vierge Marie, deux fées qui ont entendu sa voix sont venues aussitôt à elle pour recueillir le nouveau-né avec douceur. La beauté de l'enfant les rend
15. toutes joyeuses et elles se disent entre elles : « Ce serait agir bien mal si chacune de nous ne lui accordait pas un don qui puisse lui être utile tous les jours de sa vie. Nous lui ferons donc un beau don et sans réticence. »

— XVII —

Telle fut la naissance de Galien auprès de la source. Les
20. deux fées l'accueillirent avec une profonde et sincère affection. La première des deux fées qui vinrent dans cette Terre s'appelait Galienne de son nom véritable et la deuxième, Églantine, dame altière à qui appartinrent jadis les
25. fiefs du Poitou et du Maine et qui fut autrefois la compagne de Morgue dont la renommée n'est pas près de s'éteindre. Quand elle voit l'enfant couché sur le gazon, elle va alors sentir sa douce haleine et déclare en présence de sa mère :
30. « Vierge reine souveraine, comme votre doux fils qui a vécu ici-bas a assigné de la douleur à ce bon petit enfant ! Je veux en revanche qu'il reçoive de nous un don qui fera son bonheur. »

— XVIII —

Galienne prend la première la parole d'une voix forte et dit à sa compagne : « Donne-lui un beau don. — En vérité, répond Églantine, je ne commencerai pas, mais il

Vous deuez commencer deuant moy par raison. »
Lors appella Jesum Galïenne par nom :
« Puis que Dieu vostre pere par sa commandison
A p(l)aine destinee a ce jeune enfancon,
40. Pas ne lui puis oster, mais nous lui octroyon,
Qu'i soit toute sa vïe hardy comme lyon
Et que mourir ne puisse pas nulle traïson,
Et se il est en guerre ne en mortel tencon,
C'on (nel puisse naurer) entour ne enuiron
45. De(s) playe(s) tant soi(en)t grande(s), qu(e), il n'ait garison
Et qu'au tiers (ior) ne soit aussi sain qu(e) vng poysson.
Roy de Constentinnoble (iert) et duc de renom,
Ja n'en tendront ses oncles la valeur d'un bouton.
Et afin que sa mere que orendroit voyon
50. Lui souuengne de nous, quant nous departiron,
Ara non Galïen et portera mon nom. »

— XIX —

« Dame, dist (Es)glentine, » par saincte trinité
A ces enfant(con) cy auez beau don donné.
Donner lui (vueil) vng don par la vostre amistié,
55. Que ia tant comme il viue ne puis(se) estre maté,
N'en ioustes n'en tournois n'en estour ordonné
N'en soit ia reculé demy pié ordonné.
Tant occira payens a son branc asseré,
Qu'en repoz en sera mise crestïenté,
60. D'Espaigne aincois XX ans sera roy couronné ;
Et quant les XII per seront a mort finé,
Tant fera cest enfant a son branc aceré,
Que Charlez l'emperiere et tout l'autre barné
Sera par cest enfant de la mort respité. »
65. « Ma seur », dist Galïenne, « vous auez bien parlé,
Puisque restor(e)ra Charlon et son barné
Des gens sera nomé Galïen restoré. »

— XX —

A la clere fontaine sur le grauier sourdant
Fut lai trouué le nom de Galien l'enfant
70. Par les deux nobles feez dont ie vous vois parlant.
Dont ce vont departir, plus ne vont arrestant.
Le nom que les deux feez lui alerent donnant

35. est raisonnable que vous me précédiez. » Alors Galienne
invoque le nom de Jésus : « Puisque Dieu votre père a décidé
de vouer au malheur ce tout jeune enfant, je ne peux l'en
préserver mais nous lui accordons la faveur d'être toute
40. sa vie hardi comme un lion et de ne pas mourir par suite
de trahison. De plus, s'il est engagé dans une guerre ou
une lutte à mort, on ne pourra infliger à son corps tout
45. entier aucune blessure aussi profonde soit-elle qu'il n'en
réchappe et soit, trois jours après, aussi vif qu'un poisson.
Il sera roi de Constantinople et duc renommé. Jamais ses
oncles ne lui prendront la valeur d'un bouton. Et, pour
que sa mère, maintenant sous nos yeux, garde notre souve-
50. nir après notre départ, il se nommera Galien et portera
mon nom. »

— XIX —

— « Madame, continue Églantine, au nom de la Sainte
Trinité, à ce petit enfant vous avez fait là un beau don.
Quant à moi, par l'amitié qui nous lie, je veux lui faire le
55. don suivant : pendant toute sa vie il ne pourra être vaincu
ni en joute, ni en tournoi, ni en bataille rangée et il ne
reculera pas de la distance d'un demi-pied. Il tuera telle-
ment de païens de sa lame tranchante que la chrétienté
en trouvera le repos. Avant vingt ans, il sera couronné
60. roi d'Espagne. Puis quand les douze pairs seront au terme
de leur vie, cet enfant fera tant par sa lame tranchante
que Charlemagne et tout le reste des barons lui devront la
65. remise de leur mort. — Ma sœur, déclare Galienne, voilà
de belles paroles. Puisqu'il restaurera Charlemagne et ses
barons, on le nommera Galien le Restaurateur. »

— XX —

C'est auprès de la source limpide jaillissant sur le gravier
que le nom du jeune Galien fut trouvé par les deux nobles
70. fées dont je vous entretiens. Alors elles vont partir sans
s'attarder davantage. Ce nom que les deux fées ont donné,

> La mere Galïen n'ala pas oblïant
> (Si) fist tantost mander l'archeuesque Hermant
> 75. Qui l'enfant baptiza tost et appartement.
> La mere Galïen ala bien commandant,
> (Que) on ne lui changast son nom ne tant ne quant
> Que les feez lui mirent sur le pré verdoyant.
> L'archeuesque le fist du tout a son commant,
> 80. Galïen restoré sur fons l'ala nommant.

Ausgaben und Abhandlungen aus dem Gebiete der romanischen Philologie - LXXXIV - 1890.

la mère de Galien ne l'oublie pas. Aussi fait-elle aussitôt
appeler l'archevêque Hermant qui baptise l'enfant bien
75. vite et en public. La mère de Galien recommande vivement
qu'on ne modifie pas son nom si peu que ce soit, car les
fées le lui ont attribué sur le pré verdoyant. L'archevêque
se conforme entièrement à ses instructions et sur les fonts
80. il le baptise du nom de Galien le Restaurateur.

II. - UNE PARTIE D'ÉCHECS QUI TOURNE MAL

Jacqueline, après la naissance de Galien, fait annoncer
la nouvelle à sa mère. Celle-ci vient aussitôt à l'insu de
son mari et assure généreusement le bien-être de sa fille
et du nouveau-né. Elle prend aussi des dispositions pour
le faire élever soigneusement et elle déclare que, le moment
venu, Jacqueline et l'enfant iront chez son frère le comte
de Damas. Ce programme est réalisé et le jeune Galien
devient à la cour de son grand-oncle un chevalier accompli.
Il a environ quinze ans lorsqu'un jour le comte de Damas
l'emmène avec lui à Constantinople auprès du roi Hugues.
Ce dernier finit par apprendre l'identité de Galien, mais
oubliant son ressentiment il fait appeler Jacqueline à sa
cour où elle vivra heureuse avec son fils. Galien demeura
ainsi plus de deux ans auprès du roi, en sachant gagner
autour de lui estime et amitié. Ces sentiments quasi unanimes
provoquent haine et jalousie chez les deux fils du roi
Hugues qui redoutent une éventuelle préférence de leur
père pour Galien. Jusqu'alors ce dernier a ignoré le secret
de sa naissance et il ne semble pas avoir cherché à le
percer. Mais tout d'un coup Tibert, un de ses deux oncles,
lui dévoile une partie de la vérité au cours d'une scène
dramatique.

— XXVIII —

1. Galïens en la cort bien dos ans demora,
Et quant i fut sis mois, après il commenca
A sivir totes jostes et tornois ça et la
Et si bien chevauchoit, chascuns s'en merveilla,
5. Que sur tos chevaliers le pris en emporta.
Mais li rois Hugues ot dos fils en sa cort la,
Oncle Galïen furent, chascuns d'eus l'envia
Et porchassa sa mort por le los que il a.
Lors avint, qu'uns des oncles qui Thibert se nomma
10. Galïen son nevot plaisanment appela
Et, qu'aus eschés jouast avec lui, demanda.
« Sire », dist Galïens, « feray que vos plaira. »
Lors a si bien ovré, que il un roc tira
Et « Beaus oncles, mas estes » tot haut dire lui va.
15. Mais Thibert ot despit, que ses niés gagné l'a,
Et haussant l'eschequier si grant cop l'en dona,
Que li sans jusqu'à terre de grant randon cola.
Puis dist : « Or te moquant de moi, bastars t'en va ! »
« De moi ferir » dist l'enfes « oncles, grant tort i a.
20. J'aparçoi maintenant, que ne m'amïés ja ;
Mais créés, tant que vif, tosjors m'en soviendra. »

— XXIX —

1. Or se prist Galiens mout fort a corrocier
Puisque ses oncles l'ot feru de l'eschequier ;
Mais mout se mostra sage et nos vout revenchier,
Ains corut tos sanglens dedans un grant vergier
5. O il trova sa mere, si li prist a huchier :
« Mere, Thibers od moi joua a l'eschequier ;
Mais ainsi que voloie mon escac revenchier,
Mes oncles m'a feru, si qu'il m'a fait saingnier,
Et m'appela bastart, si vout fort laidengier.
10. Mais por l'amor de vos je n'i vous pas tencier
Et suis venus a vos m'en plaindre et vos prïer,
Que vos me voilliés dire, comment et quant premier
Fustes despucellee et par quel chevalier. »
— « Beaus fils », respont sa mere, « voir est, celer nel quier,
15. Qu'une fois Charlemaines, Rolans et Oliviers
Et li doze per vindrent une nuit ci logier,
Et quant furent couchié, se vanta Oliviers,
S'il me pooit tenir od lui a son couchier,
XV fois se voudroit a moi accompagnier.
20. Alors se prist mes pere forment a corrocier
Et jura, quel feroit au baron essaier,

  Et que morir devroit, sel trovast mensongier.
  Ainsi me fis mes pere od le conte couchier.
  La fustes engendré, a celer nel vos quier. »
25. « Dame », dist Galïens, « se suis fils Olivier,
  S'on m'appelle bastart, ne l'acont un denier.
  Si est mout fous icil qui ce voet reprochier ;
  Car mieus vaut un bastars, s'il est bons chevaliers,
  Que ne font dis coart engendré en molier. »

III. - LA TRAHISON DE GANELON

  Après avoir appris qu'il était le fils d'Olivier, Galien déclare sa ferme intention de retrouver son père à tout prix. Il quitte donc Constantinople, et après avoir échappé aux embûches placées sur sa route par les fils du roi Hugues, il parvient jusqu'à Gênes gouvernée par Régnier, père d'Olivier. Quand Galien arrive, Régnier est frappé par la ressemblance du nouveau venu avec Olivier. Galien n'a donc aucune peine à faire reconnaître son identité et à se faire adopter.

  Pourtant, malgré le vif désir de Régnier de le garder auprès de lui, il part pour l'Espagne où son père lutte aux côtés de l'empereur. Pendant ce temps Charlemagne, qui vient de prendre Cordoue, se dirige vers Saragosse. C'est alors qu'il reçoit l'ambassade de Marsile, conduite par Blancandin. Ce dernier vient proposer la paix, l'envoi d'otages et d'immenses richesses qui précéderont de peu l'arrivée de Marsile lui-même apportant la confirmation de son vasselage. A son tour Charlemagne doit envoyer un messager pour exposer ses conditions. Mais qui désigner ? L'empereur se refuse à choisir Naime, Richard de Normandie, Roland ou Olivier. Roland avance alors le nom de Ganelon son beau-père et cette suggestion est retenue malgré la colère du futur ambassadeur qui part en jurant de se venger. Ganelon tiendra parole mais sa traîtrise n'est pas présentée comme dans le Roland. Dans Galien la scène de la trahison concentre l'intérêt sur trois personnages seulement aux traits en partie renouvelés : Ganelon libéré de la cupidité et plus chargé de haine et d'ambition, Marsile, plus neutre et plus plat, Bramimonde plus insinuante et plus maléfique.

— LXXI —

1. Or a tant Blanchandin Guanelon enchanté,
   Que le faulx traître a le sien ceur si tenté,
   Qu'il ot en volenté a faire le sien gré.
   Au roy Marsilion l'a Blanchandin mené.
5. Et les riches ioius dou roi li a mostré ;
   Mais Guanelon lui dit par gran(de) cruaulté :
   « Sire Marsilion, or oués mon pensé !
   De tout vo(stre) tresor ie ne prendroie vng dé
   Pour faire trahison ne nulle fausceté,
10. Ne ia ne me sera a nul iour reprouué,
    Que i'en aye denier en trestout mon aé.
    Mais je hays tant Roulant de grande cruaulté,
    Qu(e)' aultre le compera : car ie l'ay prins en gré.
    S(i)' en vo desir (ie voy et vostre volenté),
15. Vous ne chassés (fors ce), que feussons retourné,
    Et puis, quant nous serons en France le regné,
    Les ostages et (les) pleges qui en seront liuré
    Ne seroient iamais pour nul jour deliuré.
    Vecy tout vostre fait ! Je l'ay considéré. »
20. « Ganelon », dit le roy, « vous dictes verité. »
    « Sire », dit Guanelon, « or diray mon pensé :
    Je ferai vo vouloir sans nulle faucseté,
    Le roy Charlon ferai et son chief barné
    Hors d'Espengne partir, i(e)' y ay mout bien visé ;
25. Mais en l'arriereguarde de la crestienté,
    Ferai mectre Roulant, le traïctre prouué
    Et le sien compaignon Oliuier le sené,
    Bien ving mille seront desriere demouré.
    Or fauldra, que soiés si tresbien appresté,
30. Et tant de bonne gent et si bien estoflé,
    En armes en cheuaulx si (tres) bien conroié,
    Et venir tellement et en chemin priué,
    Que vous leur courés sus a riche blanc lectré,
    Et gardés, que vng seul (d'eus) n'en soit eschappé.
35. Je seray auec Charles et luy auray monstré,
    Comment ie vous trouuay en bonne volenté.
    Et s'il estoit ainsi, que je vous ay compté,
    Que Roulant y fut mort et ceulx que i'ay nommé,
    Vous me verrés tantost de France courouné ;

40. Car mon lignaige est de grant auctorité,
    Et Charles n'a nul ho(ir) en sa femme engendré.
    Si vendroit a sa sœur la noble royaulté,
    Et celle est ma moulier, elle m'a espousé.
    Ainsi seroy-ie-roy de France le regné.
45. Jamais en mon viuant, n'en ayés ia doubté,
    Ne vous guerroi(e)roie ne iuer ny esté,
    A la gent sarrasine porteraie amistié ;
    Car ie suis sarrasin de cœur et de pensé,
    S'i ai mis le corage, et toute volonté. »

— LXXII —

50. Quant Marsilles ouy le conte Ganelon,
    Ne fut mïe si lié pour tout l'or d'Auig(n)on.
    « Guanes », se dit le roy, « vecy bonne raison !
    Je vous ay en conuent dessus la loy Mahom,
    Que ie vous vengeray de Roullant le felon ;
55. Car mout a fait de mal a mon estraction. »
    Et Guanes lui iura et fist promission,
    Qu'il feroit retourner le riche roy Charllon
    Et en l'arriereguarde feroit la traïson.
    (Quant) illec l'ont iuré par obligacion,
60. Lors alerent disner assés et a foison,
    La royenne ont assise par delés Ganelon
    Qui biau semblant lui fait a recreacion
    Et luy dit : « Cheualier, par mon dieu Barriton
    A tousjours seray vostre pour accomplir vo bon. »
65. « Dame », se dit le traictre, « a dieu beneïsson
    Encor vous verray-(ie) en consolacion,
    Mais c'om puist ordonner ceste destruction
    Et que le roy Marsilles si ait gens a foison ;
    Car Roullant trouuera aussi fier que lyon. »
70. « Ouil, dit la royne a la clere fachon,
    « Car le roy Balligant frere Marsilion
    Et la riche Augalïe et le roy Fauseron
    Viennent en Sarragoce, (et) demain les actent on. »
    Et quant Guanes l'entent, si drecha le menton.
75. Lors leur donna a boire la royne de nom,
    Mais en ce boire eut mis vne telle poison,
    Que Guanelon entra en telle abusion,
    Qu'il desiroit forment a v(e)oir la saison
    De la mort (de) Roullant et de son compaignon.
80. Il a dit haultement, qu'entendre le peut-on,
    « Sire roy », (ce) dit Guanes, « (oués) m'entencion !
    Je vous ay en conuent sus ma dampnacion,

  Se ie deuoie aler a l'infernal prison
  Et mon ame liurer Bulgibuth et Noiron
85. Et recepuoir la mort au col de caagnon,
  Si feray-ge mourir Roullant le nieps Charllon
  Et le vous (de)liuerray a vo deuision
  Dedens l'arriereguarde et o luy maint baron,
  Charles feray passer les ports et le sablon. »
90. Lors l'acolla Marsiles X fois en ung randon ;
  Tout iour furent la faisant deuision,
  Comment vendront a chef de ceste traïson.

IV. - PINART LE PAIEN A LA PEAU DURE

  Tandis que Ganelon ourdit de sombres projets, Charlemagne et son armée s'acheminent vers la France. Naime raconte le cauchemar qu'il vient d'avoir et qui l'inquiète au plus haut point : il a rêvé qu'il était à la chasse et que soudain quantité de bêtes féroces se précipitaient sur les lévriers qu'ils mettaient en pièces, sans en laisser survivre un seul. Peu après, arrive auprès de l'empereur un jeune chevalier dont la ressemblance avec Olivier frappe l'assistance. C'est Galien. Il est reçu par tous avec un joyeux empressement, par tous sauf par Ganelon avec lequel il a une violente altercation. En même temps, Galien met l'empereur en garde contre la traîtrise de Ganelon et il demande à Charlemagne de l'armer chevalier, ce qui sera fait peu après. Pendant ce temps, la bataille fait rage à Roncevaux : plus de seize mille Français sont morts et Roland a enfin consenti à sonner du cor pour réclamer du secours. En entendant cet appel, l'empereur s'inquiète, mais Ganelon le rassure : Roland sonne du cor pour son plaisir, c'est même chez lui une douce manie. Galien, qui est d'un avis opposé, proteste et part aussitôt pour Roncevaux où Roland mortellement blessé vient d'envoyer à Charlemagne un messager, Gondrebeuf, pour lui annoncer le désastre. Quant à Roland, il reste sur le champ de bataille avec seulement cinq survivants dont Olivier et Turpin. Galien, qui apprend en cours de route ces nouvelles de la bouche de Gondrebeuf, part à toute allure pour tenter de voir son père avant qu'il meure. Gondrebeuf, lui, poursuit sa course vers Charlemagne auquel il apprend la trahison de Ganelon et ses sanglantes conséquences. Cependant Galien est arrivé sur les lieux de la bataille où il brûle de retrouver son père. Mais ce n'est pas là sa première rencontre.

— CIX —

Si comment les barons furent en tel destroit
Galïen le hardi en Rainchevaulx estoit,
Trachant va la bataille la où les mors percoit,
Pour trouver Oliuier durement se penoit.
5. Le roy Marsilion et la gent qu'il auoit
Estoient ordonnés en vng aultre destroit
Pour actendre Charlon, bien scaiuent, qu'il vendroit.
Et le ber Galïen par deuers dextre aloit,
Il reguardoit les mors et mout les regrectoit,
10. Dix Païens a veü par deuers vng aunoit.
(Quant) Galïen les percoit, a la mort leur crioit ;
Ceulx sont venus a luy. Si tost quom le(s) percoit,
La lance a embrachié et l'escu embrachoit.
Le premier qu'il feri tellement l'assenoit,
15. Que mort l'a abatu a la terre tout froit,
Puis a traicte Floberge, (et) le second asenoit,
(Puis) le tiers et le quart a la terre estendoit.
« Filz a putain », dit-il, « vous mourrés cy endroit,
Pour l'amour d'Oliuier nul eschapper n'en doibt. »
20. Adonc les asailli ; mais Girard mort estoit.
Tellement s'esploicta Galïen la endroit,
Que des dix sarrasins vng seul en eschappoit.
Et (cil) s'en est fouy qui mout s'esbahisoit,
N'eut guerres loing alé, que Pinart encontroit,
25. Celui qui fut (si) dur, que nul ne le nauroit
Adonc lui escria le païen, quant le voit :
« Pinart, par Mahommet, celer on ne vous doibt,
Orains estoions dix qui tous escarmucher chon euloit ; (?)
Mais pour vng crestïen felon et maleoit
30. Sommes toulx mors fors moy. Que le deable y soit !
Quant oncquez l'encontray, bien despl(aire) m'en doit,
De (de)ns le corps m'a nauré d'un branc qu(e) il tenoit.
Oncques tel cheualier ne vy en nul endroit,
Roullant et Oliuier contre luy ne valoit. »

35. Et quant Pinart l'ouy, adonc lui demandoit,
Auquel lés y aloit, et cil luy ensaingnoit.
Adonc iura Pinart, que mais ne fineroit,
Jusques (a icel tens) que (il) trouué l'auroit.

. . . .

— CXIV —

Quant Pinart eut Corsuble son nepueu escouté,
(Il est isnellement sur son cheual monté)
Tost et isnellement tot nu s'est desarmé,
Vng onguement a prins de si grant dignité ;
5. Car homs ne pourroit estre si en parfons nauré,
Que si tot qu(e)' on l'auroit l'onguement adhesé,
De ses plaies seroit en l'eure tost sané.

. . . .

Pinart (en) print l'onguement et puis s'est arouté.
(Il) eut la char plus dure que n'est acher trempé.
10. Quant le toulx ses harnois se fut bien actourné,
Il est isnellement sor son cheval montés,
(Puis a dit) a sa gent « Ne soiés si osé,
Que vous soiés de cy nullement remüé,
Jusqu(es), atant que ie (soie) arriere retourné !
15. Car s'il plaist a Mahom qui est nostre aduoué,
Il ne me sera ia a nul iour reprouchié,
Que contre vng crestïen ie main(e) nul homme né.
Se vaincre je le puis, ne le prise ung seul dé. »
Atant sur son cheual (Pinars, s'en est alés),
20. En Raincheuaulx s'en entre de grande volenté.
(Galïen appercoit dessur le bort d'un pré
Ou estoit du cheual (a) descendu abreué,
Et quant Pinart le voit, tot l'a-(il) rauisé).

V. - AMITIES ENTRE GUERRIERS AU COMBAT

Parvenu à Roncevaux après une course épuisante, Galien, tombant de fatigue, enlève son casque et s'endort dans un pré où son cheval Marchepin broute en liberté. Le Français dort d'un sommeil profond quand précisément survient Pinart qui pourrait massacrer Galien désarmé. Mais noblement le païen attend pour engager la lutte que son adversaire ait repris ses armes. Un long combat commence alors dans lequel Flamberge, l'épée tranchante de Galien, reste sans prise sur le cuir du païen. Galien, surpris et indigné à la fois, adresse alors à Flamberge de violents reproches puisqu'elle semble manquer à son devoir. Il continue pourtant à se battre et frappe avec de plus en plus de rage. A plusieurs reprises il a cru que son épée trancherait la tête ou briserait les os de Pinart, mais, à chaque coup, elle a rebondi comme si ele avait rencontré un roc. De son côté, Pinart s'est épuisé en vain et le chrétien qu'il pensait abattre dès le matin est encore debout le soir. A la fin de la journée, lorsque leur cœur faiblit et que leur bras tombe de fatigue, pour la première fois de leur vie les deux guerriers découvrent un autre langage que celui des armes.

— CXX —

1. Galïen et Pinart qui furent bon guerrier
Chapplerent toute iour iusques a l'anuiter,
Qu'oncquez ne s'entrepeurent nullement domaiger ;
Et quant vint vers la nuit, que soleil deut coucher,
5. Pinart va Gualïen bellement arais(on)ner,
« Vassal », fait le païen, « mout faictes a prisier.
Par Mahommet mon dieu qui tous nous doit iuger,
Trauaillés suis forment de vers vous chapploier,
Tant suis las et vaincus, que ne me puis aider. »
10. « Si suis-ie par ma foy », dit Gualïen le fier.
« Pour tant », dit le païen, » (ie) vous vouldroie prïer,
Que me donnés respit iusques au resclairer.
Si iray a mon tref pour mon corps (a)aisier,
Et demain au matin reuendrons chapploier. »
15. « Par (ma) foy », dit Gualïen, « bien m'y veut octroier,
Le congié vous en donne. Alés sans détrïer !
Et ie me coucheray huymais soubz ce lorier ;
Car bien me passeray de boire et de menger,
Mais trop mal me fera le ceur pour mon destrier,
20. Que fain n'a ne auoine (ne) feurre ne rastelier. »
« Ha sire », dit Pinart, « vng don ie vous requier,
Que vous viengés huymés a mon tref repairer.
Je vous pleui ma foy, comment loial guerrier,
Que par païen qu'il vienge vous n'aurez encombrier. »
25. « M'y pourrai-ge fier » ? dit le fils Oliuier.
« Ouil, » dit le païen, « par Mahom que i'ay cher,
Que vous n'y aurés mal ne aucun destourbier. »
Quant Gualïen l'entent, si l'en ua gracïer,
Ihesucrist en loua le pere droicturier.
30. Adonc s'acheminerent andoy li cheualier
Droit vers le tref Pinart parmi ung val plennier.
Quant les païens le voient, a Pinart vont crïer,
« Sire Pinart », font il, « est cestuy prisonnier ? »
« Nennil voir », dit Pinart, « ains est vng souldoier.
35. Le meilleur c'oncques mais encontray en sentier,
Je l'ay cy amené pour (l'huimais herbergier).
Faictes luy bien seruir ! Et ie le vous requier. »
Après vont li païen roi Pinart araisnier :
« Sire, ou est vostre niés qui tant se mostroit fier ? »
40. « Par Mahom » dist Pinars « vez ci cel chevalier !

— CXX —

Galien et Pinart en valeureux guerriers frappèrent tout le jour et jusqu'à la nuit sans jamais pouvoir se faire le moindre mal. Puis quand vint le soir, au coucher du soleil,
5. Pinart, avec noblesse, va engager la conversation avec Galien : « Seigneur, dit le païen, vous méritez bien des éloges. Par mon dieu Mahomet qui doit nous juger, je me suis épuisé à lutter contre vous et je suis si las et abattu que
10. je ne puis plus me soutenir. — Ma foi, je suis dans le même état, répond le farouche Galien. — Aussi, reprend le païen, voudrais-je vous prier de m'accorder une trêve jusqu'au retour du jour. Alors, j'irai dans mon pavillon pour me soigner et
15. demain, de bon matin, nous reprendrons la lutte. — Ma foi, répond Galien, j'y consens volontiers et vous donne la permission demandée. Partez sans tarder ! Quant à moi, je vais dès maintenant m'étendre sous ce laurier car je me passerai bien de boire et de manger. Mais je souffrirai beaucoup pour
20. mon destrier qui n'a ni foin, ni avoine, ni paille, ni ratelier. — Eh bien, reprend Pinart, faites-moi la faveur de venir aussitôt avec moi jusqu'à mon pavillon. Je vous donne ma parole de loyal guerrier qu'aucun païen ne viendra vous
25. causer du dommage. — Pourrai-je me fier à cette promesse ? s'inquiète le fils d'Olivier. — Mais oui, réplique le païen, je garantis, par Mahomet que j'adore, que vous n'éprouverez là ni mal, ni ennui. »

Quand Galien l'entend, il va l'en remercier et il en loue
30. Jésus-Christ, le père justicier. Alors les deux chevaliers vont droit à la tente de Pinart dans le vallon touffu. A la vue de Galien, les païens crient à Pinart : « Seigneur Pinart, cet homme est-il prisonnier ? — Vraiment non, réplique Pinart,
35. mais c'est un guerrier et le meilleur que j'aie jamais rencontré sur mon chemin. Je l'ai amené ici pour le loger ce soir. Faites-le bien servir, c'est là ce que je vous demande. » Ensuite les païens vont questionner Pinart : « Seigneur, où est votre neveu
40. qui se montrait si farouche ? — Par Mahomet, répond Pinart,

Il avoit aujord'hui tué mon bon destrier,
Si jura sur sa foi, ne me voudroit tochier,
Tant que je fus a pié ne n'eüsse corsier.
Lors vint encontre lui Corsubles bataillier.
45. Par Mahom bien cuidai, le deüst tresbuchier,
Mais le chief sor l'espaule li alla cil trenchier
Et puis m'a amené sempres le sien destrier,
Et je l'ai amené por l'huimais ci logier ;
Or vos pri mon nevot Corsuble allés cerchier
50. Tot mort le troverés la sus ou sablonier. »
Lors li païen se pristrent hautement a crïer.
Mais Pinars dist : « Seignor, je puis certifier,
Qu'il ne le fist por autre que por moi aaisier.
Falloit-il que Corsubles nos venist espïer ?
55. Mieus li vaussist dormir et en son lit couchier.
Je li avoie dit, qu'il n'i dut approchier.
Or taissiés ! Car demain, ains que puist anuitier
La mort de mon nevot de lui vodrai vengier.
Mais por huimais pensés por lui et son destrier ;
60. Quar recommencerons demain a bataillier. »
« Sire », font les païens « il n'en fault plus parler. »
Quatre Turs coureurent criant prendre son destrier,
Puis mainnent a l'estable Marchepin le coursier.
(Lors) Gualïen entr(a) au tref sans (point) deslaier,
65. Et Pinart despoula son bon haubert doublier ;
Mais estoit si derompu et deuant et derrier,
Que pas n'en (y) auoit plaine palme d'entier.
A Gualïen l'ala monstrer (Pinars) le fier,
« Francois », dit Pinart, « vous scauez bien guerroier,
70. Mon haubert m'auez fait mallement dommaiger
Il est tout derompu, bien m'en doit ennuyer. »
« Sire », dit Gualïen, « (ce vos voil affichier) :
A tort me le mostrés ; car ne suis costuriers.
((Car) Liés en suis en mon coeur. Ce sachés sans cuider :
75. A telz robes recoudre ne gaignè onc(quez) denier !) »

vous voyez ce chevalier (1). Il avait aujourd'hui tué mon cheval. Mais il jura sur sa foi qu'il ne voudrait pas me faire du mal aussi longtemps que je serais à pied et sans cheval. C'est
45. alors que survint Corsuble pour lutter contre lui. Par Mahomet, je pensais bien que Corsuble aurait culbuté le Français. Mais celui-ci au contraire est allé couper au ras des épaules la tête de Corsuble, dont il m'a amené aussitôt le cheval. A mon tour, je l'ai conduit jusqu'ici pour le loger ce soir. Maintenant je vous prie d'aller chercher le cadavre de mon neveu
50. Corsuble que vous trouverez étendu sur le sable. » A ce moment, les païens se mettent à pousser de grands cris. Mais Pinart leur déclare : « Seigneurs, je peux vous garantir qu'en agissant ainsi, son seul but fut de me soulager. Corsuble
55. aurait-il dû venir nous espionner ? Il aurait mieux fait de dormir étendu dans son lit. Je lui avais défendu d'approcher. Taisez-vous donc ! Car demain avant la nuit, je m'efforcerai de venger sur Galien la mort de mon neveu. Mais pour l'heure, occupez-vous de lui et de son cheval car demain
60. nous reprendrons la bataille. — Seigneur, disent les païens, n'en parlons plus. » Puis quatre Turcs courent en criant prendre son cheval et conduisent à l'étable Marchepin le coursier. Alors Galien pénètre aussitôt dans la tente et Pinart
65. enlève sa bonne cotte aux mailles redoublées. Mais elle était si percée et devant et derrière qu'elle ne restait pas intacte sur une largeur de main. Le farouche Pinart va la montrer à Galien : « Français, lui dit Pinart, vous savez bien combat-
70. tre. Vous m'avez mis à mal ma cotte de mailles. Elle est toute percée et il y a bien là de quoi me peiner. — Seigneur, répond Galien, je veux vous déclarer que vous avez tort de me la montrer car je ne suis pas couturier. Je m'en réjouis
75. en moi-même. Sachez bien, et ce n'est pas une idée, qu'à recoudre de telles robes, on ne gagne pas un denier. »

---

(1) En prononçant ces mots, Pinart désigne Galien du doigt.

— CXXI —

Quant Pinart les parolles de Galïen ouy,
« (Galïens) », dit Pinart, « ne soiés ia marri
De mon haubert doublier que ie regrecte ainsi !
Car il m'a mainte foiz de la mort garanti. »
80. « Non suis-ie par ma foy », Gualien respondi,
« Vous le deuez amer, (Gualïen dit) puisqu'il vous a serui,
Mais puis qu'il est ainsi, que suis venus (i)cy,
Faictes moy bonne chere ! Car vous m'aués pleuy,
Qu'en vostre compagnïe n'auroie nul ennui. »
85. « Amis », (ce) dit Pinart, « et ie le vous octry
Ja ne m'en desdiray, et ie le vous pleui ;
Car vous aurés assés et boully et rosty
Et vin viel et clairé et espisses aussi,
Puis aurés ung beau lit de bonne plume emply
90. (O aura) deulx blans draps de lin qui sont fleury
En quoy vous coucherés, tant qu'il soit esclarcy. »
« Sire », dit Gualïen, « la vostre grant mercy
Vous et moy compterons (demain) ailleurs que cy. »

— CXXI —

Après avoir entendu les paroles de Galien, Pinart lui dit :
« Galien, ne soyez pas fâché que je regrette ainsi ma cotte aux mailles redoublées ! C'est qu'elle m'a bien souvent préservé de la mort. — Vraiment, je n'en suis pas fâché, répondit Galien. Vous devez bien l'aimer puisqu'elle vous a été utile. Mais puisque les circonstances font que je suis venu ici, traitez-moi bien, car vous m'avez promis qu'en votre compagnie je n'aurais aucune peine. — Ami, réplique Pinart, je vous le garantis. Je ne m'en dédirai pas et je vous donne ma parole. En effet, vous aurez en quantité viande bouillie et rôtie, vin vieux, clairet et aussi des épices. Puis vous aurez un beau lit garni de bonnes plumes avec deux beaux draps de lin blanc brodés de fleurs et vous y coucherez jusqu'au lever du jour. — Seigneur, répond Galien, recevez tous mes remerciements ; et, vous et moi, nous règlerons nos comptes demain ailleurs qu'ici. »

VI. - LA MORT D'OLIVIER

Après une pause, le combat entre Galien et Pinart se poursuit encore fort longtemps, si bien que la fatigue risque de gagner les auditeurs avant de terrasser les combattants. Aussi est-il nécessaire de mettre un terme à la lutte et nécessaire aussi de faire poursuivre sa glorieuse carrière au héros de l'épopée. Le jongleur le sait et cette double obligation littéraire coûte la vie à Pinart à la fin du combat. Libéré, Galien va pouvoir chercher son père au cœur même du champ de bataille. Mais harcelé de tous côtés par les païens, il demande le secours du ciel, de Roland et d'Olivier d'une voix si forte que les deux amis l'entendent. De plus Olivier, en observant le nouveau venu, a remarqué qu'il montait Marchepin, le cheval de son père

Régnier. Il décide Roland et les cinq autres Français survivants à se remettre en selle malgré leurs profondes blessures et à venir en aide à Galien. Le sort a donc voulu que le fils et le père se rencontrent sans se connaître. Il a voulu aussi que Galien voie Olivier debout, la tête haute et l'épée en main. Mais ce ne sera pas pour longtemps.

— CXXXII —

Si tost que Gualïen son pere raduisa
Et il sceut de certain, qu'e(ncor vif) trouué l'a,
Oliuier le baron celui qui l'engendra,
Descendit dou destrier et ambrassier l'alla
5. (De son pere acoller mout se hasta).
(Et puis hors) de la presse (bel et) courtoisement l'osta
Puis encontre la roche a terre le posa
Et dessus l'erbe drüe doulcement le coucha,
Puis s'asist emprès (lui et) mout le regrecta :
10. « Haa beau tresdoulx pere, mal venistes deca ;
Car ie voy bien (a)certes : mourir vous couuendra,
Jacqueline ma mere iamès ne vous verra. »
« (Tu dis voir), mon (dous) filz », Oliuier dit luy a,
« Quant en Constantin(oble) fui vng jour qui passa,
15. De ma main l'afiay et elle m'afia,
Que ie l'espouseraie ; mes nous venismes ca,
Ne puis ne retournames dont mon ceur ire a.
(Ores voi-je mout bien), iamaiz ne me verra.
Je la commande a Dieu (qui le monde forma),
20. Aussi le duc Regnier qui jadis m'engendra
Et la dame ma mere qui es flans me porta,
Bell'-Aude ma seror ; nus d'eus ne me verra.
Hé Dieu, com(ment) grand doulleur de ceste mort vendra !
Charllemainne de France pourquoy ne venés ca ?
25. Bien vous poués vanter, Guanes ne vous ama
Qui a nous cy leissier (l'autrier) vous conseilla ;
Car perdu y aués dont le cœur vous douldra
Et de quoy doulce France tourmentée sera,
Ne tant que (France France ne que mons mons sera),
30. Roy qui en France viengne, si hault ne la tendra,
Comment l'avés tenüe ; car en temps qui venrra,

— CXXXII —

Aussitôt que Galien reconnut son père et fut bien certain d'avoir trouvé encore vivant Olivier, le seigneur qui l'engendra, il descendit de cheval et alla l'embrasser. Il s'empressa
5. de le prendre par le cou et avec beaucoup de douceur le tira hors de la mêlée puis il le déposa à terre en l'adossant au rocher et délicatement il l'étendit sur l'herbe dure. Puis il s'assit auprès de lui en prononçant des paroles d'adieu : « Ah,
10. mon père plein de bonté, c'est pour votre malheur que vous êtes venu jusque là car, je ne le vois que trop, il vous faudra mourir. Jacqueline ma mère ne vous verra jamais plus. — Tu dis la vérité, mon bon fils, lui répondit Olivier. C'est un jour
15. lointain à Constantinople que, main tendue, j'ai juré, et elle aussi, que je l'épouserais. Mais nous sommes venus jusqu'ici et dans la suite, nous ne sommes plus retournés là-bas, ce dont mon cœur est triste. Maintenant, je m'en rends bien compte : elle ne me reverra jamais plus. Je la recommande à
20. Dieu créateur du monde, ainsi que le duc Regnier qui jadis m'engendra, la châtelaine ma mère qui en ses flancs me porta et la belle Aude ma sœur. Aucun d'eux ne me reverra plus. Ah ! Dieu, quelle grande douleur vous vaudra cette mort ! Charlemagne, empereur de France, pourquoi ne venez-
25. vous pas jusqu'ici ? Vous pouvez bien vous vanter de n'être guère aimé de Ganelon, lui qui l'autre jour vous a conseillé de nous abandonner ici. En effet, vous y avez perdu ceux dont la mort fera le deuil de votre cœur et le tourment de la douce France. Mais aussi longtemps que la France sera
30. la France et le monde le monde, aucun des rois qui viendront en France ne l'élèvera aussi haut que vous l'avez élevée, car

Tel par paix l'a amee qui a mort la herra,
Et tel l'a honnouree qui la defoulera. »

— CXXXIII —

Couchié fut Oliuier sur l'erbe verdoiant,
35. Gualïen mout souuent le vis luy va baisant,
Et Roulant et les aultres s'alerent si penant,
Que les XXX paiens il vont a mort mectant.
Et le conte Oliuier va souuent souppirant,
Et va sa belle amïe mout souuent regrectant,
40. « Haa, » (ce) dit le conte, « beau pere tout puissant,
Veullés guarder la dame par vostre doulx commant
De qui ie (enge)ndray ce gracïeulx enffant,
Jacqueline m'amïe au gent corps aduenant !
Et le me pardonnés, damoisel(le) vaillant !
45. Ce que ne vous ay pas tenu (mon) conuenant,
C'est par les faulx paiens a qui Dieu soit nuisans.
Adieu Regnier de Jennez, noble duc combatant,
Mon doulx gracïeulx pere qui fort m'aloit amant !
Adieu ma doulce (mere), Jhesus vous soit aidant !
50. Bell'-Aude, douce seur, il (est) bien apparant,
(Helas), que vous aurés de ma mort doulleur grant.
De vos beaulx yeulx tres clers qui sont forment riant
Vous en charront les larmes mout souuent degoutant,
Et vos beaulx cheueulx blons, comment fin or luisant,
55. Irés, seur, de grant deul pour ma mort esrachant.
Quant en bataile estoie ou en estour pesant
Ou les paiens aloie a m'espee occiant,
Vostre ceur vous aloit de ioie saudelant,
Et quant de la bataille aloie retournant,
60. Dessus vng pallefroy venïés au deuant
Et puis me baisïés deulx fois en vng tenant
Et Roulant vostre amy baisïés autretant.
Or ne le ferés plus, tresdouce seur vaillant,
Puisque la mort nous va tellement estraingant,
65. Plus ne me ferés feste, tresdoulce seur plaisant.
Or (entre vaillans hommes vos alés) contenant
Au mieulx que vous pourrés d'oresmes en auant !
Car il ne seray point, (ie) m'en vois perceuant,
Aux neupcez, belle seur, de vous ne de Roullant. »

dans les temps qui viendront, tel qui l'a aimée avec
tendresse, la haïra jusqu'à la mort et tel qu'il l'a hono-
rée la foulera aux pieds. »

— CXXXIII—

Olivier est étendu sur l'herbe verte et Galien, bien souvent,
35. embrasse son visage. Quant à Roland et aux autres, ils firent
tant et si bien qu'ils mirent à mort les trente païens. Mais le
comte Olivier pousse bien des soupirs et très souvent il se
40. lamente sur sa belle amie : « Hélas, dit le comte, bon père
tout-puissant, par votre bienveillance souveraine, veuillez
protéger la dame à qui j'ai donné ce bel enfant. Jacqueline,
mon amie au corps doux et gracieux, pardonnez-moi, noble
45. dame, de n'avoir pas tenu ma promesse. La faute en est aux
païens fourbes ; puisse Dieu leur être hostile. Adieu Régnier
de Gênes, noble duc et noble guerrier, vous, mon noble et
généreux père qui m'aimiez tellement. Adieu, ma douce
50. mère, que Jésus vous vienne en aide. Belle Aude, ma douce
sœur, il est bien évident, hélas ! que ma mort vous causera
une douleur profonde. De vos beaux yeux si clairs et si
rieurs couleront souvent des larmes abondantes et vos beaux
cheveux blonds aussi brillants que l'or fin, ma sœur, vous les
55. arracherez dans la grande douleur de ma mort. Quand,
dans la bataille ou dans la dure mêlée, les coups de mon
épée tuaient les païens, votre cœur tressaillait de joie. A
60. mon retour du combat, vous veniez à ma rencontre sur un
cheval de parade. Puis vous m'embrassiez deux fois de suite
et vous en faisiez autant pour votre ami Roland. Désormais
vous ne le ferez plus, très douce et noble sœur, puisque la
65. mort m'étreint à ce point. Vous ne me ferez plus fête, sœur
très douce et avenante. Parmi de vaillants guerriers, compor-
tez-vous donc de votre mieux pour l'avenir, car je n'assisterai
pas, je m'en rends bien compte, à vos noces, ma douce sœur,
non plus qu'à celles de Roland. »

— CXXXIV —

70. Oliuier fu couchié sus l'erbe qui verdoie,
    Son filz en son giron le soustient en vmbroie.
    Quant Gualïen (ce) voit, que (la) mort le chatoie,
    Du ceur souspire fort et des yeulx (mout) lermoie.
    Lors va venir Roullant qui proësce maistr(o)ie,
75. Quant il voit Oliuier qui a mort se gramoie,
    « Hee Dieu », dit Roullant, « pere qui tout auoie,
    Quant iadiz en bataille sur mon cheual estoie,
    Et le conte Oliuier en costé moy sentoie,
    Homme qui fut viuant vne nois ne doubtoie,
80. Plus veoie paiens et plus en occioie.
    Oliuier qui (y)cy est, que la gref mort maistr(o)ie,
    Leur pourfendoit a toulx ceur (et) pommon et foie.
    Ha(a) Dieu, que dira Charles qui les Francois mastroie,
    Quant il aura perdu la tresplus noble proie
85. C'oncques nul iour perdist roy qu(i) criast Monioie !
    Et ie scay bien, (d'icy) a la mer qui vindoie
    Ne pourroit-on trouuer n(y) en sentier ny en voie
    V(i)ng(t) mil(le) meilleurs barons que l'autr(e jor) auoie
    Que paiens m'ont occis dont le ceur mendoie (?)
90. .VI. estions encore dont le plus sain estoie,
    Mais il sont plus naurés que dire ne pourroie.
    Puis qu'a mort sont ferus, plus viure ne pourroie,
    Si tresgrant deul en ay, qu(e) a poy, qu'il ne maluoie.
    Bien say, que de fin deul aincoiz que la nuit voie,
95. Mourray auec les aultres, et se ie ne mouroie,
    Si scay-ie de certain, que de deul m'occiroie.
    Oliuier beau compaings, Dieu qui toulx biens auoie
    Doint a toutes les femmes qui d'amer sont en voie
    De leurs loiaulx amis recepvoir meilleur ioie,
100. Que de vous et de moy (ne) la vostre ne la moye ! »

— CXXXV —

Oliuier fu couchié qui la mort angoissa,
Gualïen Restoré doulcement l'embracha
Qui a ce iour grant deul pour son pere mena,
Et Roulant fut emprès qui mout le regrecta.
105. Quant il eut regrecté, a Gualïen parla,
Bel et courtoisement l'enfant arraisonna :

— CXXXIV —

70. Olivier est étendu sur l'herbe verte et son fils sur sa poitrine le soutient et lui fait de l'ombre. Lorsque Galien voit que la mort presse Olivier, son cœur soupire profondément et ses yeux versent d'abondantes larmes. Alors survient Roland,
75. maître en prouesses. Quant il voit qu'Olivier fait entendre les plaintes de la mort, il dit : « Ah ! Dieu, père tout-puissant, quand jadis j'étais au combat sur mon cheval, et que je sentais le comte Olivier à mes côtés, il n'y avait pas un homme
80. au monde que je redoutais plus qu'une noix. Plus je voyais de païens, et plus j'en tuais. Olivier, qui est là, terrassé par la pesante mort, leur perçait à tous cœur, poumon et foie. Ah ! Dieu, que dira Charles, le maître des Français, quand
85. il aura perdu le plus noble sujet que jamais perdit roi qui ait crié Montjoie. Je sais bien aussi que, d'ici à la mer qui ondoie, on ne pourrait trouver ni par les sentiers ni par les routes vingt mille barons supérieurs à ceux que j'avais
90. l'autre jour, eux que les païens m'ont tués et dont mon cœur pâtit. Nous restions six et j'étais le plus valide, mais ils sont plus blessés que je ne saurais dire. Puisqu'ils sont frappés à mort, je ne pourrai plus vivre. J'en éprouve une si grande
95. douleur que je suis près de succomber. Je sais bien qu'avant de voir la nuit, je mourrai avec les autres de cette terrible souffrance, et si je ne mourais pas, j'en ai la certitude, je me tuerais de douleur. Olivier, mon bon compagnon, que Dieu, dispensateur de tous biens, accorde à toutes les fem-
100. mes placées sur la route de l'amour de recevoir de leurs loyaux amants plus de joies que votre amie ou la mienne en ont reçu de vous ou de moi ! »

— CXXXV —

Olivier est étendu étreint par la mort. Galien l'embrasse avec douceur, lui qui en ce jour a manifesté tant de chagrin à cause de son père. Roland auprès de lui prononce des
105. mots d'adieu. Cela fait, il adresse au jeune Galien des paroles empreintes de bonté et de délicatesse : « Brave

« (Bons chevaliers, cil sire) qui tout (monde) crea,
Te doint grace et honneur ; car bien pouoir en a ;
Car a mon compaignon dont mon ceur doulleur a,
110. Qui est si fort nauré, que ia n'eschappera,
As hui fait mout de bien. Tant que mon corps durra,
Ne pour mort ne pour vïe ie ne te fauldray ia ».
« Roullant », dit Oliuier, (par Deu) qui tout crea,
Soiés lui bon amy et il vous gardera !
115. Et ie le vous requier ; car par Deu qui fait m'a,
C'est le mien propre enfant que mon corps engendra
En la fille roy Hugues, quant Charllemainne (y) ala
En Constantin le noble ; car ie l'engendray la,
Jacqueline la fille (au) roy Hugues le porta.
120. Or le guardés Roullant et il vous guardera ! »
« Par ma foy », dit Roullant, « se i'ay bien, il aura. »
Adonc (a) Oliuier la veüe troubla,
Roulant print .III. peux d'erbe dont il l'acomicha.
En ce point d'Oliuier l'ame se desseura,
125. Il eut le ceur bien dur qui adonc ne ploura.

chevalier, que Dieu qui créa le monde entier t'accorde grâce
et honneur (il le peut bien) car à mon ami pour qui mon
110. cœur est peiné et qui est si profondément blessé qu'il n'en
réchappera pas, tu as aujourd'hui fait grand bien. Aussi
longtemps que je vivrai ni pour la mort ni pour la vie
je ne t'abandonnerai. — Roland, reprit Olivier, au nom
de Dieu le créateur universel, soyez pour lui un ami dévoué
115. et il vous protègera. Je vous le demande, car, par Dieu
qui m'a créé, c'est lui mon propre fils, qui est né de moi
et de la fille du roi Hugues, quand Charlemagne vint à
Constantinople. C'est là que je l'engendrai et Jacqueline
la fille du roi Hugues le porta dans ses flancs. Protégez-le
donc, Roland, et il vous le rendra. — Sur mon honneur,
120. répond Roland, si j'ai du bonheur il en aura. » Mais alors,
tandis que les yeux d'Olivier se troublent, Roland prend
trois brins d'herbe avec lesquels il lui donne la communion.
A ce moment l'âme d'Olivier le quitta. Il eut le cœur bien
125. dur celui qui, alors, resta sans pleurer.

PLANCHE XV

UNE PARTIE D'ÉCHECS
Un seigneur chrétien joue aux échecs avec un émir
(Bibliothèque du monastère de l'Escurial - Madrid)

PLANCHE XVI

LA MORT DU HÉROS
Tête de gisant
(Cathédrale de Canterbury - 1376)

SUR LES THEMES

SUR LES THÈMES

Texte II. - UNE PARTIE D'ÉCHECS QUI TOURNE MAL

La partie d'échecs intervient fréquemment dans la littérature médiévale française, qu'il s'agisse de l'épopée ou du roman. Elle apporte au récit, selon sa présentation et son importance, un intérêt documentaire, anecdotique ou dramatique. Mais encore faut-il ajouter que chaque auteur nuance la forme et le sens qu'il donne à cette scène. Dans le cas de la partie dramatique, le jeu révèle souvent les instincts ou les désirs secrets de l'un des partenaires comme on l'a vu dans Galien. Mais il se peut encore que cette partie serve d'instrument à l'un des joueurs pour favoriser une passion : amour, ambition, vengeance. Ainsi, Charlemagne, violemment jaloux de Garin (dans Garin de Monglane), espère trouver dans une victoire aux échecs une occasion de supprimer le jeune homme. L'empereur lui impose donc une partie à l'issue de laquelle, lui-même, s'il est vainqueur, lui fera trancher la tête. Cet exemple de Garin nous montre que le jeu d'échecs peut être beaucoup plus qu'un simple divertissement et devenir un moyen auquel on a recours pour tenter d'infléchir le destin. Les trois textes que nous citons prouvent combien les conteurs du Moyen Age, conteurs français ou conteurs orientaux, avaient compris la richesse des développements et la variété des effets que peut entraîner la scène des échecs : aboutissement psychologique dans une épopée française, résultat politique dans une chronique arabe, implications sexuelles dans un roman, arabe également.

Une partie d'échecs décide du destin de Hugues, fils de Parise la duchesse.

Dans la chanson de geste (écrite vers 1275) qui porte son nom, la duchesse Parise, femme du duc Raymond de Saint-Gilles, est persécutée par des traîtres qui, ayant empoisonné son beau-frère, l'accusent de ce meurtre. Bannie de ses terres, elle accouche dans une forêt et le bébé, son fils Hugues, emporté par des voleurs, est donné au roi de Hongrie qui l'élève. Apprécié au plus haut point par le roi qui veut en faire son successeur, il est, pour cette raison, jalousé et détesté des jeunes seigneurs. Plusieurs d'entre eux, sous le prétexte de recevoir de lui une leçon d'échecs, l'attirent dans un guet-apens. Mais tel est pris qui croyait prendre et paradoxalement la fierté ombrageuse de Hugues lui fait puiser dans le souvenir des injures essuyées au cours de cette partie d'échecs, la volonté passionnée de retrouver son honneur en retrouvant ses parents.

« Appelons donc Hugues pour faire une partie d'échecs, là-bas dans ce cellier creusé profondément sous terre. Alors, traitons-le de bâtard, de misérable, d'enfant trouvé. Il est si ombrageux et si audacieux qu'il voudra se battre avec nous. Que chacun de nous porte un poignard acéré et que tout aussitôt on le tue, l'assassine, le transperce. » Sur ces mots, ils ont interpellé le jeune homme : « Hugues, viens avec nous jouer aux échecs et gagne cent sous à l'échiquier doré. Tu nous donneras une leçon d'échecs et de dés. A coup sûr, tu es beaucoup plus fort que nous. — Seigneurs, répond Hugues, n'en dites pas davantage, car je suis originaire d'un pays étranger et je ne voudrais pas qu'on me le rappelle. Aucun d'entre vous, s'il me raillait, par l'apôtre qu'on invoque au pré de Néron, ou s'il me disait une parole qui me déplaise, ne manquerait de recevoir deux coups sans pareils ». — Mais les jeunes seigneurs lui répliquent : « Vous auriez grand tort de le craindre. Jamais nous ne vous dirons une parole capable de vous peiner. Mais nous avons le devoir de vous servir et de vous honorer plus que quiconque. Vous serez notre suzerain, s'il est vrai que Dieu l'a voulu. En vérité, le roi veut vous donner sa fille. » Ceux-ci l'ont tellement flatté qu'ils l'ont amené au cellier. Il prend place devant l'échiquier sans pouvoir se méfier. Si le Seigneur Dieu n'y veille, lui qui fut cloué sur la croix, alors il lui faudra mourir à moins qu'il ne bénéficie de la miséricorde divine. Ce fut au fils du duc Garnier de commencer à jouer. Chacun avance une mise de cent sous en deniers. Mais lui les a tous battus et faits mats, car il n'y en a pas un seul qui ait pu le vaincre. « Seigneurs, leur dit Hugues, écoutez-moi bien : apprenez à jouer mieux que vous ne savez encore. Je vous montrerai comment faire, volontiers et avec plaisir. Mais je ne veux pas un seul denier de votre argent. » Le jeune Hugues les observe et les voit changer de couleur, puis sortir des manches de leurs vêtements les poignards qu'ils brandissent. « Seigneurs, leur demande Hugues, quelles sont vos intentions ? Si je vous ai causé quelque tort, je suis prêt à vous en faire réparation. » Mais le fils de Gontagle l'apostrophe : « Enfant trouvé, fils de putain. Autrefois tu as été apporté d'un bois par des voleurs. Tu ne connais pas le père qui t'a engendré et pas davantage la mère qui t'a porté dans ses flancs. — Par les sentiments que je vous dois, vous dites vrai. Mais, par Dieu ! votre « fils de putain », je crois que vous allez me le payer. S'il plaît à Dieu et à ses saints, vous vous en repentirez. » Il a levé son poing qui était gros et massif et il en a frappé le fils de Gontagle entre le front et le nez. Il lui a fait jaillir les deux yeux de la tête. Les autres, poignards en mains, se précipitent sur lui. Mais Hugues, qui s'est saisi de l'échiquier, se dirige aussi sur eux. Ils lancent dans la direction de sa poitrine les poignards acérés et lui font trois blessures sur les flancs. Mais Hugues les rejoint et n'en laisse échapper aucun. Il frappe l'un des trois dont il fait jaillir la cervelle. Puis il lève l'échiquier avec lequel il tue un autre. Le troisième prend la fuite, mais Hugues le rattrape et de l'échiquier qu'il tient, il lui donne un coup tel qu'il l'abat mort au milieu du cellier.« Allez, fils de putain, dit-il, puissiez-vous être nés pour votre malheur. »

Parise la Duchesse, éd. par F. Guessard et L. Larchey. Paris, Vieweg, 1860, pp. 36-38, v. 1197-1278.

Le roi d'Espagne perd une partie d'échecs.

Ce récit est emprunté à l'Histoire des Almohades, composée vers 1224 de notre ère. L'extrait cité se rapporte au conflit qui oppose le sultan Mo'tamid et le roi d'Espagne Alphonse VI, alors que ce dernier convoite divers territoires du sultan. Comme le souverain arabe sentait son infériorité militaire, il fit appel pour le conseiller à son vizir Ibn'Ammâr. Celui-ci, connaissant la passion du roi d'Espagne pour les échecs, se rendit, avec un échiquier d'une beauté merveilleuse, à la frontière du territoire musulman où se trouvait précisément Alphonse VI. Le vizir parla et fit parler autour de lui de cet échiquier extraordinaire, si bien qu'au cours d'un entretien qu'il eut avec lui, le roi demanda à voir cette pièce fameuse.

« Je te l'apporterai », lui fit répondre Ibn'Ammâr par son interprète, « mais à la condition que nous y fassions une partie ensemble. Si tu gagnes, il t'appartient, si tu perds, je gagne une discrétion. — Apporte-le, que je le voie. » Le vizir l'envoya chercher et le mit sous les yeux du chrétien qui s'écria en se signant : « Je n'aurais jamais cru qu'un échiquier pût être si admirablement travaillé. » Puis, se tournant vers Ibn'Ammâr : « ...Non, je ne veux pas jouer une discrétion ; j'ignore ce que tu pourrais me demander. Peut-être quelque chose que je serais hors d'état d'accorder. — Je ne jouerai pourtant pas dans d'autres conditions, » répondit Ibn'Ammâr qui fit renvelopper et emporter l'échiquier. Le vizir cependant révéla, sous le sceau du secret, à quelques courtisans chrétiens qui avaient sa confiance, la demande qu'il se proposait d'adresser au prince et obtint leur concours par la promesse de sommes importantes... Ils insistèrent si bien que le roi fit venir Ibn'Ammâr avec son échiquier et lui déclara qu'il acceptait l'enjeu proposé. Le vizir demanda alors qu'on constituât comme témoins des nobles qu'il cita. Alphonse les fit venir et la partie s'engagea. Or, nous l'avons dit, Ibn'Ammâr était d'une telle force que personne en Espagne ne pouvait le gagner, de sorte que, cette fois encore, il battit complètement son adversaire qui ne put faire un seul coup.

L'issue de la partie n'étant plus douteuse : « C'est bien, dit Ibn'Ammâr, une discrétion que j'ai gagnée ?
— Sans doute, qu'est-ce que tu demandes ? — Que tu quittes ce territoire et que tu rentres dans tes états. »

E. Dermenghem, Les plus beaux textes arabes - Ed. du Vieux Colombier, Paris, 1951, pp. 158-159.

La captive Djâzya gagne sa liberté aux échecs.

Le roman arabe des Banû Hilâl (1) transpose des événements qui eurent lieu au XIe siècle de notre ère en Arabie, au Yemen et surtout en Afrique du Nord. Les Banû Hilâl ou Hilaliens sont une importante tribu de Bédouins qui, n'ayant eu ni eau ni récoltes pendant sept ans dans leur pays, en sont ainsi chassés par la soif et la famine. Ils se rendent alors à Tunis pour demander au chérif Bnou-Hâchem à la fois des vivres et l'autorisation de s'installer sur son territoire. Le chérif accorda le tout, mais à la condition qu'on lui livre la belle Djâzya, épouse du Cheikh Dyâb. Celui-ci finit par céder Djâzya qui va vivre tristement auprès de Bnou-Hâchem.. Mais un jour elle est avertie par un message que sa tribu va repartir dans le désert. Elle décide alors de trouver à tout prix un moyen de suivre les siens.

---

(1) On trouvera de ce texte une importante analyse dans H. Pérès : Le roman dans la littérature arabe des origines à la fin du Moyen Age. Annales de l'Institut d'Études Orientales - Alger 1958, p. 25-28.

« Lorsque vint le chérif, elle lui fit un sourire, sourire de trahison qui découvrit ses dents. Malheur au chérif...

« Ma colère est passée, lui dit-elle, et cette nuit, nous nous amuserons à jouer aux échecs. » On apporta les échecs, on illumina les candélabres. « L'enjeu sera, reprit-elle, que le vainqueur contemplera le vaincu dans toute sa nudité. » C'était une dure condition qu'elle lui imposait là. Elle lui réservait dans la victoire une amère déception. Ils jouèrent, elle perdit, et, quittant ses habits, elle se trouva couverte d'un vêtement noir comme le plumage d'un corbeau. C'étaient ses cheveux qui tombaient en désordre. Le nez seul apparut aux yeux du chérif ainsi que le talon au dessous des chevilles. Quant au corps, il ne le vit point, il était masqué par une longue robe noire.

Ils firent une seconde partie. Elle gagna et lui dit : « Déshabillez-vous ! vous m'avez fait mettre toute nue. C'est maintenant à mon tour et je l'exigerai sans la moindre indulgence. » Or, pour qui voulait compter jusqu'au bout, le corps du chérif était marqué de cent plaies impures. Il se mit à supplier et à implorer son pardon avec insistance. »

La Djâzya, publié par Alfred Bel - Paris, 1903, pp. 134-135.

On devine aisément que, ne voulant pas se résigner à se montrer ainsi, il lui proposa de lui accorder autre chose. Elle accepte et exige qu'ils partent tous deux avec la tribu des Hilaliens qui va retourner au désert. Le Chérif Bnou-Hâchem y consent, mais à la condition qu'elle fasse le serment suivant et dise : « Je reviendrai ici, ô mon bien-aimé. » Pour tenir son serment, elle oublie à dessein dans sa tente son peigne et son vase à parfums. Et ainsi, en revenant les chercher, elle accomplit son serment. Puis, comme convenu, elle emmène le chérif avec sa tribu, départ qui marque sa libération, laquelle est en fin de compte le résultat de la partie d'échecs.

Texte VI. - LA MORT D'OLIVIER

La Mort du héros épique.

L'épopée se présente comme une série de fresques, un défilé de scènes de haine, d'amour et d'amitié, de paysages de guerre et de paix d'où se détache le plus souvent la haute figure du héros principal. Tout au long de cette coulée d'aventures, il a fait sauter des têtes, coupé des barbes, châtié des traîtres, abattu des géants, sauvé des jeunes filles, converti des païens, conduit des équipées prodigieuses avec l'aide de chevaux surprenants de vitesse et d'intelligence. A tous les dangers physiques et moraux, sombres prisons sarrasines, jeunes femmes aux intentions trop claires, fruits empoisonnés ou promesses fallacieuses de faux amis, toujours le héros a pu échapper grâce à son habileté et à son courage vigoureusement secondés par une Providence attentive. L'épée glisse le long du flanc qu'elle aurait dû percer, la pomme meurtrière destinée au maître est mangée par le valet et au dernier moment, d'une manière ou d'une autre, un dieu vigilant prolonge une existence qui paraissait condamnée. C'est ainsi que sautant de danger en danger, de péril en péril, le héros épique paraît devoir braver la mort. Et pourtant il n'est pas éternel. Son rôle est de faire un temps la liaison entre la volonté de Dieu et les destinées humaines. Son bras, quoique toujours vainqueur, reste cependant le bras d'un homme. C'est dire que le jongleur réserve au héros l'ultime épreuve de la mort. Cette épreuve, plus encore que les autres, est capable de montrer que le personnage est d'une trempe exceptionnelle. Déjà sa vie admettait des interférences divines. Sa fin, elle, peut présenter un héros qui même mourant dépasse et surmonte la condition humaine. Chaque poème épique, selon l'esprit ou le talent du jongleur, donne à cette scène une couleur ou une tonalité particulière. Mais il le fait souvent en mettant en lumière la valeur incomparable du héros qui, en paraissant mourir comme un homme, trouve encore le moyen d'être plus qu'un homme. Ce sentiment d'une humanité quasi surhumaine nous est imposé aussi bien par la mort solennelle de Roland que par l'agonie cruelle de Vivien (1). Car il faut noter que le talent de nos jongleurs est si riche et si vigoureux qu'ils réussissent à différencier chacune de ces scènes qu'un art moins sûr n'eût pas préservé de la monotonie. Cette remarque destinée à nombre d'épopées du Moyen Age français ne s'applique pas moins à de belles sagas du Nord ou à de grands textes épiques de l'Orient médiéval. Pour représenter le premier groupe, nous ferons appel à un passage de la Geste de la Branche rouge ou Geste de Cûchulainn, pour le second à l'épopée arménienne David de Sassoun et au Roman d'Antar.

La mort de Cûchulainn.

Dans la littérature médiévale celtique le héros du Cycle d'Ulster est Cûchulainn. Sa légende mise par écrit au VIIe siècle et très populaire pendant toute la durée du Moyen Age est en fait antérieure de quatre à cinq siècles à l'ère chrétienne. La civilisation évoquée par le vieux char de combat (comme chez Homère) est celle de l'époque de la Tène ou second âge du fer. Dans ces récits où s'illustre Cûchulainn, nous voyons quatre des provinces que compte l'Irlande liguées contre la cinquième, l'Ulster. Le roi d'Ulster, Conor, entouré de Cûchulainn et de ses compagnons d'armes, siège dans la salle de la Branche rouge où il dresse ses plans contre leur ennemie implacable, Mève, reine de Connaught. Malgré ses forces surhumaines, puisqu'il est le fils de Lugh à la longue main, dieu du soleil, Cûchulainn finit par être vaincu par ses ennemis qui l'encerclent. L'un d'eux, Cûroi, vient de le blesser cruellement.

---

(1) Cf. P. Jonin - Pages Épiques, tome 1, p. 47-48.

« Cûchulainn se raidit pour arracher la lance qui le cloue à son char. Il parvient à briser la hampe, mais le fer reste dans la plaie, le sang jaillit à gros bouillons. L'astre du jour décline dans le ciel empourpré. La fièvre agite le héros qu'une soif ardente dévore. « J'aimerais, dit-il, aller jusqu'au ruisseau pour m'étancher le feu qui me brûle la poitrine. — Nous t'en donnons la permission, disent les Irlandais, si tu promets de revenir. — Je hélerai à mon secours si les forces me manquent. »

Il presse ses boyaux dans son ventre crevé et prenant appui sur son glaive il dévale vers le ruisseau. Il s'y gorge à longs traits, lave son corps souillé de terre et de sueur, puis lentement il s'en revient vers ses ennemis qui l'attendent. Son regard aperçoit un haut pilier de roche érigé sur un tertre. A grand ahan, il s'y dirige, s'y adosse et, tirant sa ceinture de cuir il se lie sous les aisselles à la pierre dressée. « Je veux mourir debout, dit-il d'une voix sourde. Et de ses doigts raidis il serre son bouclier, il étreint sa lame tranchante. Le Grison de Macha [1] flairant mourir son maître est revenu sur ses foulées et se traîne jusqu'au pilier. Il appuie son flanc à la pierre, jette un hennissement plaintif et verse des larmes de sang. L'âme de Cûchulainn s'exhale en un soupir.

Les guerriers irlandais poussent un cri de victoire. Un corbeau croassant s'abat et vient se jucher sur le front du héros. « Les oiseaux n'avaient point coutume de se percher pareillement » remarque Eric à cette vue. Lugad, fils de Cûroi, s'avance à pas prudents près du corps désormais sans vie. Sa main gauche a saisi les cheveux du héros, de sa main droite il tranche le cou. Les doigts du champion mort desserrent leur étreinte. Son glaive, plus lourd que vingt épées, frappe en tombant le poignet de Lugad et sépare sa main de son bras. Alors par vengeance Eric tranche le poing du mort décapité. Le halo glorieux

---

[1] Le cheval de Cûchulainn.

qui rayonnait encore autour du chef coupé s'estompe, pâlit et s'éteint. La tête devient livide comme une nuit de neige. »

D'après Georges Roth, la Geste de Cûchulainn - Edition Piazza - Paris, 1927, pp. 162-63.

La mort de Meher, fils de David de Sassoun.

L'épopée arménienne, David de Sassoun, a été dans sa majeure partie composée aux VIII° et IX° siècles pendant l'occupation de l'Arménie par les Arabes, mais certains passages sont beaucoup plus anciens. Quoi qu'il en soit, on trouve au cœur de l'épopée les exploits de David de Sassoun et ceux-ci sont en liaison étroite avec les soulèvements des principautés arméniennes contre les Arabes. La révolte et la résistance des montagnards de la province de Sassoun, au milieu des hautes montagnes du Taurus, sont incarnées par l'un d'entre eux, David, qui, ennobli, symbolise non seulement les défenseurs de Sassoun, mais ceux de toute l'Arménie. David a un fils, Meher, qui venge sa mort et continue son œuvre en libérant complètement le Sassoun. Dans sa vieillesse, après la disparition de sa femme et des autres membres de sa famille, Meher devient sombre et souhaitant la mort, il implore l'âme de son père pour qu'elle l'aide à se libérer du poids de la vie. Alors, du tombeau paternel une voix lui répond :

« Mon fils, que puis-je y faire ? Mon visage a perdu forme et couleur. Mes yeux ont perdu la vue. Serpents et Scorpions ont fait leurs nids sur mon corps. Tu as assez erré en ce monde, tu as assez erré. Ta place est dans le rocher du Corbeau...... »

Meher pleura abondamment. Aucune voix ne sortit plus du tombeau de son père. Il n'y eut en tout que ces paroles. Meher repartit et arriva au défilé de Vostan. Quand il arriva à ce défilé, un prince qui se trouvait là lança son lasso et enlaça Meher. Meher fut enlacé avec son cheval. Il s'écria : « J'invoque le Pain et le Vin, le Seigneur Vivant et la Vierge Haute de Marouthas. » En disant ces mots il frappa sur le lien et le coupa et délivra le poulain Djalali.

Alors Meher supplia Dieu soit de lui livrer combat, soit de le reprendre. Dieu envoya sept anges à cheval pour combattre contre Meher. Ils se battirent depuis midi jusqu'au soir. Meher frappait de son Épée Fulgurante. Ses coups n'atteignaient pas les anges. Les pieds du cheval ne trouvaient plus d'appui sur la terre. Quand le cheval posait son pied il s'enfonçait en terre. Le sol s'était amolli devant lui et ne résistait plus à Meher. Meher s'écria : « Hélas ! tout est vain. Le sol aussi a vieilli ; il ne résiste plus sous les pieds de mon cheval. » Il était midi ; plus il poussait son cheval en avant, plus le cheval s'enfonçait. Et cela dura jusqu'au soir. Il attrapa alors son cheval, le tira et arriva au pied d'une montagne, auprès de Van. Un rocher se dressait devant lui qu'on appelle Rocher de Van. Il se dit : « Attends un peu. Je vais frapper ce rocher de mon épée. Si elle le fend, c'est que je n'ai pas commis de péché. Si elle ne le fend pas, c'est que j'ai péché. » Dès que l'épée toucha la roche, la roche se fendit juste en deux et s'ouvrit. Meher et son cheval entrèrent à l'intérieur et la roche se referma sur eux. »

David de Sassoun, traduit de l'arménien par F. Feydet - Paris, N.R.F., Collection Caucase, 1964, pp. 393-95.

La mort d'Antar.

Le roman d'Antar, qui est considéré aujourd'hui comme l'un des plus grands chefs-d'œuvre de la littérature arabe, avait déjà au XIXe siècle soulevé l'enthousiasme de Lamartine, Hugo et Renan. Ce texte, à la fois poème épique et roman de chevalerie, s'est formé par rédactions successives du VIIIe au XIIe siècle. Le héros, Antar, appartient à l'époque préislamique et l'œuvre est un reflet de la vie des Arabes pendant cinq siècles, vie agitée par les querelles entre les tribus et plus encore par les guerres de l'Orient persan, puis musulman, contre Byzance. Dans cette épopée romanesque Antar, doué dès son enfance d'une force prodigieuse, devient rapidement un guerrier fameux, chef de la tribu des Absiens, car il vole de prouesse en prouesse pour retenir l'attention et ensuite l'amour d'Alba, la fille de son maître. Il s'illustre notamment en luttant à lui seul contre cinq mille hommes des Beni-Maan et en triomphant en combat singulier des plus redoutables champions du temps : Cosroan, le Chevalier Batremont, Bahram, chambellan du roi Chosroes. Pourtant le déclin arrive pour lui aussi et, un matin, après une nuit de fièvre, le guerrier invaincu, comprend que l'heure du destin a sonné :

« Déjà un souffle plus frais annonce l'aurore. Des rumeurs lointaines, des piétinements de chevaux font pressentir l'approche de l'ennemi. Antar, d'une voix à peine distincte ordonne qu'on apporte son armure et qu'on l'aide à l'endosser. Il coiffe pour la dernière fois son casque au fond duquel ses yeux agrandis et brûlants de fièvre brillent d'une étrange lueur. Il ceint Dami (1) après avoir pieusement baisé la poignée, puis, porté par deux esclaves, enfourche Abjer qui, sous ce poids sacré, hennit de joie. « Adieu, vous tous que j'ai aimés, dit-il, d'une voix éteinte. Je vous ai défendus pendant ma vie. Je vous défendrai encore après ma mort. » Puis il saisit les rênes, fait avancer Abjer de quelques pas et se place au milieu du défilé, appuyé sur sa lance, le visage tourné vers l'ennemi.

Encore quelques instants et le jour va paraître. « Fuyez ! » a-t-il dit aux siens ; et ceux-ci, se conformant à son désir, ont levé le camp et se sont mis en marche vers l'Ouest. Antar est resté seul, face au Levant, sur son cheval, plus immobile qu'une statue, attendant à la fois le soleil, l'ennemi et la mort.... C'est alors que les ennemis, enhardis par les discours du vieux Chaïb, débouchent au détour du ravin, espérant surprendre les Absiens en

---

(1) Son épée.

plein départ. Mais quelle n'est pas leur stupeur et leur terreur, lorsqu'au milieu du défilé, parmi l'éboulis des roches que l'aurore fait flamboyer, ils aperçoivent, immobile sur son cheval immobile, appuyé sur sa lance, fantastiquement éclairé par le soleil levant, Antar qui, les yeux fixes, les regarde et paraît les attendre. « Antar est vivant ! » s'écrient-ils, saisis d'angoisse, et, tournant bride, ils refluent en désordre vers les hauteurs. Cependant, arrivés sur les crêtes ils se retournent et voient Antar qui, toujours dans la même position, n'a pas bougé et semble les observer encore. Et là-bas, au-delà du défilé, ils distinguent encore la caravane des Beni-Abs qui, parvenue aux confins de son territoire, va leur échapper définitivement. « Pourquoi Antar ne les rejoint-il pas ? » s'interrogent-ils et Chaïb d'ajouter : « Cette immobilité m'est suspecte. Jamais encore on n'a vu un cavalier rester isolé de la sorte et demeurer seul, si loin des siens. » Car, vous saurez, seigneurs, que mort, Antar était néanmoins resté à cheval. Son corps prenait appui sur sa lance tandis qu'Abjer, attendant toujours l'ordre de son maître, demeurait immobile comme une pierre. Et jusqu'au milieu du jour Antar tint ainsi en respect l'ennemi. Mais, vers le soir, avec un hennissement sonore Abjer frémit, fait deux bonds et soudain se cabre en battant l'air de ses sabots. Antar s'abat sur le sol comme une tour de fer. »

Le Roman d'Antar - Éd. par R. Rouger - Paris, Piazza, 1926, pp. 173-74.

INDEX GENERAL DES SUJETS ET THEMES

Tomes 1 et 2

Abjuration (de chrétiens)	1	P. 146
Adoration (de Mahomet)	1	P. 148-150
(de Tervagan)	1	P. 175-176
Affection (d'un chevalier pour son cheval)	1	P. 94-97
Amitié entre ennemis	2	P. 337-343
Amour d'une chrétienne pour un chrétien	1	P. 144-147
d'une païenne pour un chrétien	1	P. 101-105 ; 142-145 155-161
Amours d'enfance	2	P. 115 ; 117-121 P. 180-182
Amour et devoir	1	P. 155-161
Amour et Guerre	1	P. 141-144-228 et tome II (passim)
Anges (apparition des)	2	P. 31 ; 51
Anneau magique	2	P. 107-109
Apparition (de St-Jacques)	2	P. 62
Armement d'un païen	1	P. 110-111
Assaut (contre Rome)	1	P. 185-187
(contre Aigremore)	1	P. 227-230
(contre Luiserne)	2	P. 51-52
Attitude (d'humiliation)	2	P. 48-49
Automates	2	P. 104
Baiser (triple)	2	P. 110-111
Baptême (consenti d'une païenne)	1	P. 36-114
	2	P. 122
(forcé)	1	P. 236-241
(de païens)	2	P. 45-48
Barbe (coupée)	1	P. 136-141-173-175
Baume	1	P. 206-207
Biche Blanche	2	P. 185

Cauchemar	2	P. 154
Cerf merveilleux	2	P. 158-163-183 185-188
Châtiment (Ganelon)	1	P. 34-36
Cheval (fidèle)	1	P. 234-235-253-255
Cheval (merveilleux)	1	P. 230-235-251-253
Chevaliers mystérieux	1	P. 109-113 126-129
Colère (de Charlemagne)	1	P. 88-89
(de Clovis)	1	P. 139-141
(d'un gouverneur)	1	P. 137-139
Combats	1	P. 57-58 112-113 et passim I et II
Conseil (de sagesse)	1	P. 142-145
Consultation (d'un Dieu païen)	1	P. 175-176
Conversation (de Musulmanes)	1	P. 59-60
(entre chrétiens et païens)	1	P. 13-19 ; 255-261
(entre païenne et chrétiens)	1	P. 218-221
Conversion (forcée)	1	P. 236-241
Conversion	2	P. 48
Cor (magique)	2	P. 87 ; 107
Cor (refus de sonner du cor)	1	P. 22-27 45-46
Cousine (secourable)	2	P. 104-106
Cruauté mentale	2	P. 77-80 ; 82-84
Cynisme d'une jeune fille	1	P. 238-239
Déclaration d'amour d'une femme	1	P. 102-105 142-143 ; 146-147 et passim I et II
Défaite (attitude du païen dans la défaite)	1	P. 33-34
Déguisement de Charlemagne	2	P. 27-31
de Guillaume d'Orange	2	P. 63-66
de guerriers en femmes	2	P. 67-68
d'une jeune fille	1	P. 161-163
Désespoir d'un père	1	P. 105-108 ; 167
d'un frère	2	P. 166-168
d'une amante	1	P. 151-152

Dieux païens et Dieu Chrétien	1	P. 226-227
Division (du monde)	1	P. 123-124
Droits et devoirs du Vassal	2	P. 213-219 247-253
Duel	1	P. 110-113
Duel (d'Olivier et de Fierabras)	1	P. 190-191 203-213
Duel judiciaire	2	P. 208-212
Duel d'un païen contre un chrétien	1	P. 245-250
Échecs (parties d'échecs)	2	P. 115-121 328-331 355-360
Échiquier (merveilleux)	2	P. 358
Empoisonnement	2	P. 196-205 241-246
Énergie d'une mère	2	P. 289-292
Enfance (de Charlemagne)	1	P. 52-58
Enfant épargné par des lions	2	P. 178
Enlèvement d'un enfant chrétien	2	P. 148-154 ; 178
Entrevue (des fils et des pères)	2	P. 40 ; 48
Épée (Durandal)	1	P. 78
(Hauteclaire)	1	P. 78
(Joyeuse)	1	P. 60-63 P. 76-78
(Précieuse)	1	P. 77
Ermite	2	P. 280-283 ; 313-315
Ermite (et danseuses)	2	P. 315-316
Évasion (de Roland et ses amis)	1	P. 89-93
de Chrétiens	1	P. 220-221
Évêque (malmené)	1	P. 238-239
Exil	1	P. 140-141
Exploits d'un jeune homme	1	P. 57-58 et passim I et II
Fées (dons de)	2	P. 325
Fées (jeu de la Feuillée)	2	P. 136-139
Fées médiévales	2	P. 135-136

Femme diabolique	2	P. 253-255
Femme perdue dans la forêt	2	P. 274
Fiancée (départ de la)	2	P. 266
Fiancée substituée	2	P. 274
Fils (révoltés)	2	P. 223-226 ; 228
Force des saints	2	P. 169-173 ; 189-192
Géant	2	P. 35-39 69-72 ; 116
Géant anthropophage	2	P. 106
Géants grotesques	2	P. 73-74
Géante	2	P. 70 ; 116
Geste (les 3 gestes)	1	P. 12
Gouvernement (principes de)	1	P. 114-119 129-132
Griffon	1	P. 94-97-98 124-126
Guerre (condamnation de la)	1	P. 71-72 ; 74-76
Guerre sainte	2	P. 43-47 P. 74-75 ; 76-82
Hanap (magique)	2	P. 87
Haubert merveilleux	2	P. 107
Hébergement (droit d')	2	P. 251
Héros (adolescent)	1	P. 57-58
	2	P. 37-39
Iles curieuses	2	P. 134
Imagination (une jeune fille)	1	P. 227-230
Incitation (à la guerre sainte)	2	P. 76 ; 80-82
Ingénieur	1	P. 185-187
Insultes	2	P. 330-357 et passim I et II
Jeu (du feu)	1	P. 221-225
(autres)	1	P. 222-223
Joie (d'un père au retour de son fils)	1	P. 168-169
Jongleurs et ménestrels	2	P. 305-310

Kadjs	2	P. 131-132
Lamentation (funèbre)	2	P. 166-168
Lassitude (des guerriers)	2	P. 15-23 ; 57-61
Lettre (de défi à un ennemi)	1	P. 86-89
Madoine (fée)	2	P. 136
Mahomet (statue)	1	P. 148-149
Mari (fidèle et comique)	2	P. 233-235 237-238
Mariage (double mariage)	1	P. 163-167 177-178
Mariage royal	2	P. 270-271
Mélusine (fée)	2	P. 136
Messager (choix d'un)	2	P. 163-166
Messagers (païens et chrétiens)	1	P. 85-89
	2	P. 89-92. 111-115. 140-143
Miracles	1	P. 31, 32-33 ; 109 ; 126-127
	2	P. 51 ; 163 ; 188-192
Mission dangereuse	2	P. 89-93
Miroir (magique)	1	P. 66-67
Moine (abusé par le démon)	2	P. 311-312
Moine et princesses	2	P. 317
Monstres	1	P. 93-100
Morgane (fée)	2	P. 136
Mort du héros épique	2	P. 361-367
Mort (du héros) Olivier	2	P. 344
Roland	1	P. 28-31
Vivien	1	P. 47-48
Nain (enchanteur, Aubéron)	2	P. 88
	2	P. 97-104
	2	P. 122-126
Navire (merveilleux)	1	P. 181-183. 195-196
Noms (des épées)	1	P. 76-78

Obstination (d'un païen)	1	P. 236-240
Olivier (son caractère)	1	P. 44-45
sa mort	2	P. 347-350
Paix (éloge de la)	1	P. 73-74
Pays merveilleux	2	P. 93-97 ; 129-135
Peau invulnérable	2	P. 335
Plaidoyer (d'une musulmane pour un chrétien)	1	P. 64-65
Plaisanterie (d'un jeune homme)	1	P. 135-139
Poire empoisonnée	2	P. 246
Pomme empoisonnée	2	P. 196 ; 241-243
Portier	2	P. 220-222
Portier récalcitrant	1	P. 90-93
	2	P. 36-39
Portrait d'un chevalier	1	P. 102-103
Pouvoir du suzerain	2	P. 249-253
Princesse malheureuse	2	P. 264
Prise d'une ville	2	P. 52
Prison (prisonnier)	1	P. 153-154. 212-216
	2	P. 115
Province d'obscurité	2	P. 132
Reconnaissance d'une fille par ses parents)	2	P. 296-300
Recréance (des barons francs)	2	P. 15-23-57
Religieux (en face de la femme)	2	P. 310-318
Reliques (dans une épée)	1	P. 62-63
(emportées par les païens)	1	P. 187-189
(emportées par Charlemagne)	1	P. 197-198
Rencontre (d'époux séparés)	2	P. 293
Réponse à un défi	2	P. 140-143
Rêve (animalier)	1	P. 20-21
(épique)	1	P. 42-44
(prophétique de Charlemagne)	1	P. 20-22
(prophétique d'Esclarmonde)	2	P. 154-155
Révolte (des jeunes contre les vieux)	2	P. 14 ; 23-27

Rogrigue (ermite)	2	P. 313
Rome (prise de)	1	P. 181
Roncevaux (bataille de)	2	P. 334-337
Sagittaires	2	P. 129-131
Saints (combattants)	1	P. 109-113
	2	P. 169 ; 189-192
Satire (de Charlemagne)	2	P. 14
Scepticisme (à l'égard des reliques)	1	P. 198-200
Secours (donné par une païenne à des chrétiens)	1	P. 216-221 & passim
	2	P. 115 ; 178-180
Serments (avant la bataille)	2	P. 206
Sermon (diabolique)	2	P. 228-233 ; 253 ; 255-257
(stimulant)	2	P. 258-259
Siège	1	P. 227-230
Sympathie (entre païen et chrétien)	1	P. 247-250
Tentation (des sens)	1	P. 64-67 ; 79-81
	2	P. 310-318
Tête (coupée)	2	P. 143
Torrent	1	P. 96-97
Trahison (découverte)	2	P. 291
(de Ganelon)	1	P. 13-19
(de Ganelon)	2	P. 332
(repoussée par Ganelon)	1	P. 39-41
(de Maudaran et Maudaire)	1	P. 146
Trésor	1	P. 228-230
Vassal révolté	2	P. 247-249
Vœu (de chasteté)	2	P. 121
Visite (amoureuse)	1	P. 101-105
	2	P. 115
Viviane (fée)	2	P. 136
Voier	2	P. 285-288

TABLE DES MATIERES

PRÉFACE	9

TABLE DES TEXTES

GUY DE BOURGOGNE 11

I. Les barons français n'ont plus envie de se battre ..	15
II. Les fils des chevaliers de l'empereur veulent se donner un roi	23
III. Charlemagne déguisé va faire l'espion à Luiserne ..	27
IV. La fin d'un géant	35
V. Les fils vont au devant de leurs pères dont ils ne peuvent se faire reconnaître	39
VI. La guerre sainte	43
VII. Rencontre des pères et des fils dans une curieuse attitude	48
VIII. La prise de Luiserne et ses conséquences	51

SUR LES THÈMES

I. Les barons français n'ont plus envie de se battre	57
La lassitude des guerriers	58
1 - Aymeri de Narbonne	58
2 - Entrée de Spagne	61
III. Charlemagne déguisé en pèlerin va faire l'espion à Luiserne : Le thème du déguisement	63
1 - La Prise d'Orange	64
2 - La Mort Aymeri de Narbonne	66
IV. La fin d'un géant : Le géant	69
1 - Le témoignage occidental : Marco Polo	70
2 - Le témoignage oriental : Ahmed ibn Fadlan	71
3 - La postérité du géant médiéval : Rostabat	73
Le bain du roi	74

VI. La guerre sainte			74
Du côté chrétien	1)	L'incitation à la lutte	76
	2)	La cruauté mentale	77
Du côté musulman	1)	L'incitation à la lutte	80
	2)	La cruauté mentale	82

HUON DE BORDEAUX 85

- I. La multiple mission de Huon 89
- II. La traversée de pays merveilleux 93
- III. Aubéron met son pouvoir magique au service de Huon 97
- IV. Huon découvre au bord de la Mer Rouge une jeune cousine au service d'un géant anthropophage 104
- V. Huon remplit la première partie de sa mission 107
- VI. Comment l'émir Gaudisse accueille le message et le messager de Charlemagne 111
- VII. Une partie sentimentale d'échecs 115
- VIII. Justice est rendue à Huon malgré Charlemagne 121

SUR LES THÈMES

- II. La traversée de pays merveilleux 129
  - 1 - Les conteurs
    - a) le pays des Sagittaires 129
    - b) le pays des Kadjs 131
  - 2 - Les voyageurs géographes
    - a) Marco Polo 132
    - b) Edrisi 134
- III. Aubéron - Les fées médiévales 135
  - Trois fées dans le jeu de la Feuillée 136
- VI. Comment l'émir Gaudisse accueille le message et le messager de Charlemagne 140
  - La réponse du seigneur défié 140

LA CHANSON DE GODIN 145

- I. Les Sarrasins enlèvent et élèvent un bébé chrétien 148
- II. Le rêve d'Esclarmonde 154
- III. L'apparition du cerf merveilleux 158
- IV. Le choix difficile d'un messager pendant le combat .. 163

V. Lamentation funèbre de Dinot devant le cadavre de son frère	166
VI. Comment frappent les saints dans les combats	169

SUR LES THÈMES

I. Les Sarrasins enlèvent et élèvent un bébé chrétien	177
L'enlèvement et le sort de Rénier dans Les Enfances Rénier	178
L'enlèvement et le sort de Blanchefleur	180
III. L'apparition du cerf merveilleux	182
Le cerf de Redymre dans les Mabinogion	183
La biche de Guigemar	184
Le cerf de la Chevalerie Ogier de Danemark	185
Le cerf de la Quête du Graal	187
VI. Comment les saints frappent dans les combats	189
La force de Saint Laurent dans le miracle des Deux frères de Gautier de Coinci	189
La force de Gabriel et des anges dans la Chronique de Tabari	191

LA CHANSON DE GAYDON 193

Gaydon	195
I. Une tentative d'empoisonnement	196
II. Les serments avant la bataille	206
III. Dieu décide du sort du coupable	208
IV. Droits et devoirs du vassal évoqués par Riol du Mans	213
V. Difficile dialogue de Ferraut avec un portier	220
VI. Le fils en lutte contre son père : Savari et Hertaut	223
VII. Un sermon diabolique ou la profession de foi dans le mal	228
VIII. Gautier mari fidèle et comique	233

SUR LES THÈMES

I. Une tentative d'empoisonnement	241
1 - Un panier de pommes dans Parise la Duchesse	241

2 - Le fruit offert par Guenievre dans la Mort Artu	244
3 - La mort du Calife : le lait et la poire dans la Chronique de Tabari	245
IV. Droits et devoirs du vassal évoqués par Riol du Mans	246
1 - Le Roman de Thèbes	247
2 - Garin le Lorrain	249
VII. Un sermon diabolique ou La profession de foi dans le mal	253
1 - La confession de Matabrune dans le chevalier au Cygne	254
2 - Le sermon du Diable dans le Miracle de Théophile	255
La descendance du thème	256
1 - Une curieuse leçon de morale (Lautréamont)	257
2 - Un sermon stimulant (Jules Romains)	258

BERTE AUS GRANS PIES 261

I. Les adieux de Berthe à son départ en Hongrie	265
II. Berthe perdue dans la forêt du Mans rencontre un ermite	274
III. L'énergie d'une mère résolue à revoir sa fille	289
IV. Berthe est courtisée par son mari qui ne la reconnaît pas	292
V. L'inconnue de la forêt du Mans	296

SUR LES THÈMES

I. Les adieux de Berthe et son arrivée à Paris	305
Jongleurs et ménestrels	305
1 - Le jongleur d'après deux épopées :	
a) Aliscans	306
b) Huon de Bordeaux	307
2 - D'après deux romans :	
a) Erec et Enide	308
b) Flamenca	309

II. Berthe perdue dans la forêt du Mans rencontre un ermite	310
Le religieux en face de la femme	310
1 - Les Vies des saints : le moine abusé par le démon	311
2 - Une chronique espagnole du XVe siècle	312
3 - Le Râmâyana : l'ermite et les danseuses	314
4 - Les Mille et une nuits	316

GALIENS LI RESTORES ... 319

I. Cadeaux de fées	323
II. Une partie d'échecs qui tourne mal	329
III. La trahison de Ganelon	331
IV. Pinart le païen à la peau dure	334
V. Amitiés entre guerriers au combat	337
VI. La mort d'Olivier	343

SUR LES THÈMES

II. Une partie d'échecs qui tourne mal	355
Une partie d'échecs décide du destin de Hugues, fils de Parise la Duchesse	356
Le roi d'Espagne perd une partie d'échecs	358
La captive Djâzya gagne sa liberté aux échecs	359
VI. La mort d'Olivier	361
La mort du héros épique	361
La mort de Cûchulainn	362
La mort de Meher, fils de David de Sassoun	364
La mort d'Antar	365

INDEX GÉNÉRAL DES SUJETS ET THÈMES
Tomes I et II ... 369

TABLE DES ILLUSTRATIONS

Planche 1 - La lassitude des guerriers
— 2 - Un géant
— 3 - Le géant dans le folklore contemporain
— 4 - La guerre sainte
— 5 - La guerre sainte
— 6 - Les pays merveilleux
— 7 - Le cerf merveilleux. La Vision de Saint Hubert
— 8 - Comment frappent les saints dans les combats
— 9 - Les Sarrasins enlèvent un bébé chrétien
— 10 - Les droits et les devoirs du vassal
— 11 - Le sermon diabolique
— 12 - Berthe est courtisée par son mari
— 13 - Jongleurs et ménestrels
— 14 - Le religieux en face de la femme
— 15 - Une partie d'échecs
— 16 - La mort du héros

ACHEVÉ D'IMPRIMER SUR
LES PRESSES DE L'IMPRIMERIE
BOURSON, A COMPIÈGNE
LE 27 AVRIL 1970
POUR LA SOCIÉTÉ D'ÉDITION
D'ENSEIGNEMENT SUPÉRIEUR
A PARIS

N° d'éditeur : 494

Dépôt légal : 2ᵉ trimestre 1970

OUVRAGES PARUS DANS LA COLLECTION

ADAM (A.). — Le mouvement philosophique dans la première moitié du XVIII° siècle.

CASTEX (P.-G.). — Alfred de Vigny : « *Les Destinées* ».

CASTEX (P.-G.). — *Le Rouge et le Noir* de Stendhal.

CASTEX (P.-G.). — *Sylvie* de Gérard de Nerval.

COHEN (M.). — Le subjonctif en français contemporain.

COHEN (M.). — Grammaire française en quelques pages.

DÉDÉYAN (Ch.). — L'Italie dans l'œuvre romanesque de Stendhal. — Tomes I et II.

DÉDÉYAN (Ch.). — Rilke et la France. — Tomes I, II, III et IV.

DÉDÉYAN (Ch.). — J.-J. Rousseau et la sensibilité littéraire à la fin du XVIII° siècle.

DÉDÉYAN (Ch.). — Gérard de Nerval et l'Allemagne. — Tomes I et II.

DÉDÉYAN (Ch.). — Le cosmopolitisme littéraire de Charles Du Bos :
Tome I. — La jeunesse de Ch. Du Bos (1882-1914).
Tome II. — La maturité de Ch. Du Bos (1914-1927).
Tome III. — Le critique catholique ou l'humanisme chrétien (1927-1939).

DÉDÉYAN (Ch.). — Le nouveau mal du siècle de Baudelaire à nos jours.
Tome I. — Du postromantisme au symbolisme (1840-1889).

DÉDÉYAN (Ch.). — Madame de Lafayette.

DÉDÉYAN (Ch.). — Lesage et *Gil Blas*.

DÉDÉYAN (Ch.). — Racine : *Phèdre*.

DÉDÉYAN (Ch.). — Alain-Fournier et la réalité secrète.

DELOFFRE (F.). — La phrase française.

DELOFFRE (F.). — Le vers français.

DERCHE (R.). — Quatre mythes poétiques (Œdipe - Narcisse - Psyché - Lorelei).

DERCHE (R.). — Études de textes français :
　Tome I. — Le Moyen Age
　　» II. — Le XVIe siècle.
　　» III. — Le XVIIe siècle.
　　» IV. — Le XVIIIe siècle.
　　» V. — Le XIXe siècle.
　　» VI. — Le XIXe siècle et début du XXe.

DUFOURNET (J.). — La vie de Philippe de Commynes.

DUFOURNET (J.). — Recherches sur le Testament de François Villon.

DURRY (Mme M.-J.). — A propos de Marivaux.

DURRY (Mme M.-J.). — Guillaume Apollinaire :
　Tome I. — Alcools.
　　» II. — Entre le symbolisme et le surréalisme - Apollinaire et le symbolisme.
　　» III. — Architecture - Évolution - Apollinaire et le surréalisme.

ETIEMBLE (Mme J.). — Jules Supervielle - Etiemble : *Correspondance 1936-1959*. Édition critique.

FRAPPIER (J.). — Étude sur *Yvain ou le Chevalier au Lion* de Chrétien de Troyes.

FRAPPIER (J.). — Les Chansons de Geste du Cycle de Guillaume d'Orange.
　Tome I. — La Chanson de Guillaume - Aliscans - La Chevalerie Vivien.
　Tome II. — Le Couronnement de Louis - Le Charroi de Nîmes - La prise d'Orange.

FORESTIER (L.). — Pierre Corneille : *Trois discours sur le poème dramatique* (Texte de 1660).

FORESTIER (L.). — Chemins vers « *La Maison de Claudine* » et « *Sido* ».

GOT (M.). — Sur une œuvre de P. Valéry. *Assomption de l'espace* (A propos de « l'Ame » et de la danse).

GRIMAL (P.). — Essai sur l'*Art poétique* d'Horace.

JONES (R.-E.). — Panorama de la nouvelle critique en France, de Gaston Bachelard à Jean-Paul Weber.

JONIN (P.). — *Pages épiques du Moyen Age Français*. Textes - Traductions nouvelles - Documents. Le Cycle du Roi. Tomes I et II.

LABLÉNIE (E.). — Recherches sur la technique des arts littéraires.

LABLÉNIE (E.). — Études littéraires : *Exercices pratiques*.

LABLÉNIE (E.). — Essais sur Montaigne.

LABLÉNIE (E.). — Montaigne, auteur de maximes.

LE HIR (Y.). — L'originalité littéraire sur Sainte-Beuve dans « *Volupté* ».

MARRAST (R.). — Aspects du théâtre de Rafaël Alberti.

MICHEL (P.). — Continuité de la sagesse française. (Rabelais, Montaigne, La Fontaine).

MOREAU (P.). — La critique selon Sainte-Beuve.

MOREAU (P.). — Sylvie et ses sœurs nervaliennes.

PAYEN (J.Ch.). — Les origines de la Renaissance.

PICARD (R.). — La poésie française de 1640 à 1690. « Poésie religieuse, Épopée, Lyrisme officiel ». (2ᵉ éd.).

PICARD (R.). — La poésie française de 1640 à 1680. « Satire - Épître - Burlesque - Poésie Galante ».

PICOT (G.). — La vie de Voltaire. Voltaire devant la postérité.

POIRIER (M.). — Précis d'anglais élisabéthain.

RAYNAUD DE LAGE (G.). — Introduction à l'ancien français (6ᵉ édition).

ROUSSEAU (A.-M.). — Voltaire : *La mort de César.*

SAULNIER (V.-L.). — Les élégies de Clément Marot (2ᵉ édition).

WAGNER (R.-L.). — La grammaire française. *Les niveaux et les domaines - Les normes - Les états de langue.*

WEBER (J.-P.). — Les structures thématiques de Stendhal.